古代歷史文化研究輯刊

十六編

王明蓀 主編

第28冊

宋元明清粵西歷史文化研究（下）

曾國富 著

國家圖書館出版品預行編目資料

宋元明清粵西歷史文化研究（下）／曾國富 著 — 初版 — 新
北市：花木蘭文化出版社，2016〔民 105〕
目 2+186 面；19×26 公分
（古代歷史文化研究輯刊 十六編：第 28 冊）
ISBN 978-986-404-773-4（精裝）
1. 歷史 2. 廣東省
618   105014278

ISBN-978-986-404-773-4

古代歷史文化研究輯刊
十六編　第二八冊　　　　　　　ISBN：978-986-404-773-4

宋元明清粵西歷史文化研究（下）

作　　　者	曾國富
主　　　編	王明蓀
總 編 輯	杜潔祥
副總編輯	楊嘉樂
編　　　輯	許郁翎、王筑　美術編輯　陳逸婷
出　　　版	花木蘭文化出版社
社　　　長	高小娟
聯絡地址	235 新北市中和區中安街七二號十三樓
	電話：02-2923-1455／傳眞：02-2923-1452
網　　　址	http://www.huamulan.tw 信箱 hml 810518@gmail.com
印　　　刷	普羅文化出版廣告事業
初　　　版	2016 年 9 月
全書字數	321289 字
定　　　價	十六編 35 冊（精裝）台幣 68,000 元

宋元明清粵西歷史文化研究（下）

曾國富 著

提　要

明清時期，粵西地區興建了眾多的書院。從其興建緣由及興建者來看，約有以下幾種情況：為紀念貶流至粵西的正直官員而興建；由地方官員或鄉紳為振興當地教育事業而創建；亦有在朝廷作官者捐資在鄉梓創建書院以振興教育者。明清時期粵西地區書院教育興盛之原因：地方官對粵西地區書院教育的重視與支持；書院教學的經濟來源有保障：官府給書院劃撥田地，以地租收入為師生課讀之資；熱心官紳士民的「捐租」與資助；建商鋪出租，歲收租金為延師教學經費；亦有將書院興建之時眾紳商士民的捐資交付商人或當鋪經營而取利息為師生膏火資者。由於粵西地區文化的特殊性，造成了明清時期書院教育與眾不同的一些特點：一是書院規模一般較小且常與「義學」即初級教育合二為一；二是書院的興衰與地方官重視教育與否密切相關；三是各書院的經濟來源差別較大；四是辦得有聲有息的書院重視新立規程，重視考覈。

明清時期，一大批粵西籍士人通過科舉制度晉身入仕。他們為官廉潔，一身正氣，注重興利除弊，為各地方社會建設及民生創造福利、便利；他們能文能武，在維護國家統一與地方安全中貢獻突出；除政官之外，還有眾多的粵西人出任教官，他們在教學這一「清水衙門」中忠誠於教書育人事業，無怨無悔，直至終老，其中不少人致仕歸鄉後又奈得寂寞，足跡不涉公門，隱居鄉間林泉，著書立說，頗有收穫；清代粵西人中還多有以「孝友端方」、「兄友弟恭」、在鄉行義而著稱的人物。影響清代粵西士宦人物行為的若干因素：（一）宋明理學對清代粵西士宦潛移默化的影響；（二）地方官對於孝義等典型人物的頌揚、表彰，為士民樹立了學習的榜樣；（三）父輩對子嗣後代的感染；（四）報應思想的影響。

明清兩朝 500 餘年間，從各地蒞粵西任職的府、縣政官及教官不知其數。他們在粵西地區任職時間或短或長，然而，在儒家學說的影響及封建王朝吏治政策的嚴格約束之下，這些地方官大多有良好的表現，在民眾心目中留下了深刻的印象。他們或以除陋俗、革弊政、清吏治、行新政作為自己在粵西地區施政的當務之急；或將鋤強扶弱、清理獄訟、招撫流移、平亂防患、振興學校教育作為自己為官施政的一項重要舉措。披閱方志，從「名宦志」中眾多人物行事作風及其政績來看，可以發現他們儘管來自不同地方，任職時代或遲或早，在任時間或短或長，但他們的為人行政多有共通之處：一是清廉公正；二是以民為懷；三是慷慨捐助公益事業；四是能文能武。明清時期粵西地方官在任期間盡職盡責，盡心盡力，為地方吏治清明、社會安定、經濟發展，作出了重要貢獻；而當他們任滿（或因病）離職時，不少人是兩袖清風，「宦囊如洗」。人們「攀轅」阻留、建祠祭祀、作文歌頌者不乏其人。

粵西地區方志的修纂於明清時期獲得較大發展。《高州府志》、《茂名縣志》、《電白縣志》、《吳川縣志》、《石城縣志》、《化州縣》、《陽春縣志》、《陽江縣志》等府、縣志同時並修。明清時期粵西地區方志纂修的促動因素，一是朝廷、上級對地方編修方志的督促；二是地方行政長官對方志纂修的高度重視；三是地方士紳對方志撰修的積極參與。明清時期粵西方志纂修之特點：（1）寧詳忽略；（2）一志之修常常歷經多手，歷時漫長；（3）講求實用而不圖虛文；（4）既有沿襲，又強調創新；（5）注重利用地方志「振揚風紀」。纂修方志的意義，首先，「有裨於政教」是許多官員、學士的共識；其次，方志還能為廣大讀者提供一方真實的歷史記錄，以為歷史之借鑒。

明清時期，風水學說在粵西地區知識階層中的影響廣泛。普通士人在刻苦攻讀，獵取功名利祿之餘而兼及「形家者言」（風水學說）的不乏其人。深受傳統文化思想影響的知識人士仍然很難完全擺脫在今天看來純屬迷信的一些思想、學說（包括風水學說在內）的影響。信奉儒家學說的官員也罷，教官也罷，生徒鄉紳也罷，他們雖表面上或許諱言風水，但事實上，風水觀念在他們的心目中其實佔有極重要的地位。有些官員對風水可以輔助教育深信不疑，將此視為自己行政工作義不容辭的職責之一。明清時期，許多粵西士民在埋葬先人遺骸時，都講究尋覓

「風水寶地」，認爲尋覓到風水寶地以葬先人，不僅先人可以安息，更重要的是能爲後人帶來福祐。明清時期風水說在粵西地區影響之廣泛，其體現之一是重要社會活動（如學校興建、修葺、考場的設置等）多有風水師的置喙；其體現之二是許多官員亦善風水術，其政治活動中常常有風水意識的滲透；其體現之三則是一些社會底層的平凡人物亦熱衷並擅長風水術。風水思想除了與民間喪葬密切相關外，還與城防建設有密切聯繫。不僅是城防建設與風水有關，不合風水規則者需要加以改造；即使是自然界的山林川澤，不合風水規則的同樣需要加以改造。許多時候，風水工程的興建，雖然耗費了民眾的資財與人力，但工程竣工之後，所建造的塔、閣、廟宇等拔起於山巔或平地，不僅爲地方增添了美麗風景，而且在人們（尤其在士人）心目中產生了積極作用，促使人們努力拼搏，奮發向上，並因此而得以科舉晉身，金榜題名，成爲國家、地方有用人才；所建築的橋梁、城池又爲人們的交通、安全帶來了實際效益，都是功不可沒的；然而，辯證法告訴我們，凡事總有利害兩方面。風水說有時候還破壞了粵西地區的城防建設，削弱了城市的防禦功能；風水說的盛行還養成了一些人的陋習；一些迷信風水之人，在親人去世之後，將靈柩停放於寺廟，等待時機尋覓到風水寶地後再下葬，但隨著時間推移，到了子孫後代，早已將先人靈柩置之腦後，不再過問，使先人遺骸不能入土爲安。明清時期粵西地區風水說的盛行，還與一些「風水神話」的流傳有關。

粵西地區近海，受海洋性氣候的影響，颶風、水災、旱災等自然災害爲害甚烈；又因爲地屬邊陲，動亂較多，戰爭不止。每當自然災害或社會動亂發生，民眾生活條件大受摧殘，維生艱難，掙扎在死亡線上。因此，每當嚴重的自然災害或戰亂發生，對災民及時進行救濟是封建官府唯一明智的選擇。在粵西方志中，災後救濟活動或君主頒詔蠲免災民所欠錢糧等的記載融目可見。官方還建立了若干慈善救濟機構，以幫助災民度過難關。這些機構及活動，主要有普濟堂、養濟院、育嬰堂、義冢等。官府、官員常於此時開倉賑濟，捐資助賑，助民度過難關，亦可藉此預防變亂發生。在官府、官員對遭災民眾進行救濟的同時，民間組織或義士也盡自己的能力積極參與救災活動。明清時期粵西地區民間之所以湧現出眾多對遭災（包括天災以及人禍）民眾富有同情心，竭力從物質上給予遭災遇難者以賑助救濟者，究其原因，一是官府對民間好行慈善義舉者的嘉獎表彰，爲人們樹立了學習的榜樣；二是熱衷扶貧濟困慈善事業的民間義士大多家境較殷實，有財力、物力支持對鄉親民眾的賑濟；同時，這些經濟上較富裕者亦深明：災荒戰亂之年，「慷慨施賑」不僅可以獲得良好名聲，給官方留下良好印象，或許有利於日後仕途的暢順，同時亦是保有自家私有財產的一種有效辦法。

明清時期，雷州士民的義舉表現在資助族人渡過難關、對身陷困境的鄉鄰施以援手、讓利施惠於人、爲人申冤化解鄰里矛盾糾紛、災後義賑、捐資興教助學、爲民請命除害等方面。明清時期雷州地區經濟的發展、儒學教育的深入普及、雷州地方官及本地義士義舉的示範影響、官府對義舉的表彰及民間對義士的推崇，都助長了明清時期雷州地區義舉成風。明清時期雷州地區士民的義舉對地方社會民生有著積極意義。

目

次

九、明清時期粵西地區的書院教育

摘　要

　　明清時期，粵西地區興建了眾多的書院。從其興建緣由及興建者來看，約有以下幾種情況：為紀念貶流至粵西的正直官員而興建；由地方官員或鄉紳為振興當地教育事業而創建；亦有在朝廷作官者捐資在鄉梓創建書院以振興教育者。明清時期粵西地區書院教育興盛之原因：地方官對粵西地區書院教育的重視與支持；書院教學的經濟來源有保障：官府給書院劃撥田地，以地租收入為師生課讀之資；熱心官紳士民的「捐租」與資助；建商鋪出租，歲收租金為延師教學經費；亦有將書院興建之時眾紳商士民的捐資交付商人或當鋪經營而取利息為師生膏火資者。由於粵西地區文化的特殊性，造成了明清時期書院教育與眾不同的一些特點：一是書院規模一般較小且常與「義學」即初級教育合二為一；二是書院的興衰與地方官重視教育與否密切相關；三是各書院的經濟來源差別較大；四是辦得有聲有息的書院重視新立規程，重視考覈。

關鍵詞：明清時期；粵西地區；書院教育

書院教育興起於唐末五代時期。宋、明兩代，書院教育得到較大發展。明清易代，書院教育雖時有盛衰，但興盛仍是主流。清代電白知縣王時任在相關文章中說：「自古文學之選首重德行，而人才之興端（正是）由學校。書院者育材之地，諸生所由觀師取友以成其德也。我國朝聖聖相承，崇儒重道，其在京畿則有太學聚天下之英才而教育之，而直省會垣以及府、廳、州、縣亦莫不設立書院以裁成士類，實前古所未有。」〔註1〕

一、明清時期粵西地區書院教育概況

明清時期，粵西地區興建了眾多的書院。從其興建緣由及興建者來看，約有以下幾種情況。

（一）為紀念貶流至粵西的正直官員而興建

被貶謫流放的官員曾途經粵西，與當地士人暢談、賦詩，或潛心讀書；後人懷著對貶流官員的崇敬而興建書院，培育人才。明代李鋕《重修借山書院記》有云：

> 陽江有借山書院，吾鄉沈繼山先生謫戍時所與諸生講藝處也。後人慕令君之遺香者闢址濬池，爲堂舍凡若干楹，歲久而圮。嘉禾張春宇方伯一葺之，而今又漸圮。不佞（指作者李鋕）承乏粵藩，則謀諸令尹。萬君曰：「沈先生（繼山）抗疏於江陵（張居正）奪情〔註2〕之日，萬死投荒，扶綱常於不墜，其鴻名峻節直與天壤相終始。而陽江越在嶺海之外，幸得以借山（書院）留賢豪之芳躅在焉。海內知有先生即知有此山，山其幸哉！……」〔註3〕

明代陽江縣廉溪書院的建置也是爲了紀念北宋周敦頤、南宋胡銓、明代沈思孝等幾位官員被貶謫至粵西而建。周敦頤（1017～1073），字茂叔，道州（今湖南道縣）人，北宋唯心主義哲學家，曾任粵西地方官，晚年在廬山建濂溪書堂講學，世稱「濂溪先生」。胡銓，盧陵人，南宋建炎二年（1128）進士，授樞密院編修。紹興八年（1138）上封事，秦檜以胡銓「狂妄」，謫監廣州倉，逾年改判威武軍。十八年（1148），新州（今廣東新興縣）守張棣誣告

〔註1〕《光緒重修電白縣志》卷5《建置一・學校》，第49頁。

〔註2〕中國古代禮俗，官員遭父母喪應棄官家居守制，稱「丁憂」。服滿再行補職。朝廷於大臣喪制期滿，召出任職，或命其不必棄官去職，不著公服，素服治事，不預慶賀，祭祀、宴會等由佐貳代理，稱「奪情」。

〔註3〕《康熙陽江縣志》卷4《藝文志》，第117頁。

胡銓「謗訕怨望」，移謫吉陽軍（今海南崖縣西北崖城鎮）。二十六年（1156），秦檜死，量移衡州（今湖南衡陽市），取道南恩州（今廣東陽江市），喜當地山水秀麗，士民淳樸，留連久之；隨後登望海臺，賦詩而行，有「君恩寬逐客，萬里賦歸來」之句，自號「澹庵老人」。沈思孝，平湖人，別號「繼山」，明代隆慶二年（1568）進士。初令番禺，升刑部主事。萬曆五年（1577），大學士張居正父喪「奪情」（不守孝親之禮），時翰林吳中行、趙用賢疏論忤旨。大學士王錫爵、侍讀趙志皋詣相府求救不得，而吳中行、趙用賢皆杖爲民。沈思孝發憤，與員外郎艾穆上疏，爲吳、趙二人申冤辯護，得罪了皇帝，「皆杖遣戍。（艾）穆戍潯州；（沈）思孝戍（戍）高州神電衛（今廣東電白縣）。時（高州）府丞蔡懋昭駐節陽江，延以訓士，築借山亭居之，接引陽江人士，談藝賦詩，多興起者。（張）居正歿，召還，拜京兆尹，累遷至兵部侍郎。」
〔註4〕

　　據《莊大中重修濂溪書院記》：

　　　　陽江之有書院也，爲濂溪先生設也。按，先生（周敦頤）以熙寧辛亥（1071）提點刑獄，行部嶺（粵）西春（春州，今陽春市）、恩（南恩州，今陽江市）之間，獄多平反。恩（陽江）人感之，立祠以祀，尚矣！（南宋）紹興戊午（1138），澹庵胡先生（胡銓）以封事忤（秦）檜，屢貶屢竄，取道南恩（陽江），登望海樓賦詩，恩（州）人亦爲祠焉，而沈繼山（思孝）先生者於明萬曆丁丑（1577）劾江陵（張居正，湖廣江陵人，嘉靖進士，明政治家）奪情，謫戍神電（神電衛，位於廣東省電白縣電城鎮，北枕莊山，南瀕南海，爲歷代省道要衝，建於明洪武二十七年（1394），清雍正三年（1725）裁撤。）。江令（陽江縣令）延以訓士，築借山亭居之。厥（其）後，澹庵（胡銓）祠就圮（漸趨崩壞），亭亦湮沒，而兩先生（胡銓、沈繼山）之遺像並移置於濂溪先生（周敦頤）之祠，而士之景餘烈，揚休風（發揚美好作風）者遂以是爲講道考藝之所。今天子（清乾隆帝）御極（登基）之八年，予從東安移治茲土，展謁遺像，竊評三先生（周敦頤、胡銓、沈思孝）各異代而一龕並列，於義有未安者，且非所以建（書）院意也。而堂之後奉大士（即佛教「三大士」，指文殊、普賢、觀世音三位菩薩，意思是「偉大的人」，是對菩薩的通稱。宋徽宗宣和元年（1119）曾下詔書：佛改稱「金

仙」，菩薩改稱「大士」，僧人改稱「德士」。）像爲僧廬矣。問其祀，曰：『首
事者掌之，（縣）令不得與問。其院之所入日半以贍僧，而嚮（過去）
之所爲講道考藝者寂然，無一人之出金石而流管絃也。』予惄（憂
思、傷痛）焉憂之，乃上（書）於大府（上級），設專祀，春秋令率
僚屬拜於下；繼又念義學（書院）之教不可一日無，乃捐薄俸延名
師，擇士之秀異者省（檢查）而試之……〔註5〕

（二）由地方官員或鄉紳為振興當地教育事業而創建

如茂名南官書院，「同治十年（1871）南官分局紳士捐建」；茂山書院，
「知府鄭梁、知縣王原、錢以塏各捐俸，修復書舍一十二間」；梅坡書院，「道
光八年（1828）邑（縣）內六堡紳士捐建」。官員與地方鄉紳聯合創辦書院
亦很常見。如茂名縣麗澤書院，「在城內大陵驛街，光緒十四年（1888）大
理寺少卿楊頤同邑（縣）西紳士等倡建並捐題三千餘緡爲書院賓興（科舉考
試）經費，知府楊霽書額。」觀瀾書院，「乾隆二十二年（1757）通判胡之
楚將院改作衙署，移（書）院於署右，更今名（國文義學），道光十二年（1832）
重修；二十四年（1844），署通判岳至瀛捐金四百兩暨官紳伙助爲修金膏火
資。」〔註6〕

這樣的書院在明清時期粵西地區較多見。

（三）亦有在朝廷作官者捐資在鄉梓創建書院以振興教育者

一些官員身在朝廷，心繫鄉梓，期望通過興辦學校以教育鄉親子弟，改
變家鄉文教落後狀況，培養造就更多人才。如茂名縣東津書院，「邑人太僕少
卿李邦直建。」〔註7〕

清代粵西地區的書院，有些是在明代書院舊址重建的。如清溪精舍（書
院），「在（茂名）縣南一里許，明（高州）知府吳國倫與南嶽講堂同時建」；
筆山書院，「舊名『南嶽』，（明高州）知府吳國倫建，後廢。（清高州）知府
曹志遇新之，以筆架山前峙，故易今名。」〔註8〕

亦有由其它設施改造而成者。如由私塾改造而成。信宜縣懷新書院，「院
基北通前巡（檢）司陳榮書塾，（陳榮）於咸豐初年時將解組（致仕），邀集

〔註5〕《民國陽江縣志》卷17《學校志一‧學官》，第350頁。
〔註6〕《光緒高州府志》卷14《經政二‧書院義學》，第193頁～第194頁。
〔註7〕《光緒高州府志》卷14《經政二‧書院義學》，第195頁。
〔註8〕《光緒高州府志》卷14《經政二‧書院義學》，第195頁。

多士，義撥爲書院，同志欣然釀金更制（籌集資金，改私塾爲書院），鳩工庀材，歷數年而成，顏之曰『懷新』。」〔註9〕

清代粵西地區書院分佈面廣，其中多有建於偏僻山區或鄉村者，爲的是讓士人有一個寧謐安靜的環境以潛心攻讀。如南宮書院，「在（茂名）縣南五里山」；茂山書院，「在縣南一百三十里博鋪村，即古博茂場舊址，世傳晉高涼太守楊方著書處」〔註10〕；再如信宜縣懷新書院，在縣城北九十里懷鄉墟頭巡檢署左，三座兩廊，咸豐三年（1853）信宜人寧象雍等倡建。書院「環奇峰，繞綠水修竹，古樹映帶左右，遠望懷（鄉）市，若明若落，地隔半里，囂塵不維，恂（實在是）樂育人才之區也。」〔註11〕亦有不少設於人口較稠密的墟市者，如梅坡書院，「在縣南梅菉墟漳州街道」；觀瀾書院，「在縣南梅菉墟」。〔註12〕

由於粵西地區書院數量眾多，因而，規模小並且常常兼作他用是自然之事。一些書院兼有驛站或旅舍的功用。例如，安樂書院，在茂名縣分界墟，距縣東五十里，康熙三十八年（1689）知縣錢以塏建；敦仁書院，康熙五十一年（1712）知縣孫士傑建。兩書院之建相隔二十餘年，且相毗鄰。當時，有人對此有所質疑：「錢君（以塏）令潘（州），已有（安樂）書院峙其墟（分界墟），而公（孫士傑）此屋（敦仁書院）復建，得毋贅設而徒煩土木之役也耶？」孫士傑知縣對此回答道：「否，所以駐使節而供往來行李之困也。墟東與電白相距百二十里，而西則達高郡（州）五十里，倘無停車之地，其暴露之則凄風霪雨之爲虐，而盜賊恣肆，亦以重下邑之罪。爰（於是）以安樂書院爲皇華旅次」；「就安樂書院之偏東間壁立而顏曰『敦仁』。其講堂三楹，兩旁齋房各六楹，庖湢（廚房、浴室）一楹，其後之地闊二丈，長五尺，價銀一兩四錢，而購之（諸於）生員張光儀也。」〔註13〕孫士傑縣令在安樂書院之旁另建敦仁書院，竣工後將原安樂書院改造爲旅舍，供過客住宿，使書院兼具教育與宿客二重功能。清朝學政劉熙載在有關文記中亦說：「今上（咸豐帝）御極之四載（1854），余奉命督學粵東，巡試高郡（州）畢，迂道按臨羅定，抵信宜懷鄉，旅次懷新書院，仰見規

〔註9〕《光緒高州府志》卷14《經政二·書院義學》，第197頁。
〔註10〕《光緒茂名縣志》卷3《經政·學校》，第109頁。
〔註11〕《光緒高州府志》卷14《經政二·書院義學》，第197頁。
〔註12〕《光緒茂名縣志》卷3《經政·學校》，第109頁。
〔註13〕《光緒高州府志》卷14《經政二·書院義學》，第196頁。

模宏偉，棟宇煥然，似落成未幾者……」〔註14〕書院與旅舍合二爲一，這大約是粵西地區官辦書院特有的現象。

書院與義學本是兩種不同等級層次的教育機構。義學爲初級教育，書院則爲中級或高等教育，「學者多擇名山勝地，建立書院作爲研究學術和聚徒教授的場所，開創了私立大學之風。」〔註15〕但在粵西地區，有時候，書院與義學似乎又不是涇渭分明，而常常是名稱混淆的。一些稱作「義學」的教學機構實際上是屬於中高級教育的書院而非初級教育機構。例如，志載：「起鳳義學，在大街文昌宮左，國朝（清朝）康熙五十一年（1712）知縣裴正時創建，三座兩廊，捐置學田，旅（屢）被侵漁。知縣翟裴段傅先後增置田租。乾隆三十七年（1772）署（代）知縣江元棟從紳士議改定章程，五十七年（1792），知縣都彥超增溢租。五十九年（1794）署知縣周夢齡從紳士請，以溢租改撥賓興。道光二十年（1840），知縣羅嘉會集紳士倡捐，以舊基改建，添設廊廡號舍兼爲試院……」此「義學」頗受歷任知縣及鄉紳重視，置田租作爲「賓興」（科舉考試）之費，又設有試院，顯然不是啓蒙教育的義學而是書院。此「義學」在「堂中設龕祀知縣裴正時及邑人之有功書院與士林者」，亦說明了此「義學」實即「書院」。〔註16〕之所以存在這種「魚目混珠」的現象，是因爲清代對書院實行搖擺不定的政策，時而大力支持，時而又嚴厲封禁。當朝廷下令封禁書院時，一些書院便改名「義學」，以此求得生存。

清後期，社會動亂，書院教育趨於衰廢。書院多改作其它用途，或改爲寺院宮觀，如廣生書院，在電白縣城西武安街雨香庵東，明崇禎初知縣呂允初建，前有放生池，清道光年間改爲廣福廟。〔註17〕或改爲行政機構，如拱極書院，初改萬壽宮，後改爲察院；亦有將中級教育的書院改爲初級教育的義學的，如茂名縣南梅菉墟的觀瀾書院，後改爲同文義學。

以下擬從幾個方面探討明清時期粵西地區書院教育興盛之原因。

〔註14〕《光緒高州府志》卷14《經政二‧書院義學》，第197頁。

〔註15〕上海師範大學古籍整理研究所編，楊金鼎主編：《中國文化史詞典》，浙江古籍出版社1987年，第480頁。

〔註16〕《光緒高州府志》卷14《經政二‧書院義學》，第197頁。

〔註17〕《光緒高州府志》卷14《經政二‧書院義學》，第197頁。

二、明清時期地方官對粵西地區書院教育的重視與支持

自明至清，粵西地方官中，多有對書院教學關懷備至者，他們關注書院設施的完善與否，師生生活狀況及教學的興衰。不少官員在書院的修緝工程中，還慷慨解囊，捐獻俸祿以助，表現出了他們對書院教育的高度重視。

例如，明萬曆四十二年（1614），曹志遇任高州太守〔註18〕。他在蒞任之初即關注地方教育事業：「高州守曹公（志遇）甲寅（1614）春下車（蒞任）即課（士）……品騭（辨別好壞，安排布置）殷殷不倦，乃謀於僚佐縣令曰：『……士專黏括（士人專心讀書考試），必資類聚，乃能薰陶德性……有司所不能辭也。』問南嶽書院故址，業為萊家園矣（已經成為廢墟）。（於是）伐木於山，鳩埴於陶（燒造建築所用磚瓦），命縣丞陸□春，典史□□績督諸工匠，於五月十五日落成。堂五楹，高一丈九尺六寸，闊六丈，中為問奇堂，兩旁列書舍，前為門，門對三峰，因署其額曰：『筆峰書院』云。」曹志遇郡守「一麾茲土（一旦蒞任），不旋踵而敷化流惠，復構別業，集諸生講讀其中，月三試而品瑕瑜。」曹郡守將原南嶽書院改名為「筆山書院」，其寓意是深遠的：「諸生景仰尼山（筆山），操觚（寫文章）擅技，亦知為山始於一簣耶？學譬登高，業先知本。諸生務求其本則胸藏萬仞，勝峙千秋，敢雨興雲，濡溉六合。此曹公取義書院以勖（勉勵）諸生意也。不然，矜氍氌之吐，娛枝葉之華，筆箚相高，意態相尚，單詞偶合則凌屬四方，片言司錄遂傲視千古，豈才不贍哉，本不立也。」〔註19〕曹郡守不僅修葺了破敗的書院，使教學得以重振，而且對士人諄諄教誨，期望他們潛心攻讀，學有所成，異日成為國家棟樑之才。

電白縣志學書院在城內西街，建於明朝萬曆十五年（1587）。方志記載是由電白知縣魏鍾寧主持興建，實際上則是由眾官員慷慨捐資創建而成。相關記載謂：

> ……時覺齋徐公（大任）起為嶺西藩參，分轄高涼（州），首興郡序（學）；臺明張公（邦尹）倡明道學，振飭高（州）人士，高（州）人士無不人人淬礪，同方氣附，等契類集，先創朋來書院於

〔註18〕 關於曹志遇初任高州太守的時間，《光緒高州府志》卷19《職官》記載為明萬曆四十年（1612）；而《高州府志》卷14《經政二・書院義學》區大倫記茂名縣筆山書院的改造，有謂：「高州（郡）守曹公（志遇）甲寅（1614）春，下車即課士……」未知孰是。

〔註19〕 《光緒高州府志》卷14《經政二・書院義學》，第195頁。

　　高郡（州）爲諸生講習（之）所，既巡行邑里，又與電邑令（電白
　　縣令）魏毓軒公（鍾寧）道合志同，電（白）學士亦欣然嚮往，乃
　　創志學書院於電白之西城，南向，蓋通衢也。前後二十三丈，左右
　　五丈有奇，聚材鳩工，規度宏敞，前爲門樓牌坊，顏其扁曰『志學
　　書院』，進爲文昌閣，又進爲講堂，後爲便廳，號房三十餘所。經始
　　於明萬曆丁亥（1587）四月初八，落成於七月既望，一切經費覺齋
　　公（徐大任）爲首事，臺明公（張邦尹）率（僚）屬經畫，咸捐金
　　協助。若董厥成則毓軒公（魏鍾寧）也。不煩公帑，不費民財，民
　　樂趨役，不數月而功就，蓋亦奇觀矣哉！」〔註20〕

志學書院建成後，主持書院興建的知縣魏鍾寧致書在朝中任太僕少卿的東莞
人尹瑾，請他寫作一篇激勵生徒向學的文字。尹瑾在賀文中略述了書院的興
建歷程後說：「夫『志學』名何？志大學而幻說不能入也。尼父（孔子）十
五志學，終身矩度在焉。嘗以異端爲害正，故立志篤，趨向定，他歧不爲惑，
異端不爲搖，客形外物不爲奪，卒之聖學大成。」然而，在生徒的問學中，
卻出現了一些不良傾向：「近世談學術者，非不人人豎赤幟，往往卑視易簡
而鶩深高，視清虛而忽切近，大都厭薄經傳，浮慕隱怪，以炫奇弔詭耳」。
如此，則「適以亂學，非以明學也」；「志在於學，則以大學爲標的，格物誠
正爲實功，修齊治平爲實用」。在文章最後，作者對書院生徒寄以厚望：「覺
齋公（徐大任）以志學勵人，電（白）人士亦以志學自勵，則羽翼聖道，裨
益身心庶幾（差不多，接近）哉！孔門家法有光，朝廷巨典，即王陽明（守
仁）、陳白沙（獻章）、胡敬齋（居仁）三先生之學何加焉？此志學書院所爲
建也。」〔註21〕指出建立書院的宗旨就是要讓生徒接受理學思想，成爲封建
國家的忠實衛道士。

　　雙峰書院在電白縣沙瑯城，乾隆三十年（1765）巡檢江堨倡建。若干年
後逐趨頹廢。嘉慶十八年（1813），知縣包錦燦倡議當地紳士捐資重建。包錦
燦對此次書院的修葺有較詳細的記述，謂：

　　　　國家德化涵濡，摩揉煦植，百有七十年於茲，自通都大邑以
　　至嶺海之陬（角落），咸立庠序（學校），復於一邑一鄉廣置書院以
　　陶育士類，意甚深且厚。夫人學久則怠，怠者振之；事久則散，散

〔註20〕《光緒高州府志》卷14《經政二・書院》，第196頁。
〔註21〕《光緒高州府志》卷14《經政二・書院》，第196～197頁。

者修之，不振不修非所以勵人才，飭綱紀。沙琅城舊有雙峰書院，乾隆癸末（1763），曾（某）前縣（令）捐廉倡建，監生黃文憲董其成，延師課讀，士風丕（大）振，故老於今樂道其事。余宰斯邑（我蒞任電白縣令），甫下車，得耳聞之，及訪其故址，講舍頹圮幾四十載矣。廢而弗修者何？前此未設膏火，公費經營無所措也。（吾）為之喟然（而歎），因捐資首倡，眾紳耆鳩金（集資）以助。於是，諏（擇）吉鳩工，即舊基鼎建之，講堂左右及兩齋學舍二十餘間，垣墉（矮牆、高牆）維固，塗茨（粉刷、蓋頂）聿新，六閱月而畢（竣工）。余思邑（縣）有蓮峰書院，余既葺舊增新，作養士氣，而雙峰（書院）重建，復籌備膏火以垂久計，是則敝者修之，怠者振之，五十年前倡其事者曾（縣）令，董其事者黃生，不誠賴繼起有人而無棄其基也乎！多士勉乎哉！朝於斯，夕於斯（早晚在此），親師取友，敬業樂群，期以仰副朝廷作人（培養人才）之雅化，將見涵濡日久，抒之為文章，即措為豐功偉績，廣教化，美風俗，於是乎在矣。〔註22〕

電白縣另有蓮峰書院，同樣體現了地方官對於書院教學的高度重視。清代電白知縣王時任在一篇歷述蓮峰書院興建修葺過程的敘述文章中說：

電（白）城舊有蓮峰書院，在聖廟之旁，南臨大海，北負崇岡，疊嶂青巒，左右環衛，實山川靈秀之區。惟自乾隆八年（1743）修建後至今，將近百載，歲久就圮。講堂講舍皆已朽壞，垣頹木蠹，上雨旁風。士之來學者幾難置榻。夫教莫重於尊賢，化莫先於造士。余甲申（1824）准調斯邑（縣），丙戌（1826）春仲蒞任，下車之始即臨講舍，見夫荒煙蔓草，棟宇傾斜，不足以崇師而勸學。詢厥不修之由，知院內資息（經費）無多，每歲所出僅數師生膏火工費。艱詘議修，無人為之。慨然因與兩鹽場艖使商議，擇吉興工，於牆之欹者植之，木之蠹與瓦之裂者易之，（破損）太甚者拆而新之，前日未經籌及而為所必需者則增之。計大門前照牆一座，次門內為二門，旁有廊房，進為講堂，又進為便廳，掌教之居，肄業之所，共有房三十餘間，簷蓬廚竈俱備。是舉也，始於丁亥（1827）十一月十九日，落成於戊子（1828）十月二十日，按照舊基，高其閈閎（巷

〔註22〕《光緒重修電白縣志》卷5《建置一‧學校》，第50頁。

門），擴其堂址，以因爲創，工不減於鼎新，共費工料銀二千兩有奇，
核簿題不過三分之二，設法籌數，仍屬不敷。董事楊君，庀材鳩工，
不憚勞苦，方獲始事（興工）。無如（奈）工未畢而楊君棄世，接理
乏人，又喜其子楊生龍官兄弟克繼父志，不惜借墊，乃觀厥成，余
竊惟（我自忖），事物之興廢在乎人，有作於始者尤貴有以善其終。
邑（縣）有好義之士，百廢易舉，最足以鼓勵人心。茲書院重爲修
復，煥然一新。從此，延師課士，歲無虛日，諸生之藏息於斯者黜
華崇實，親師講道，豈徒習文藝，弋（取）科名而已；必將飭紀敦
倫，學之爲孝子悌弟焉，學之爲循吏名臣焉，異時各攄（施展）所
學以贊襄聖治，黼黻（輔佐）皇猷，上以邀稽古之榮，即以應蓮峰
之瑞，是則余所厚望也！〔註23〕

　　廉江（古稱石城）的書院教育亦算得上歷史悠久。傳說，早在宋代，廉
江已有松明書院存在：「石城之有松明書院，志稱蘇文忠公（蘇軾）所建」。
清康熙四十一年（1702），任石城知縣的孫繩組曾對此問題作過考證，指出此
說不確，謂：「予按先生（蘇軾）年譜，論（蘇軾）遷嶺南，其於惠（州）、
瓊（州，即海南）最久，卒未聞有創書院登堂論學事。若（至於說到）石城，
特（只是）杖履偶經耳，而謂於此特辟書院，余未之信，則意（猜測是）當
日者石城賢人哲士，或高（景仰）先生之風，投轄（結交）盡歡，相與□（留）
連論學，於（其）去也，築書院講習，歸美先生，未可知也。」孫知縣的考
證是有一定說服力的。雖然松明書院爲宋代著名學者兼官員蘇軾被貶流放經
過石城時所創建之說可能並不確切，但該書院建於宋代（很可能是當地士人
爲紀念蘇軾貶謫經過此地而創建）則應是無疑的。但是，到了清初，歷經數
百年風雨滄桑，書院早已廢棄。孫繩組知縣蒞任後，首先將振興地方教育事
業視爲當務之急。他說：

　　　　余自蒞石城，即訪松明（書院）舊址，窮二日之力，始至其地，
　　　惟見深箐彌望（雜草叢生，一片荒蕪），潮汐往還，廢然久之。欲就
　　　故址重修，而人跡罕到，乃計就近城卜地，茫無定所，經營十載，
　　　節貯薄俸二百餘金，會（加上）原建安尹黃君袞常者慨然捐城內東
　　　隅基地，而太學生曹信者慨然捐山植之材，於是詹吉（擇吉日）興
　　　工，一時合邑紳士里民歡欣鼓舞，釀（籌集）得金九十三兩四錢，

〔註23〕《光緒重修電白縣志》卷5《建置一‧學校》，第49頁。

鳩工於辛卯（1711）六月中浣（中旬）七日（十七日），歷百有四旬
而工竣，共計磚瓦匠役，買增木植費，通共銀三百二十八兩六錢有
奇，構正院凡三楹，照面緣官街築屏牆以肅瞻視，其前楹左右耳房
各一間，中爲戟門，額曰「松明書院」，志復古也；中楹爲大堂，額
曰「照紅」，以先生（蘇軾）松明詩有「照室紅龍鸞」句也；後楹建
高門，奉先生主（牌位），前列松明詩於上，額曰「流韻」，嘉先生
流風餘韻未衰也……而書院規模始備焉。落成之日，乃率紳士里民
奉先生主入院，而□之曰：「諸君子相與有成矣（諸君子在此攻讀，
日後將成國家棟樑之材）……」〔註24〕

由上述文字可以看出孫繩組知縣對於振興石城縣教育事業的重視及急切心情。

茂名縣地方官對於當地教育事業的開展也是十分重視的。據方志記載，茂
名縣城東按察司舊址原有「敷文書院」，後更名「高文書院」，康熙四十八年
（1709）高州知府吳柯改建並更名；雍正八年（1730），知府張兆鳳擴建，並
撥租田對書院教育給予財政上的支持。張兆鳳在《修敷文書院記》的碑文中說：

自古治道，教養並重。守土者日從事簿書鞅掌，其興行教化，
廣勵人材，多略焉不講。間有丹艧宮牆，禮貌儒士，自謂教養兼備，
無忝厥守矣；不知操觚小子（士人）未沐薰陶，委頓諸生，莫資培
植，抑且山陬海澨，本無家學淵源，斷簡殘篇，更乏良師指授，則
雖天姿卓犖，終致碌碌無成，是皆守土者（地方官）過也。

這段文字說明了教育與政治密切相關。自古以來，教育與養士並重，已成爲我
國一項傳之久遠的優良傳統。然而，一些地方政官對於教育的重要性依然重視
不夠。他們只是重視行政工作，而疏忽了對教育的支持；雖然也有些地方官在
行政之餘或對破敗的校舍作些修葺，或給學校生員以禮遇，以爲這就算得上重
視教育了，已盡了地方官應盡之責；卻不知道實際上，有志於學問的年輕人並
未得到多少實惠。畢竟，府、縣儒學學額極有限，僅數十人，社會上還有許多
有志的年青人未能進入官辦儒學接受教育。他們生長於「山陬海澨」的邊疆地
區，「本無家學淵源」，「更乏良師指授」，則雖有志向學，且潛質良好，卻最終
還是碌碌無爲，未能成爲對國家對社會有傑出貢獻的人才。這不能不說是地方
官的失職。張兆鳳知府認識到興辦書院是使更多年青人得以接受良好教育的有
效途徑，於是，他蒞任後，首先關心當地的書院教育。他說：「予蒞任初，即

〔註24〕《光緒高州府志》卷14《經政二・書院義學》，第200～201頁。

相度（書院）遺址，見（敷文書院）門峙三峰，形如筆架，層巒聳秀，望而知
為地脈鍾靈。惜僅存數椽，風雨不蔽，遂慨然鳩工補葺；又拓劈隙地，添置講
堂、問字亭，左右多列書舍」，並請製憲鄂某題寫「敷文書院」扁額，又請撫
憲楊嘉題寫「敬業樂群」的扁額並題寫石柱楹聯以激勵書院學士。

　　書院重修完成後，張兆鳳知府又努力從經濟上給書院以支持。他不僅給
書院教師捐資以作薪金，還將原來作為府署開支來源的田租轉撥給書院，以
作師生教學之資。張知府在《修敷文書院記》碑文中說：

> ……工成，延師訓士。薪水悉予捐給。但恐事難經久，殫思竭
> 慮，清出茂名梅菉鋪租，得溢額銀五十一兩五錢四分，詳請題准留
> 充書院公用；再，茂名歲解學租錢七十二千（緡），又府衙門歲收鵝
> 鴨洞田租一百零八石，城埠地租銀三十兩零九錢一分。三者向為府
> 署別項之用，予詳奉列憲批准，併入書院為延師課士之資。每月，
> 予必授餐較藝，詳定甲乙。其文采可觀者對捐給楮墨價（學習費用）
> 以示鼓勵。自雍正八年（1730）迄今四載，士子執業於斯，教學相
> 長，寒暑弗輟，獲雋（學業優異）者數數（眾多），六屬（按，指高
> 州府所轄的茂名、電白、化州、吳川、信宜、石城六縣）遠鄉僻壤
> 間聞風興起，戶訓家弦，今歲考，應試者數倍於昔，駸駸乎（比喻
> 事業進展很快），海濱有鄒魯之風。

　　敷文書院教育的振興，推動了粵西地區教育事業的發展，人才的輩出。
人們都將此歸功於知府張兆鳳對書院教育的重視。張知府卻很謙遜，將此歸
功於其它地方官，歸功於天子對書院教育的重視，甚至歸功於「山水鍾靈」。
他在文中寫道：「此邦人士咸謂太守功。予謂不敢居。欣逢一時臺省大人皆名
世鴻儒，仰承聖天子興復書院曠典，崇尚文教，勤宣德意，遐邇向化，人文
蔚興，並臻械樸菁莪（喻人才濟濟）之盛；矧（況且）高涼（州）山水鍾靈，
名賢世出，如宋之鞠杲、蔣科、陳惟中，明之李璨、李一迪、林廷獻、陳□、
姚岳祥諸公，先後接武，文章節義，卓卓可紀。」並對書院生徒寄予殷切期
望：「願爾□士躬際昇平，景行曩哲（景仰前賢），感遵皇上整飭書院，論□
實心實學，毋盜虛聲，砥礪名節，務為文章經濟之儒，出為名世，處為碩彥，
並願後來守茲土者俯鑒□□，仍循舊例，俾學規永遠勿替。此則予望焉爾（這
是我對你們的殷切期望）！」〔註25〕

〔註25〕《光緒茂名縣志》卷3《經政‧學校》，第 105 頁。

張兆鳳多方面的努力，終於使敷文書院教育得以振興。

但隨著時日的流逝，因經費入不敷出，書院又日就殘廢。至「乾隆十九年（1750），巡道王概清查舊項（原有收入項目），捐添膏火，重修學舍，規模不變，嗣後文風日盛，丙子（1756）鄉試，獲雋（科舉及第）八人」。

嘉慶五年（1800），知府杜安詩又擴新其制，更名爲「高文書院」。翰林編修、順德人龍廷槐在《重建高文書院記》中，對於此次書院的「擴新其制」有詳細的記述，謂：

> 爲治之道，教與養相因（相輔相成）。蓋既經其田里樹畜（種植畜牧）以厚其生，則必澤之詩書禮樂以復其性，所以正人心，厚風俗而起化（振起教化）於微渺也。……官與民愈近，其教化愈詳（普及），故人勉於善，而俗美風醇，賢才濟濟所由致也。後世郡邑（縣）倣古之學（校），然必補弟子員始得入（學校）而受業；其弟子與師又不相親敬，則施教苦於無所。我國家（指清朝）崇學右文，特命直省建立書院，延師訓迪，而或以道里之遠，衣食奔走之艱，有與有不與（按，指部分年青人得入讀省立書院，部分則因故未能入讀）。於是有司各於其所治（指州、郡、縣治所）更設（書院），俾士人得就近肄業。此猶有古者（古時候）比閭族黨之遺意。然一時經明行修，屬廉隅，尚風節，講經世之業，樹鄉里之模，使遠近向風而不犯於有司，自東漢以還，恒不數覯（並不多見），豈非倡率無自而激勵振興之□端賴賢長吏（實在有賴於有見識有作爲的地方官）哉！高州郡城舊有南嶽書院，創自明（朝太）守吳公國倫，曹公志遇繼拓前規，而題爲筆山（書院），迄今七十餘年，棟宇傾圮，諸生肄業，僦（租）屋而居。州人士議修無力，道謀者非一日矣。今郡守、寧河（人）杜公（安詩）潔己便民，興賢愛士，嘉慶四年（1799），躬奉簡命來守茲土，甫下車，目擊（書院）廢墜而慨然曰：「端士習以厚民風，（乃）爲政首務，孰逾於此（還有什麼比這更重要的）！」適（正值）核理茂名人私墾地畝，責其租入，除撥修府城及化州、電白、吳川三縣倉廒外，所餘一千四百兩，佐以廉俸（俸祿），鳩工庀材，始於嘉慶五年（1800）六月，至次年七月落成，而更其名曰「高文（書院）」，爲大門三楹，中建講堂，卷棚（試室）稱之：次爲光□堂、後爲夢花居，藩垣（圍牆）、庖湢（廚房、浴室）

靡不畢具。既（之後）又徇（順應）諸生之請，於東偏闢地數畝構
□香樓三楹以祀吳（國倫）、曹（志遇）諸公。前為射圃，置亭於左
而屬（委託）茂名大尹（縣令）蕭公宣踵司其役。公（按，指茂名
縣令蕭宣踵）捐白金（銀）六百兩俾濟工需。以嘉慶八年（1803）
九月告竣。於是，規模大備，山光水色，坐收勝概，佳卉名花，環
映左右。藏修息遊之地各得其宜。乃（於是）延茂名（縣）學博（士）
蕭公翔雲監院（主持書院教學）兼主講席，太守政事之暇時進諸生
於堂而課其藝業。經其指授，咸有法度。庚申（1800）、辛酉（1801）
兩科膺（應）鄉薦及以拔萃貢成均（京師太學）者各五人。督學姚
修撰有「地靈」之目（按，指督學姚某曾撰寫題目含有「地靈」二
字之文章以頌其事），而吾謂太守勤於是舉（指郡守杜安詩修葺書
院），其所以屬望於六邑（指高州府所屬茂名、電白、吳川、化州、
信宜、石城等六縣）人士者，將欲其沈（沉）酣於詩書之府，磨礪
於道德之途，崇志廣業以濟時用而敦風教，使海濱黎庶熙熙然日遊
太和之宇，不徒區區科舉之業而已也。〔註26〕

高文書院不能滿足年青求學者的需要，於是，在康熙五十一年（1712），茂名
知縣孫士傑在高文書院之後另創一書院，因靠近祭祀孔子的文廟，故取名「近
聖書院」。書院是在原高州太守金某所立奎星閣遺址上建立的。原來，奎星閣
兩旁，曾建有茅房數楹，延師課讀，後漸趨傾頹。經孫士傑知縣重建，面貌
煥然一新，「巍然煥然」，「基雖猶是而今則視昔有加者，蓋以改造之功與昔相
遠甚。經營約二百餘緡，而東西兩邊相向齋舍各十間，其敬業堂翻然重修，
易瓦與木若干；其正誼、明道齋挺然特起，闢奧（屋子裏的西南角）與窔（屋
子裏的東南角）若干，至學（正）博（士）廨宇，昔毀（於）兵燹，間或假
樓於此；今已豎之明倫堂後。生徒濟濟之所毋庸託宿……」不僅是書院規模
擴大，面貌煥然一新，而且孫士傑知縣還從經濟上給予近聖書院極大的支持：
「覆查入筆山書院朗韶里五甲田米二石零三升，墾米六斗八升八合五勺一移
六撮，每年租穀八十八石，以義學塾師收之，為（近聖書院）束脩資。」地
方官從書院設施及經濟收入兩方面給予書院教育大力支持，為當地教育事業
的發展創造了良好的條件。「是役也，因地之宜，萃才之秀，弦誦之聲洋洋轟
城外。望氣者（風水先生）謂奎光燦爛，繚繞觀山鑒水間，當必有奇人碩士

〔註26〕《光緒茂名縣志》卷 3《經政・學校》，第 105～106 頁。

出而應聖天子文明之治者。」〔註27〕

物有盛衰，事有興替。近聖書院後來改爲教諭、訓導署、司教署。百餘年後，道光十四年（1834），茂名知縣黃榜決定重振近聖書院教學，將司教署移至府署旁街，重建近聖書院。黃知縣一蒞任，即與當地士紳謀劃復興書院事宜。他率先爲士民倡捐：「先捐廉二千金以爲倡，又得賢紳耆誘掖獎勸，善爲開導。竭兩載之力，醵（籌集）金萬三千有奇，鳩工庀材，改建兩儒學署於府旁街三十一間，復展書院地基長八弓（按，「弓」爲古代丈量地畝的器具，一弓等於五尺），橫二十五弓，連舊址橫寬五十弓，長四十弓，周圍一百三十弓。建大門二堂，講堂、齋房、文昌閣共九十八間，籌經費銀六千兩有奇，而書院以成。於是，設立規條課程，詳請立案以垂永久。」在這篇記述近聖書院重建歷程的記事文章的最後，黃榜知縣擔心自己幾年任滿離去後書院可能由於繼任者對書院教育缺乏應有的支持而再度衰廢，對後繼任官者寄於殷切期望：「惟願後之蒞斯土者（繼任縣令），後之主斯席者（按，指書院主持人），諒榜（體諒我黃榜）與邑（縣）紳之苦心，勿視爲弁髦（「弁」爲古時男子戴的帽子；「髦」指幼兒額前頭髮，喻等閒之事）而輕棄之，以上答我皇上宏文造士之衷，俾（書）院中得真儒碩彥以爲邦家光也，則（我黃）榜幸甚，邑（縣）人亦幸甚！」〔註28〕

除上述粵西縣官在任期間將興建或修葺書院，以爲當地士人創造良好的學習條件作爲自己爲官行政的當務之急外，一些只是巡察經歷粵西的朝廷要員，也不滿足於走馬觀花的看看，而是不忘執筆作文，激勵書院生徒勵志於學，以成爲日後國家棟樑之材。如劉熙是清咸豐初年學政，他奉命督學粵東，巡視高州郡，迂道按臨粵西羅定，抵信宜懷鄉，旅次新建成的懷新書院，應邀寫下一篇激勵生徒勤學的記文，謂：「夫書院者所以養士也。士行爲風化之本，國家以得士爲先，民俗轉移，而天下承平皆由於此。」劉熙在載記中對書院生徒寄以殷切期望：「（書）院之新易，士之新難，爾多士誠顧名而思義焉，自新爲新民之□，新民造新命之極，澡身浴德，相與爭自濯磨，將師道立而善人多，處則敦孝、弟（悌）、忠、信、廉恥之風，出則隆忠君愛國庇民之業，雖天下且與有榮，豈惟懷鄉多士勉乎哉！」〔註29〕

〔註27〕《光緒茂名縣志》卷 3《經政‧學校》，第 107 頁。
〔註28〕《光緒茂名縣志》卷 3《經政‧學校》，第 108 頁。
〔註29〕《光緒高州府志》卷 14《經政二‧書院義學》，第 108 頁。

　　為了激勵地方官及開明人士積極支持書院建設及教學，一些書院在院內設龕奉祀書院的創始人及有突出貢獻者。如信宜縣起鳳義學（書院），「堂中設龕，祀知縣裴正時及邑（縣）人之有功書院與士林者，每歲以進院次日致祭。」〔註30〕

三、明清時期粵西地區書院教學的經濟來源

　　經濟基礎決定上層建築，這是唯物史觀的基本觀點之一。縱觀明清時期粵西地區書院的建置、發展，可以發現，其中不乏起初辦得「興旺發達」，有聲有色，卻因為缺乏經濟上持續的支持而難以為繼者。如電白縣雙峰書院，一度曾「院宇創新，多士雲集，嚴師尊道，人才接踵而起」；但「無何（不久），議置膏火而未遂，曾公、江公俱去任，自是士人罕集院中，院宇隨即傾圮，不十年而掃地為墟，先輩（年老教師）亦漸以物故。蓋義學（書院）廢而文風衰，中間非無士人志於興復，而力不逮。」荒蕪廢棄的書院成為流民集結之所。其後，地方鄉紳黃玉川極力從經濟上支持書院教育的復興。志載，「當（黃）玉川為之之始，存貯地租僅百金耳，乃竟能以智數致千餘金，務期事竣必大於前事，然且議膏火，即慨然入己租三十石，外又多方設法，使膏火有加無已。」正因為有了經濟上的支持，「以故遞年延師造士，遠近從風，視前尤盛也。」〔註31〕這是一個活生生的例子，說明了書院不像官辦的府、縣儒學，因為得到官方經濟支持加之人數稀少（一般為數十人）而得以長期存續；書院為官民合辦或民間私辦，且在學人數較多，沒有充足的經濟支持，書院教育只能停廢，就像車行千里，油料的充足是首要必備的條件。明乎此，對粵西地區教育事業充滿赤誠之心的地方官，大多能從經濟上付出努力，想方設法給予書院教育以經濟上的支持。

1、給書院劃撥田地，以地租收入為師生課讀之資

　　前述，清代高州地方官張兆鳳對粵西地區教育事業極重視，他在振興地方教育的過程中，就很注重除舊布新與經濟支持雙管齊下。

　　清代嘉慶年間（1796～1820），石城縣（今廉江市）松明書院，再次得到重修，地方官並從經濟上給書院教育以大力支持。嘉慶六年（1801）八月朔，署石城縣事（代縣令）李沄撰寫的《松明書院碑記》，對此有詳細的記述：

〔註30〕《光緒高州府志》卷14《經政二‧書院義學》，第196頁。
〔註31〕《光緒重修電白縣志》卷4《建置一‧學校》，第50頁。

　　　　邑（縣）西關松明書院爲東坡先生讀書舊址，嗣（後）葺室
以成義學，門臨孔道，冠蓋通焉。嗜古者就瞻遺像，慨慕前徽，
輒低徊不能去。顧蘚護塵封，曠然若廢，誰之咎歟！僕自以仲春
權篆斯邑（我於年初奉命代理此縣行政），與縉紳謀復是業（指復
興松明書院）。多士奮然興起。先是學租八十三石，縣官爲之經理，
邑之顏公祠海租九十石，多士議歸入學租以助經費。於是，計所
入以權所出，酌饋修脯，薄給膏火，立規樹碣以垂永久。雖然，
租僅百數十石耳。僕於斯僅數閱月耳，用存舉而不廢之義，聊復
舊規。未遑潤色，擴而充之。月異歲不同，是所望於後之蒞斯土
者矣。〔註32〕

再如，電白縣水東鎮有東陽書院，「書院既修，後慮膏火之無資也，爰（於是）
取王村港五埔瓦鹽程船不能歸□，又不忍封停者，歲可出租銀二百四十員
（元），撥歸東陽書院，以充修膏之費。」〔註33〕

　　由於田租成了書院教育的「生命線」，因此，圍繞著學田，書院曾與各方
展開過利益的爭奪。既有書院與寺院的爭奪，又有書院之間的爭奪。如：

「茂（名）分界壙內敦仁書院，康熙間邑侯（縣令）孫公士傑建也，舊
有田租八十二石四斗爲延師課士資。自王觀察槪將租撥去高文（書院），遂廢。」
田租有限，僅能維持一所書院生存。鷸蚌相爭，必有一亡。欲要使停廢多年
的書院得以「死灰復燃」，必須先解決經濟來源，否則便成奢談。敦仁書院停
廢百餘年後，「歲丁卯（1807），陸公心源觀察是邦，□意振興文教。適余（茂
名縣人莫超宗）憂服在籍，鄉人士迭以興復敦仁書院商余，余曰：『偉哉！但
行臺久治，復之□□。』眾曰：『分界□有安樂書院，孫公（士傑）改爲皇□
（華）旅次（店），是即（原）行臺。今棟宇固在，稍加修葺，駐使節足矣。』
余曰：『歲需脯修膏火（教學經費）數百金安出？』眾曰：『萬善寺有租三百
七十八石，徒恣僧人揮霍；尙（倘若）能挹注（按，比喻從有餘的地方取些
出來以補不足的地方）月饌（教學開支），歲修不在斯（此）乎？』余曰：『善
哉！』亟繕稟入謁（急忙書寫申請，請求官府給予支持）。陸公（心源）欣然
許可，酌撥寺租二百七十八石爲膏火（教學經費），飭府剖縣，仍將安樂（書
院舊址）作行臺，諭紳募捐，修復敦仁書院，並酌定章程，照會（陸心源）

〔註32〕《民國石城縣志》卷9《紀述志·金石》，第579頁。
〔註33〕《光緒高州府志》卷14《經政二·書院義學》，第196頁。

兒子（陸）宴堂總其成，旬日間紀綱粗立。

敦仁書院由於得到官員陸心源的重視與支持，從寺院收入中撥給一筆作書院教學經費，使教學活動得以持續振興。但當陸心源離任後，寺院不甘心失去一筆資財，向地方官府控告，要求取消此前作出的撥寺院田租入書院的決定，將田租歸還寺院，所謂：「無何（不久），陸公（心源）卸篆（離任），風波迭起矣。有籍神啓釁者，冒稱檀越（佛教信徒）子孫，□控道府，縣轄（縣府）屢經駁斥，猶嘵嘵（爭辯）不已。」

在此情形之下，原觀察使陸心源之子陸宴堂「深恐訟端未歇」，大約是一方面將原來陸心源觀察使以行政方式劃撥給書院的田地歸還寺院，以免寺院爭訟不已；另一方面則以勸捐方式籌集書院教學的經濟來源。他「商諸同事，擬變通陸憲（心源）定章，隨檀越家（佛教信徒）自行請撥（捐獻）。最踊躍者林公華崧、李君經邦，請撥林中榮電（白）地租二十石，李學科電（白）地租八十四石，繼而呂君元功、呂君衍端亦請撥呂監電（白）地租四十石三斗二升，較陸憲（心源）所撥數差少，而案□定矣。」通過勸捐方式，書院既可獲得經濟來源，又免去了與寺院的糾紛爭訟，使書院教學得以維持。〔註34〕

陽江縣的濂溪書院亦存在寺院與書院的利益爭奪。據方志記載，濂溪書院原祀宋代名賢周敦頤、胡銓及明代貶官沈思孝。不知從何時起，佛教神靈混入書院中：「堂之後奉大士（佛教菩薩）像爲僧廬（寺廟）矣，問其祀，曰：『首事者掌之，（縣）令不得與問。其（書）院之所入日牛以贍僧，而嚮之所爲講道考藝者寂然，無一人之出金石而流管絃也。』」由於書院的經濟來源受到侵奪，影響了書院教育，使其漸趨頹廢。乾隆九年（1744），新任知縣莊大中蒞任，他決定加以整飭，給書院以經濟上的支持，使書院教育重新得到振興。據莊大中本人的記載：「今天子（乾隆帝）御極之八年（1743），予從東安移治（調任）茲土，展謁遺像，竊訝三先生各異代（周敦頤爲北宋人，胡銓爲南宋人，沈思孝爲明代人）而一龕並列，義有未安者，且非所以建（書）院意也。」而堂之後卻是奉祀佛教菩薩（大士）塑像，使書院的經濟利益受到侵食。瞭解情況後，莊縣令心情沉重，決定請示上級批准，革此弊端，重振書院教育。於是，「議撤大士之座而移三先生之像於後……因遷其僧於他所，而盡收其入爲尊賢育士之資。」〔註35〕

〔註34〕《光緒高州府志》卷14《經政二‧書院義學》，第193頁。
〔註35〕《民國陽江縣志》卷17《學校志一‧學宮》，第350頁。

2、熱心官紳士民的「捐租」與資助

官府設置「義田」是明清時期粵西地區書院教育的主要經濟來源之一；另一來源則是熱心官紳士民的「捐租」與資助。如電白縣的蓮峰書院：「在文廟之右，舊爲電陽書院，乾隆八年（1743）知縣毛邑重建，改名『蓮峰』，公置義田，歲收租三百八十有奇。二十四年（1759），知縣常有續派田堝爲師生膏火之費。職員邵純儒、例貢蔡之芬均捐租百石，紳士各捐有差。南堝復廢。楊豔美、邵錦成捐本修築曬償，後歸回書院。」〔註36〕再如陽江縣濂溪書院，原有官府所撥田租作爲經費支持，後不敷支用，於是，官紳士民捐資相助，使書院教育得以維持。清嘉慶四年（1809）任陽江知縣的陶然在相關文記中敘述道：濂溪書院「自乾隆丙寅重修後，迄今六十有三年矣，歲久就荒，而田租所入以供養膳者僅數十金，不敷延師掌教之費，只推學博中學行較優者兼領之，每月定期會課於學署而甲乙之，無講學之堂，肄業之舍，弦誦之聲寂如也。予甫蒞任，見而惻然，曰：『是守土（地方官）之羞也！』爰（於是）捐廉俸百金以倡，命紳士協助勸捐，又皆樂從。遂庀材鳩工，涓（選擇）吉興作，廓其棟宇，堂、廡、齋、舍次第更新，不數月而煥然改觀焉。」〔註37〕

3、建商鋪出租，歲收租金為延師教學經費

建商鋪出租，歲收租金爲延師教學經費，亦爲書院獲得經濟支持的有效途徑之一。如東陽書院在電白縣水東墟，雍正年間（1723～1735）下博八堡紳耆簽捐建成。起初只有東廊三座，乾隆年間（1736～1795），知縣曾萼倡建兩廊。後隨歲月流逝漸趨圮廢。嘉慶十八年（1813），鹽大使蔣厚傳倡捐修復。嘉慶丁丑（1817），電白縣人鄧起峰於水東墟建鋪十間，歲收租爲延師之費。

4、亦有將書院興建之時眾紳商士民的捐資交付商人或當鋪經營而取利息為師生膏火資者

如石城縣同文書院，「在安鋪墟，道光七年（1827），知縣王德茂同紳士捐建，存銀一千一百兩，發商生息以資修膏」；文中書院，「在縣西北五十里石岡嶂，光緒七年創建，現存錢三千貫，發當生息爲修膏費。」〔註38〕

〔註36〕《光緒高州府志》卷14《經政二・書院義學》，第196頁。
〔註37〕《民國陽江縣志》卷 17《學校志一・學宮・陶然重建濂溪書院記》，第 351頁。
〔註38〕《光緒高州府志》卷14《經政二・書院義學》，第201頁。

有時候，當官府經費支持及個人捐資均不足以維持書院修葺及教學鉅額開支時，官方亦會採取一些諸如硬性攤派及「酬以祿位」、「祀牌位於院內」等軟硬兼施、威逼利誘的特殊舉措，以籌集經費及吸引有經濟實力者的捐助。如高州高文書院於清咸豐六年（1856）圮於水災，「十年（1860），吳川（人）陳蘭彬、茂名（人）楊頤倡捐重建。前爲大門，爲二門，爲大堂，又爲光霽堂，又爲內堂，工費浩繁。（官方）按縣簽題派分齋房（維修經費），茂名得西齋二十房；五州縣（電白縣、信宜縣、化州縣、石城縣、吳川縣）各得東齋四房。又每捐錢百千（緡）者酬以祿位，將東齋旁餘地並監院公所地改造房屋，每房一間，或二位，或三位，爲捐資（者）寓所，額曰『某公祿位房』，並祀牌位於院內志伊樓。」〔註 39〕除了硬性攤派，再就是以給予榮譽的方式吸納社會資金，以支持書院教育事業，亦不失爲明智之舉。

四、明清時期粵西地區書院教育的特點及其意義

由於粵西地區文化的特殊性，造成了明清時期書院教育與眾不同的一些特點：

一是書院規模一般較小且常與「義學」即初級教育合二爲一。

如信宜縣的起鳳書院，「於登高山下創建，三座兩廊，周以垣牆」；信宜縣懷新書院，「在（縣）城北九十里懷鄉墟頭巡檢署左，三座兩廊。」〔註40〕從方志記載看，粵西書院常與初級教育的「義學」結合爲一體。如養正書院，「乾隆四十四年（1779），知縣李玉章捐建，一座三間，以訓蒙，置有田租；後任知縣劉毓秀添置，又察出同春書院舊業，共收爲束脩費。五十二年（1787），紳士請於知縣陳九敘，改撥爲士子赴科（舉）費，名『李（玉章）劉（毓秀）賓興』。」〔註41〕可見養正書院是一所將初級與中級教育結合爲一體的學校。電白縣的「起鳳書院」亦然，故又稱「起風義學」。

有些書院規模很小，實際上屬於私塾，只教授自家子弟。如明代電白縣人吳思齊，明嘉靖年間貢太學，授蘭溪縣丞，後致仕家居，「築觀瀾書院以訓子孫。」〔註42〕

〔註 39〕《光緒高州府志》卷 14《經政二·書院義學》，第 191 頁。
〔註 40〕《光緒高州府志》卷 14《經政二·書院義學》，第 197 頁。
〔註 41〕《光緒高州府志》卷 14《經政二·書院義學》，第 197 頁。
〔註 42〕《光緒重修電白縣志》卷 19《人物四·列傳·吳思齊傳》，第 188 頁。

　　二是書院的興衰既與地方官重視教育與否密切相關，還與執教者的素質或仕途、命運等緊密聯繫。

　　重視教育的地方官多在振興或開創書院教育上有突出貢獻，而輕視教育的地方官則常常成爲書院教育頹廢的根源。例如，高州府的高文（原名「敷文」）書院，在府城東按察司舊址，康熙四十八年（1709）知府吳柯主持改建；雍正八年（1730），知府張兆鳳增建；其後署（代）知府楊錫綬又重修，並且由官府「撥租石等項」給予經濟支持。乾隆十九年（1754），巡道王概清查舊項，捐添膏火重修，使學舍規模大變，嗣後文風日盛。嘉慶五年（1800），知府杜安詩又擴新其制，更名爲「高文書院」。〔註43〕又如明萬曆二年（1574），陽江縣僉事李材建鼉峰書院於縣學之後；僅過五年，至萬曆七年（1579），同知蔡懋昭就拆毀書院而改建尊經閣，這或許是奉朝廷之命所爲。〔註44〕再如石城（今廉江）松明書院在清康熙、雍正年間辦得很有起色，「後因上憲臨駐，假書院爲行臺，（書）院齋（舍）既失，院租亦沒」，遂導致松明書院教育的衰落。〔註45〕在電白縣城西武安街雨香庵東，原有廣生書院，明崇禎初年知縣呂允礽創建，前有放生池；至清道光年間已廢爲廣福寺。〔註46〕

　　德學兼優者主持書院教學，可使書院興旺發達，人才輩出。如陳炳章幼承家學，學識超群，且以孝義爲重，舉人出身，故其「歷主松明、同文書院，講求實學，邑（縣）中秀者多出其門。」江愼中，少年即博覽群書，人稱「書櫃」，長益肆力於實學，爲文淵雅有法，詩尤雄健，每論事講學，座無虛席。粵中廣雅書院初建，搜羅粵省高材生入學，江愼中及其兄江履中「並邀首選」。旋以經學受知於粵督張之洞及學使汪鳴鑾，領鄉薦入京，遍交名流。著述之外唯以教育爲務，主講松明、同文兩書院歷十餘年。茂名楊頤侍郎重其學行。後受高州知府蕭炳堃延聘任高文書院院長，「一時名士皆出其門」。〔註47〕有時候，書院主持人就像一根「擎天柱」，支撐著書院的發展，一旦這根支柱崩塌，書院亦隨之衰廢。如明代陽江縣的□峰書院，浙江提學、潮陽人林大春在《重修陽江縣學記》開篇即云：「余友豐城李公材嘗以執憲飭兵嶺西，建□峰書院於陽江廟學之後以啓多士，即今尊經閣故址也。其時公（李材）每以

〔註43〕　《光緒高州府志》卷14《經政二・書院》，第191頁。
〔註44〕　《民國陽江縣志》卷17《學校志・學宮》，第332頁。
〔註45〕　《民國石城縣志》卷40《經政志・書院》，第448頁。
〔註46〕　《光緒高州府志》卷14《經政二・書院義學》，第197頁。
〔註47〕　《民國石城縣志》卷7《人物志下・列傳・江愼中傳》，第526～527頁。

書抵余，毅然有大興廟學之志，會與督撫不合去（離職），書院尋（不久）廢。」
〔註48〕

　　三是各書院的經濟來源差別較大。

　　一些書院自給有餘；而一些書院則入不敷出，需從富足的書院借貸，要償還高額利息（所謂「子母」）。如電白縣的蓮峰書院，「邑（縣）之紳士公置義田，歲入租三百八十石有奇，僅敷山長膳修。後宰（縣令）劉公（繼添）貸郡城敷文書院公銀爲試，開白蕉南關鹽池，公本計八塥，歲收租羨一百五十餘金，議俟三易歲清子母（還清本錢及利息），改充蓮峰（書院）膏火。」〔註49〕即開關鹽池，收取租金，償還借貸，亦可拓寬蓮峰書院的經濟來源。

　　四是辦得有聲有息的書院重視新立規程，重視考覈。

　　立規程，重考覈，可以有效地促使書院生徒棄惰趨勤，認眞學習。如吳川縣吳陽義學（又名正疑書院、聽濤書院），至清朝光緒年間（1875～1908），教學活動雖仍在維持，但學風頹廢不振。起初，地方官想通過增加書院膏火資的辦法激勵士氣，但後來又認爲關鍵還在於對在學生員加強考覈，以敦促其努力學習。清光緒元年（1875），吳川知縣裘伯玉在相關記載中說：

　　　　吳陽義學迄今百餘年矣。近年甄別之日，與考者寥寥，即應課
　　之文亦多草率。嘗（曾）與邑紳林、吳、李、陳諸君籌增膏火資，但
　　諸生之應課也視爲具文，已成積習，與其徒增膏火，難挽頹波，不如
　　新立規程以勵士氣。因思姜前任（按，指姜光耀，同治三年九月任吳
　　川縣令）邊建考棚於署左，外列號舍，而内則廣廳重堂，意以三載兩
　　考，時日無多，試後可爲弦誦之所。現已增設義學，即就考棚中廳顏
　　其額曰「雙江書院」，俾諸生肄業其中，以成姜君美意。〔註50〕

再如電白蓮峰書院：「壬子（1792）春，延（聘請）秀才鄭孝廉紅泉先生掌教，錄送正附課生童若干，設立規條，月定六果，嚴甲乙，示勸懲。」加之官紳捐資，共襄勝舉，出現「諸生鼓歌弦誦，郁郁彬彬，日新月異」的可喜局面。
〔註51〕

〔註48〕《康熙陽江縣志》卷4《藝文志・重修陽江縣學記》，第109頁。
〔註49〕《光緒高州府志》卷14《經政二・書院義學》，第196頁。
〔註50〕《光緒高州府志》卷14《經政二・書院義學》，第199頁。
〔註51〕《光緒高州府志》卷14《經政二・書院義學》，第196頁。

　　明清時期，粤西地區書院教育獲得較大的發展。官府、民間都致力於書院的興建、修葺與經濟支持，使大量平民子弟得以進入書院學習，成為國家、社會的有用人才。例如，在石城縣（今廉江市），松明書院自北宋蘇軾流放經過此地，當地士人建成書院進行教學以紀念蘇軾，此後歷元、明、清，雖有盛衰，卻一直延綿不絕，為地方為國家培養了眾多的人才。有學者在相關記述中說：「地方之風氣視學校為轉移。羅州〔註52〕自有松明書院之設，百餘年來，人文蔚起，科第不絕，駸駸乎盛矣。」〔註53〕

　　石城縣安鋪是個歷史悠久的古鎮，農工商業發達，基礎教育亦頗受重視，所謂「安鋪古鎮，尤為石邑（石城縣）都會，其間士食舊德，農服先疇，非不戶誦家弦」。然而，由於缺乏更高層次的中級教育的接續，使不少民間年青子弟在接受了初級教育之後，便失去了再教育的機遇。因此，安鋪鎮能通過科舉途徑晉身仕途者寥寥無幾，所謂「登科名者無幾，以講學之無其地也」。道光七年（1827），新知縣王德茂蒞任石城，新官上任，首先重視書院的興建。王德茂在相關記載中說：「丁亥（1827）春，予篆（蒞任）斯土，數數過之（多次拜訪）茂才黃生彩綱、嚴劉生齡、何生漢光、陳生恭賢等，以官道旁官（有）曠地可以倡捐修造（書院）請。予聞而大嘉賞之，即行親詣勘明，催令該生並首事等勉力募捐。不數月，紳耆民商樂於從善，得金若干兩，現在擇吉興工，冬臘（年底）可以草創。經營大半而好善續捐者仍接踵不絕。」王德茂知縣對於書院興辦後的前景持樂觀態度。在文章最後，他寫道：「有志竟成，廉江之文運開於此，安鋪之風俗淳于此！士庶之休養生息盡基於此！予忝在守土，坐觀厥成，光莫大焉！」〔註54〕

　　陽春縣在明代時，縣令張文誥創建了「育英堂」以教授生徒，後更名「聚文樓」，再後又改為「瑞雲書院」。其地在縣學之後，「歷年延鄉之先進為之師，如林文譽、譚予芳、王獻猷諸君子皆知名士也……自崔、莫二三君相繼登賢書（科舉及第），嗣後科第連綿，人文之盛駸駸日上。庚午（1810）春，余來守是邑（縣），先後聘邑孝廉譚子敬昭、劉子世探主講（書院），時與諸生課

〔註52〕南朝梁置，治所在石龍縣今廣東化州市，隋大業初廢。唐武德五年（622）復置。武德六年（623），移治石城縣（今廣東廉江市東北）。北宋開寶五年（972）廢。此「羅州」即代指石城縣。
〔註53〕《民國石城縣志》卷4《經政志·書院》，第449頁。
〔註54〕《民國石城縣志》卷4《經政志·書院》，第449頁。

文藝，講德行，期爲有體有用之學。諸生蔚然日新，發（出）名成業者接踵而起，馮子秉笏之舉於鄉，李子才紹之雋於選，士皆卓然不可限量。」〔註55〕

　　清初，在電白縣沙瑯城創辦了兩所書院——雙峰書院與蓮峰書院，「兩（書）院遙峙而學（教學）均也。當此之時，院宇創新，多士雲集，嚴師尊道，人才接踵而起，功名日上而思奮，幾於（幾乎達到）比戶衣冠（家家讀書）、琳瑯士氣稱盛焉。」〔註56〕

　　前已述及，明清時期書院教育兼及初級與中級教育，因此，書院教育又爲府、州、縣官學輸送了大批人才。《詩講番禺許其光興江文社序》云：「國家以時藝取士，非徒欲得文人而用之也，總角而入之（私）塾，授以四子（書）、五經諸書，教以執筆爲點畫文字，循序漸進，日引月深，其秀者試於縣、府、州、廳，學使者升諸庠（縣、府儒學）……〔註57〕其實，參加府、州、縣官學考試而獲得良好教育，得以日後成才的還有不少書院的生徒。

〔註55〕《民國陽春縣志》卷14《藝文·專集·總集·增建瑞雲書院記》，第449頁。
〔註56〕《光緒重修電白縣志》卷5《建置一·學校》，第50頁。
〔註57〕《民國陽江縣志》卷7《經政志·學宮》，第354頁。

十、清代粵西籍士宦人物群體研究

摘　要

　　明清時期，一大批粵西籍士人通過科舉制度晉身入仕。他們爲官廉潔，一身正氣，注重興利除弊，爲各地方社會建設及民生創造福利、便利；他們能文能武，在維護國家統一與地方安全中貢獻突出；除政官之外，還有眾多的粵西人出任教官，他們在教學這一「清水衙門」中忠誠於教書育人事業，無怨無悔，直至終老，其中不少人致仕歸鄉後又奈得寂寞，足跡不涉公門，隱居鄉間林泉，著書立說，頗有收穫；清代粵西人中還多有以「孝友端方」、「兄友弟恭」、在鄉行義而著稱的人物。影響清代粵西士宦人物行爲的若干因素：（一）宋明理學對清代粵西士宦潛移默化的影響；（二）地方官對於孝義等典型人物的頌揚、表彰，爲士民樹立了學習的榜樣；（三）父輩對子嗣後代的感染；（四）報應思想的影響。

關鍵詞：清代；粵西；士宦人物

明清時期，隨著教育事業的發展，一大批粵西籍士人通過科舉制度晉身入仕，在國家、地方各項事業的開展中卓有貢獻，在方志中留下了鮮明的印記。本文擬對這一時期粵西籍仕宦人物的表現、貢獻及其行為動因略作考察與探討。

一、為官廉正，興利除弊

考察地方志中「人物志」所載粵西籍出仕人物的履歷、事跡可知，為官廉潔，一身正氣，注重興利除弊，為各地方社會建設及民生創造福利、便利，是一個共有的特點。

例如，黎日升，電白縣人，康熙庚戌（1670）進士，「初任雲南縣（今雲南祥興縣），以艱（父母喪事）歸，補授建德（今浙江建德縣），有政聲，行取文選司主事，累升考功司郎中。為人惇厚樸實，清潔自矢。康熙三十七年（1689）告歸，宦囊空匱，絕跡公門，邑（縣）人崇祀鄉賢。」〔註1〕黃熙中，電白縣人，「中乾隆庚辰（1760）經魁（明清科舉考試，每經各取一名為首，名為「經魁」）。丙戌（1766）挑發山東，補費縣（今山東費縣）知縣，丁外艱（舊指父喪），改湖南漵浦，升貴州鎮寧州（今貴州鎮寧縣）知州，見記名護安順府，調獨山州。（黃）熙中性嗜古，凡書畫古器傾囊購之，雖空匱不顧。居官清謹自守，政務寬簡，不為刻核（苛刻、較真），歷仕牧令，家無半畝之宮（房屋）、十畝之田。」包興荊，電白縣人，「乾隆庚寅（1770）恩科舉人，為人誠樸，不事修飾，需次（依次序）當得縣令，願改教職，選授東莞教諭。居官廉潔自守，粗衣淡食，不妄取一錢，士林無不愛其長厚。」蔡敬熙，電白縣莊垌人，「端厚醇謹，動（行為）遵禮法，讀書勤苦，積學至老不倦。生平教授生徒多所成就，尤篤孝友，人無間（閒）言，文品雍容大雅，屢試輒冠同儕，戴蓮士學使得其文深器賞之，然數奇不得一第。老選明經。道光庚子（1840）恩賜舉人，銓選澄邁訓導。居官廉謹，到任三載即解組歸，宦囊如洗。門生、同寅憫其貧，醵金（籌錢）賻之方能就道。」潘廷珪，電白縣城南街人，「道光戊子（1828）舉於鄉，乙未（1835）大挑一等，簽分安徽，署太湖縣。甫下車，培植人材，萃集縣中翹秀，延師教育，膳修膏火各有（增）加。皖南濱大江，遇水災，居民失所，（潘廷珪）捐廉籌賑，設粥廠，全活無數。自勵清廉，財無私取……解任後，囊篋無餘。」〔註2〕

〔註1〕《重修電白縣志》卷19《人物四·列傳》，第191頁。
〔註2〕《光緒重修電白縣志》卷19《人物四·列傳》，第191～196頁。

以上僅爲清代電白一縣出仕士人事例。其實，這樣的事例在明清時期粤西地區其它各縣亦俯拾即是。如吳川縣磐石人黃德屏，歷職貴州平遠知州，「乾隆庚寅（1770）恭祝皇太后萬壽，恩復六品職銜，降補南匯（縣）丞，調常熟。職小（低級）而節彌勵，邑（縣）民聞（黃）德屏廉明，皆趨走質訟。縣貳（縣丞）例不受事（按，指縣丞不負責獄訟斷案），諭遣弗去，隨事剖析，民皆悅服，來者不絕，德屏亦弗能禁也。鄉俗投牒有官錢（按，指民眾到縣衙投牒辦事，按慣例要給相關官員送錢），德屏曰：『是何足污我！』大署牒後曰：『本衙不收陋規。』役卒多散去。由是見知上官，調署嘉定（縣）令。檄下，適以病終。士民爭釀錢乃成殮，祀常熟名宦焉。」林闓階亦爲清代吳川縣人，乾隆二十一年丙子（1756）科舉人，丁丑（1757）連捷進士，「後知山西靈石縣，甫閱月（才一月餘）即拂衣歸，閉戶日坐書巢（房）中，了無榮辱之色。」出仕爲官是封建時代眾多士人刻苦攻讀的奮鬥目標，何以林闓階到任才一月餘即「拂衣歸」？原來是他目睹了官場的污濁黑暗！據其所作的《闓階靈石解組（辭官）記略》云：他初到靈石，「靈石地當衝衢（交通要道），供帳繁擾，往往征貸民間」。官員來來往往，所需物資常常向民眾索取而無支付銀錢，民眾頗以爲苦。林闓階對當地民間疾苦充滿同情，想略作改革：將自己節省下來的俸錢用以購買官員往來所需物資，以免除民眾所受之騷擾。誰知這樣一來，斷了往來官員藉以敲詐勒索民眾錢財之路，「竟以此被議」，受到上司的責難。另外，山西靈石地險民雜，奸賭盜賊出沒無常。林闓階試圖「鋤莠旌良」，懲治不法之徒，改良社會秩序及民間不良風氣，亦遇到極大困難，心想事難成。結果，林闓階因爲不能墨守成規而獲罪上官，被宣佈罷官，「在任僅五十四日，不生事以擾民，不怠事以疲民，治絲棼如（處事有條不紊），事將就緒而卒以見廢（革新政治將要取得實效卻因罷官而見廢）」。離任之時，當地父老奔走哀號（哭），都想到上級官府去爲林闓階鳴冤，結果被林闓階所阻止。他認爲「窮達（官場上能否飛黃騰達）有命，非人之所能爲也。一官何足惜，故鄉亦可懷。惟是地北天南將成遠別，依依赤子愴予懷耳（民眾的苦難得不到解除，令我傷懷）。予歸之後，願爾士民完逋欠，睦鄉鄰，敦孝悌，畫地刻木（安分守己），共沐太平之休（美好），則雖相隔萬里，亦猶吾之在靈石也夫！」對靈石縣民眾依依惜別。離別靈石之際，林闓階作了一首充滿憂傷情懷的《菩提寺留別父老詩》：「滯雨連宵淒復淒，夜深無語對菩提。

慈悲孰濟群生苦，定慧吾慟四大迷。山疊奇峰□郭險，水蒸靈石觸雲低。
歸心也共鐘聲斷，淚帶秋風落葉啼。」〔註3〕

　　為官清廉，僅是明清時期粵西籍官員常見的表現之一；另一方面則是剛
直不阿，敢於鬥爭，勇於興利除弊，為一方民眾謀取福利。如蕭升，清代石
城縣（今廣東廉江市）簀竹村人，廩生。志載他「承庭訓，質卓越，由拔貢
中式順天舉人，署湖南石門、□縣、桃源、桂陽、零陵等縣知縣，善政宏敷，
口碑載道，士民皆製錦贈匾。去石門任，紳士門生多餞以詩……旋授清泉縣，
詳辦（請示上級批准懲辦）劣監（作惡宦官）羅東揚、訟棍殷之輅，合邑（縣）
悅服。逆匪趙金龍作亂，籌餉給軍，卒能除暴。上游（上級）重其功，咨部
從優議敘，委代理衡州府（今湖南衡陽市）通判。因（於是）交代赴省，遽
罹痰中而卒，年七十一。眷屬貧難，歸長沙府。知府何其興等倡捐資斧（費
用）助歸櫬（棺材）。」志家評論說：蕭升「出仕二十餘年，廉正如此，誠不
愧古之循良也。」〔註4〕黃樹賓，吳川縣人，幼隨父親在江蘇泰州任職，十六
歲時父親病逝，奉母僑寓揚州服闋守喪。樹賓志向高遠，刻苦攻讀，中嘉慶
二十三年戊寅（1818）恩科順天副榜。道光十七年丁酉（1837）中式順天舉
人，明年聯捷進士，以知縣任用，分發山西，署大同、太原，充癸卯鄉試同
考官，後任職於交城（今山西省交城縣）。黃樹賓任職山西期間，興利除弊，
振興教育，政績突出，做了幾項很有意義的工作。一是申請削減「捐攤繁費」。
方志記載：「樹賓政治尚嚴，除惡務盡。交城本簡缺（地方經濟落後），而捐
獻繁費等項列在上中，歷任無不虧累。樹賓詳明上憲（向上級彙報實情），改
為苦缺，一切用項從減，後官斯土者得免賠累。」二是復興書院教育：「邑（縣）
有卦山書院，廢棄已久，其地多官木，康熙間民間爭樵（爭相砍伐樹木作柴
火）械鬥，奉部封禁，二百年來松柏叢生，倒息回幹者甚多。（黃）樹賓查明
舊案，親往履勘，牒大吏咨部開禁（派吏員到相關部門請示批准，定期禁放
採伐林木），舉公正紳耆董其事，貨（賣）倒息之木，得萬餘金，除修理書院
外，（其）餘生息為延師課士資，立規條，垂永久。」三是杜絕「邦規」，嚴
懲「刁悍」者。丁未（1848），黃樹賓調任介休（今山西介休縣）縣令。「介
休多富戶，歲有邦規，出入衙門無不倚勢；而窮民又以訛索富戶為事。（黃）
樹賓杜絕邦規，不與富戶往來，而勞民刁悍者復懲之，地方肅清。日決訟數

〔註3〕《光緒吳川縣志》卷7《人物·列傳》，第278頁。
〔註4〕《民國石城縣志》卷7《人物下·列傳》，第526頁。

十事，親筆判斷，洋洋灑灑數十百千言，邑（縣）之人爭觀傳誦。」四是定規條，變風俗：「晉（山西）俗尚儉，獨介休民多貿易三江，習染浮華，喪葬婚嫁之費傾家不惜。樹賓定以規條，風俗為之（大）變。」〔註5〕

二、敉平動亂，維持治安

自古以來，書生常常被人加以「文弱」作修飾，似乎文士除了讀書應試便再無其它本事；然而，在清代粵西籍文士中，能文能武者卻不乏其人，在方志「人物志」中可以找到眾多的例證。

如，黃德屏，吳川磐石人，「生平誦法程朱，品行文章一時推重，膺乾隆十八年癸酉（1753）科選拔，廷試後以資授貴州平遠知州。值苗匪倡亂，德屏單騎深入（苗寨），反覆開導，酋長感化，縛其渠（發動叛亂的頭目）以獻，得脅從名冊焚之，存活以萬計。」對於苗族的作亂，黃德屏並非簡單地以武力殺戮鎮壓，而是採取和平方式處置，著力化解矛盾，並且敢於冒著莫大危險深入苗寨勸諭，使兵不血刃，動亂得以平息，又「得脅從名冊焚之」，顯示了寬大胸懷，爭取了苗族人心歸向，實為高明之策。一些粵西籍人士只肩負教書育人之責，然而，當地方發動變亂，他們亦義無反顧地將平亂視作自己義不容辭的職責。如楊甘來，吳川縣瑚琳村人，「廩貢生，任雷州府教授。時寇盜擾攘，（楊）甘來與長男（子）（楊）道行設策連結鄉民，互相保救。由是賊不敢犯，鄉里德之。」〔註6〕

在保家衛國，平定動亂方面，功勳卓著的還有吳川縣城內人潘韜、潘汝渭父子。潘韜，「乾隆年間由龍門協外委薦升至閩浙督標水師營參將。臺（灣）匪（徒）叛逆，奉委進剿，奏大功五十三次。主將失機被困諸羅城中三月。（潘）韜日夜巡城，鼓勵士卒，靳（幸）而獲全。大兵（清軍）至，吉制軍親執其手獎藉再三。平臺（灣）後，矜恤流民，存活無算。升澎湖協副將。旋丁父艱（因父親去世而辭官守孝）回籍，續丁繼母憂服闋（又因繼母去世而守孝），（後）以原職補授香山協副將，署虎門總兵，功列水師一等。升南澳鎮總兵。海氛甚熾（海上形勢緊急），督兵禦寇……」潘韜一生率兵奮戰於海疆，保家衛國，直至終老，可謂「鞠躬盡瘁，死而後已」了。將門出虎子。其子潘汝渭，「嘉慶三年戊午（1798）科武舉，道光二年（1823）任閩□協副將，調澎

〔註5〕《光緒吳川縣志》卷7《人物·列傳》，第294頁。
〔註6〕《光緒吳川縣志》卷7《人物·列傳》，第278頁，第270頁。

湖副將。臺（灣）匪蠢動，（潘）汝渭帶兵進剿，深得軍心，全臺（灣）安謐。」
〔註7〕

在敉平動亂上功勳卓著的還有同為吳川縣籍的易樹邦、房士升、李定邦等。三人都是嘉慶年間（1796～1820）武弁。易樹邦以武生補高州右營把總，自少矢志忠義。嘉慶元年（1796）隨軍征戰湖廣，「輒自衝鋒，擒殺無算，以功擢千總。益自奮勵，所向披靡。後率所部深入賊陣，賊破而樹邦戰死，祀昭忠祠。」房士升，「本營把總，智勇過人。（嘉慶）六年（1801）防守麻斜汛，海寇突出，汛幾陷，守陣者皆哭。士升奮勇衝擊，危而獲安。寇怒，率舟師大至，士卒驚潰。士升諭以大義，慷慨誓眾，且敵且守。賊潛遣人登岸雜村民中，從士升後猝刺之，解其屍。汛兵張天德亦被難。士升祀郡城昭忠祠。」李定邦，「亦把總也，（嘉慶）二十五年（1820）督師巡洋，大風雨，士卒多投岸逃生，定邦竭力護持，舟覆溺焉。次日，家人得其屍，見其印猶繫於臂。狀聞，特恩優恤。」〔註8〕

在捍衛海疆安全方面有重要貢獻的還有竇振彪，亦為吳川縣（硇州）人，由行伍歷拔千總，嘉慶十九年（1814）擢水師提標，中軍守備；二十四年（1819）升海口協中軍都司。道光二年（1822）升廣海寨游擊。六年（1826）升水師提標中軍參將，八年（1828）升海口協副將；九年署瓊州鎮總兵；十年五月，兩廣總督李鴻賓尊旨保奏竇振彪熟習海洋，巡輯明練，堪勝水師總兵之任。九月升福建金門鎮總兵。「十二年（1832）十月，臺灣匪徒陳辦滋事，振彪以總督程祖洛、巡撫魏元烺、提督馬濟勝檄帶本標及漳州、海壇、閩安各標兵二千名由蚶江對渡，直趨嘉義。十二月抵嘉義城，與廣東提督劉廷斌合剿。十三年正月，北路臺匪將南竄，振彪偕馬濟勝分路截擊，直搗其巢，擒賊目黃番婆等，並殲要犯二百餘名；嗣（後）又擒首逆陳辦及張丙、江文等匪，臺灣平。奏入（捷報傳至京師），賞戴花翎……先是，廈門一帶奸民私造小船，沿海肆劫，每於夏至後風潮迭起，避匿同安縣之清深等鄉。至是，振彪凱（旋）撤（退）內渡，（總督）程祖洛檄（竇振彪）乘便竟搗賊巢，殲擒甚夥，並起獲船炮等件。十四年（1834），以清淤鄉接壤之柏頭鄉有窩匪潛伏，亦為盜藪，振彪復督兵乘其不備，水陸並進，擒犯百七十七名，並獲船三十四隻及炮械等件。……十九年（1839），英夷（英國侵略軍）兵船於十月、十二月屢犯人

〔註7〕《光緒吳川縣志》卷7《人物·列傳》，第282～283頁。
〔註8〕《光緒吳川縣志》卷7《人物·列傳》，第285頁。

隊洋面及梅林各洋，振彪令督舟師擊之。二十年二月，夷船復遊駛梅林洋西，振彪令哨船截攻，以炮火聯絡擊斷夷船帆索，英夷旋遁。四月，於塔仔外洋巡獲盜犯曾勝仁等六十名，並起獲槍炮等件……六月，於穿山洋面擊毀夷船一隻，又於虎嶼洋面擊沉杉板船一隻。奏入，得旨『所辦認眞可嘉』。二十一年（1841）二月升廣東水師提督，三月調福建水師提督。八月，英夷陷廈門，部議奪振彪職。上（嘉慶帝）以振彪時在洋捕盜，加恩改爲留任。二十二年（1842），論曰：『英夷現以就撫，准令通商，仍應加意防犯。廈門爲（福建）省垣關鍵，今昔情形不同，必須因地制宜，量爲變通，著（諭令）竇振彪等詳察地勢，悉心講求（計劃、行動），妥議章程具奏。嗣（後）以夷酋復遊駛入閩，窺視廈門，申命振彪密加防範，相機辦理。二十四年（1844），泉州陳頭山等處盜匪肆劫。振彪諜知蹤跡，督舟師緝拿，毀其船八十餘隻。首犯陳扭等竄逸。嗣（後）又將陳扭拿獲，並探知各匪還家度歲，親往各鄉搜捕，悉殲之……二十六年（1846），拿獲柏頭鄉盜犯林梯等首（犯）從（犯）三十餘名，並起獲炮械船隻。二十七年，率福寧鎮總兵曹三祝等分駕兵船於霞浦洋拿獲盜犯蕭大才等二十餘名，餘匪墮海淹沒。二十八年（1848），以浙江漁山爲洋匪逋逃藪，振彪督師出洋，偕黃岩鎮總兵會剿，擒斬甚夥，毀其巢……』〔註9〕在竇振彪任水師將領過程中，正值西方列強入侵中國之際，海洋形勢緊張，竇振彪率領指揮兵船馳騁海上，擒拿匪徒，阻擋並攻擊夷艦，爲捍衛海疆治安及維護國家主權作出了重要貢獻。雖亦存在失誤，受過處分，但與其一連串的戰功相比，實「小巫見大巫」。因此，有時候，雖兵部「議奪振彪職」，皇上卻「加恩改爲留任」，就是因爲，在皇上看來，竇振彪雖有過失，卻是瑕不掩瑜，功大過小。竇振彪去世後，皇上（咸豐帝）頒諭哀悼，曰：「福建水師提督竇振彪，由行伍出身，前經出師剿辦臺灣逆匪，著有勞績。仰皇考（道光帝）簡擢提督，巡輯操防，甚屬認眞。茲聞溘逝，殊堪軫惜，著加恩晉贈太子太保銜，照提督例賜恤，任內一切處分悉予開復（免除）。應得恤典該衙門察例具奏伊子、縣丞候升知縣竇熙，著俟服闋後送部引見。」竇振彪被賜以「武襄」（以武衛國）謚號，可謂生有奇勳，死有哀榮。〔註10〕

在清代，爲捍衛我國海洋主權，維護社會治安作出重大貢獻的粤西籍人氏還有石城人楊光普。方志記載：「楊光普，監生，嘉慶十年（1805），海寇

〔註 9〕《光緒吳川縣志》卷7人物・列傳），第288～289頁。
〔註10〕《光緒吳川縣志》卷7人物・列傳），第289頁。

猖獗，光普約鄉人守望相助。知縣劉（某）以下洋、白沙等處港汊紛歧，命光普聞聲援應。閏六月，賊由龍頭沙登岸肆劫，光普子（楊）文瀛（一馬）當先，賊斫之，剖心死。光普力戰，生擒賊目三名。次年五月，賊乘夜入白坭潭。光普侄子（楊）聰受重傷腸出，決戰殺賊目十餘名，生擒一名，各鄉賴其保障。高（州）、廉（州）道馬書欣給區旌之。」〔註11〕

清朝中後期，自嘉慶年間始，隨著統治階級的漸趨腐朽，國防空虛的日漸暴露，「海盜」等各種「盜賊」活動日益猖獗，不僅是海疆形勢緊張，內陸社會亦陷入動盪局勢之中。在此形勢下，粵西籍官員、將領亦有不凡表現。

如，李安，石城「橫山村人，歲貢生，爲人誠樸剛果，多謀略。嘉慶初，海盜夜劫橫山典肆（典當店鋪），（李）安授策鄉丁追捕，獲賊解辦。知府杜安詩贈『義勇可嘉』區，總制那贈『型方善俗』扁。」鍾綸文，石城縣「青湖村人，報捐縣丞，任鄉正，率團勇剿朱十四匪黨有功，分發廣西候補，署太平府養利州吏目，兼理崇善縣縣丞。時養利州城被匪首李龍章等攻陷，（鍾綸文）聞警率兵痛剿，克復城垣。上憲委（任）代理養利州知州篆，辦理善後事宜，四境大治，士民愛戴，歌頌之。」至仕之後，鍾綸文仍不忘家鄉的治安：「以老致仕回籍，籌畫建堡捍衛地方。」石城人羅崇齡，武生，遞年教習騎射，勇敢善戰。咸豐初年，多次率眾殲滅「匪寇」，知府胡某獎以「義勇可風」扁。「歲戊午（1858），西賊朱十九劫坡禾地，知縣聶爾康諭（傳令）崇齡率鄉勇進剿，奮勇爭先，斃賊多名，乘勝追北。比攻賊營，前後伏發，眾寡不敵，崇齡與胞弟楊武、胞侄（楊）天春、（楊）天祐等俱遇害，然賊亦死亡過半，狼狽奔竄。後崇齡子得父屍歸葬，鄉鄰迎哭者以千數。邑人舉祀石嶺義勇祠。」羅士奇，石城縣陀村人，由拔貢中道光庚子（1840）順天舉人，爲高州府尹曾望顏所器重。石城知縣林星章延請主講松明書院，頗受士林宗仰。從子（侄子）羅汝彥亦門下士，登賢書。清咸豐年間（1851～1861），「西匪」（英法侵略者）逼境，石城知縣王易詰延請羅士奇、羅汝彥同勷軍務，屢殄「強寇」。歲辛酉（1861），陳金缸據信宜，軍務倥傯，「土匪」蠢動，侵擾太平店，逼近縣治。羅汝彥先出資籌辦軍實（軍需物資），募勁勇佐知縣敖翊臣破「賊」；嗣（後）有「流寇」夜劫村莊鋪戶。汝彥授策兵勇緝捕，卒獲「賊」懲辦。協助官府蕩平「西匪」有功的還有張樹谷。張樹谷，石城縣歐玉山人，歲貢生，敏達多謀，縣中賓興等諸要務皆資協理。對「西匪」迭擾

〔註11〕《民國石城縣志》卷7《人物志下・列傳》，第522頁。

縣境，石城知縣敖翊臣延其勷助軍務，屢殄「強寇」，以功保獎，授廣寧縣學教職，調欽州訓導。江煦和，石城縣岐嶺鎮人，以廩貢援例任職英德、海陽等縣學，俸滿升貴州安平縣（今貴州平壩縣）知縣。時「黔匪」猖獗，縣許多地方被攻陷。江煦和帶兵征剿，克復城池，迭建戰功，保獎升（州）同知，歷署廣順、黃平等州。兵燹之後，招集流亡，墾荒田，給耕牛、種子，建義學，革陋規，興利除弊，頌聲載道。得旨以知府補用。離任之時，鄉民扶老攜幼，涕泣攀轅，士民立遺愛碑以誌去思。〔註12〕

以上列述僅是清代石城縣（今廉江市）人氏若干事跡。事實上，隨著清朝政治的敗壞，階級矛盾的尖銳激化，「賊亂」此起彼伏，粵西籍人氏在平定動亂，維持穩定局面中有重要貢獻者還有很多，不一一列舉。

三、教書育人，著書立說

在清代，一大批粵西士人通過科舉制度晉身仕途，爲官一方，盡職盡責，嚴於律己，貢獻卓著；與此同時，亦有一大批粵西籍士人經選拔入仕後，不爲政官，而任教官。他們在教學這一「清水衙門」中忠誠於教書育人事業，無怨無悔，直至終老。

如吳川縣人林紫雲，康熙末年由廩貢生出任香山縣學訓導，「篤孝嗜學，好義敦行，遷黌宮（學校），新文閣（維修縣學魁星閣），與修邑（縣）志，均有成績」；林紫雲子林世憲，「乾隆中由歲貢任肇慶府訓導」；林世憲子林香賓曾「司鐸（任教）增城」；林香賓子林鵬独任廉州府訓導，「司鐸時諸生有無辜受累者力爲調護」。四代人中五人任教官，誠爲「書香世家」。〔註13〕蕭作洙，石城縣大塘村人，拔貢生，少失怙（喪父），事母以孝聞，出任樂昌縣學教諭，捐俸修文廟，置祭田祭器，講學課文無虛日，任滿考覈優等，按例得陞遷，卻淡泊名利，飄然解組而歸。樂昌縣紳士製錦旗，樹碑記，沿江送歸鄉里。李實，石城縣大路邊人，「聰明嗜學，博覽經史，爲文雅有先正魄力，年弱冠（約20歲），府試冠軍，入泮（縣學）。嘉慶丁卯（1807）登賢書（因成績優異被選拔），大挑（明清時期選拔人才的一種辦法）教諭，署廉州府訓導。生平崖岸高峻（淡泊名利，品格高尚），課徒（教授生徒）整肅。解組（致仕）後足不履公庭，手輯《學庸（大學、中庸）解》，學者多傳之。」梁挺觀，

〔註12〕《民國石城縣志》卷7《人物志下・列傳》，第524頁～526頁。
〔註13〕《光緒吳川縣志》卷7《人物・列傳》，第272頁。

石城縣官埇人，「郡（學）廩生，援例任徐聞（縣學）訓導六載。諸生印金（借款），貧者多不責償，倡修聖宮（孔廟），建明倫堂，培筆架山（在筆架山上建『培植風水』的工程），徐（聞）人德之，有春風化雨之頌。解組日，郊餞者徒步十里。」石城縣風稍村人吳賢秀，以歲貢生授職，「歷任文昌（今海南省文昌市）、昌化（今海南省東方市昌化鎮）等縣學官。為人公（正寬）恕，管積賓興（科舉考試）經費數十年，後寇擾，恐挪用，變議署租（出租取息），仍勤慎經理。至於修學宮，建文場（考場），皆為總攝，無不竭力盡心。」律己嚴格，以教書育人為職志的還有石城縣高式震。志載他「沉潛好學，博通經史，生平不喜干謁（拜訪謁見權貴名流），日以訓課子孫為事。遊其門者類多成材。持己耿介，接人溫恭，財色不苟（不貪財，不好色），言動不輕（率）。雖狂妄當前，無不肅然起敬。」〔註14〕邵天春，電白縣人，才華橫溢，有「才鋒莫當，筆敵萬人」之譽。「乾隆乙酉（1765）拔貢，選始興（今廣東韶關市）教諭，勤訓課，卻餽遺，立己嚴正，貧者資助之。以病致仕，諸生泣送（至）江口。」〔註15〕

　　一些粵西籍士人任教職，年過七十仍未致仕，仍孜孜不倦於教書育人，事跡頗為感人。如康兆舉，電白縣城北街人，「嘉慶辛酉（1801）副榜，候選直隸州州判，改就教職。道光庚子（1840）年七十矣，選授龍川（縣）教諭，訓諸生以砥礪名節為第一義，束脩（學費）多寡不較。送考時諸生或緣事不來者周全稟報。所作月課值手顫不能詳改，則召至前，耳提面命累千百言不少休，其誨人不倦如此。」〔註16〕

　　還有一些粵西士人因故未能（或不願）出仕任官，卻以他們所學所識從事鄉村教育事業，貢獻亦不可小覷。如石城縣岐嶺村人江宗泗，縣歲貢生，「忠厚簡約，粗衣蔬食，淡如（處之若素）也。其與人樂易（平宜近人），仍宗正不阿。課文講義，士之有造者多出其門。設文會於南橋，四季聚試，以寓激勸。其作人至意耆年不倦。」同為石城縣人的潘之瀛，「以博學食廩餼（享受國家助學金），學者尊師之，門下多知名士。」〔註17〕楊廷會，電白縣「爵山人，篤學敦行，為邑（縣）里所推重。邑中科名疏歇（科舉考試及第者少），廷會奮志力學，旋中己卯舉人，以名宿授徒鄉里。及掌教蓮峰書院，後學多

〔註14〕《民國石城縣志》卷7《人物志下‧列傳》，第520～524頁。
〔註15〕《光緒重修電白縣志》卷19《人物四‧列傳》，第192頁。
〔註16〕《光緒重修電白縣志》卷19《人物四‧新列傳》，第194頁。
〔註17〕《民國石城縣志》卷7《人物志下‧列傳》，第520頁。

－223－

所成就，士林愛之。」〔註18〕楊廷會大約是看到家鄉教育事業不振，中舉後未入仕爲官，而是退居鄉里教授，對振興故鄉教育事業作出了傑出貢獻。「陳廷冠，吳川那蒙人，廩生，敦厚樸直，一生不履公門，安貧篤學，試屢前茅，而設教無私，不計修脯，士出其門皆有成就焉。」〔註19〕陳廷冠學優卻不仕，「一生不履公門」，潛心教書育人，「士出其門皆有所成就焉」，爲社會爲鄉梓培養了不少人才。

亦有一些粵西士人，在科舉屢屢失意後，退隱鄉梓，以教授爲業，雖其教授對象以族人爲主，但其對於教育事業的奉獻之功仍是不可抹煞的。如石城縣東木埇人、歲貢生陳尚翔，「聰敏績學，爲文有根柢，力追先正，十戰棘闈（科舉考試），屢薦被遺，課徒嚴肅，門下獲售（通過科舉考試得以入仕爲官）者數十輩。樂培族中寒畯，不計修脯（學費）。有族姪厚助膳貲（資），謝勿受。倡建祖祠，積嘗（秋祭）置產，貸逋負（欠債無力償還），息紛爭，尤爲宗黨倚重。」〔註20〕不僅教書育人，而且在維持一方社會秩序和平穩定上亦有突出貢獻。

值得一提的是，清代粵西籍教官不僅僅是以教書育人爲職志，盡心盡力地做好本職工作；有些教官還以一腔熱心爲地方公益事業服務，受到當地民衆的敬重。如馬仲輝，電白縣人，乾隆元年（1736）恩貢，授新寧縣（今福建長樂縣）教諭，廉正不計修脯。新寧縣濱臨大河，堤堰經常崩壞，附近鄉村受災，累修不固。地方官以馬仲輝生長於粵西海濱，應知修堤之法，令他主持築堤。馬仲輝不辭勞瘁，堤堰修竣後，「永不泛溢，民賴以安保」。卒於官後，當地人配祀於新寧縣名宦王公祠中。〔註21〕

一些粵西士人從事教書育人工作數十年，桃李滿天下，深受人們敬重。如吳川縣人吳國倫，「由歲貢中雍正七年己酉（1729）科經魁，生平嗜學，文藝優長，設教數十載，登賢書者多出其門，邑人咸敬仰之。」〔註22〕

通過刻苦攻讀，科舉晉身入仕的粵西籍士人，在任克盡職守，政績優異；致仕歸鄉後又奈得寂寞，足跡不涉公門，隱居鄉間林泉，其中不少人心腦不閒，著書立說，頗有收穫。

〔註18〕《光緒重修電白縣志》卷19《人物四‧列傳》，第192頁。
〔註19〕《光緒吳川縣志》卷7《人物‧列傳》，第270頁。
〔註20〕《民國石城縣志》卷7《人物志下‧列傳》，第524頁。
〔註21〕《光緒重修電白縣志》卷19《人物四‧列傳》，第191頁。
〔註22〕《光緒吳川縣志》卷7《人物‧列傳》，第272頁。

　　如石城縣岐嶺村人江應允，博通經史，旁究醫卜，曾兩任今廣西靈山縣學教諭。歸里後，一方面延師訓子，熱心公益事業；另一方面則熱衷於著述，先後著有《倫常楷模》十卷、《環溪書屋詩草》三卷。石城縣大路邊人李實，博覽經史，嘉慶年間登賢書，大挑教諭，署廉州府訓導。「生平崖岸高峻，課徒整肅。解組後足不履公庭，手輯《學庸解》，學者多傳之。」陳尚翔，亦石城縣人，聰敏積學，爲文有根柢，屢試不第後退居鄉間，以教授爲業，曾「手輯《四書摘要》二十卷、《五經旁注》十卷、《周禮易解》二卷，家藏待梓（刻印）。」江誠和，石城縣人，曾「主講松明書院，英俊（人才）多出其門。晚年刻意治經，手輯漢魏以來諸家解經之說，辯證折衷以歸一是，兼通醫算之學，獨抒己見，精妙突過前人。」石城縣葩竹村人鄒士操，雖英年早逝，卻在教學及著述上頗有成就。方志記載他是廩貢生，穎悟嗜學，敦氣節，重道義，教授生徒，四方注門生籍者甚眾，年僅三十八而卒，所著有《周易一說》五卷、《翼經覽要》四卷、《古文法概》六卷、《南江問答》一卷，藏於家。〔註23〕

　　電白縣邵天春曾任始興縣（今廣東韶關市始興縣）學教諭，致仕後「家居吟詠，彈棋耽玩山水，不履城市，七年而沒，著有《雲庵詩稿》、《歷代史鈴》、《開復陶河事宜書》」等。黎啓曙亦爲電白縣人，未冠補諸生，「文思清儁，書法秀逸」，屢試不第，郡守雷學海、知縣周士孝、黃定文咸禮重之，聘爲弟子師，著有《曉村詩稿》等。電白縣霞峒堡人崔騰雲，一生樂善好施，譽滿鄉里，並精通道術經史、山經地志、陰陽卜筮等，「著有《易觀本辭經》、《華集新千字文》、《律呂課蘊》、《家訓□譜》諸書。」〔註24〕林其翰，吳川縣下街人，廩生，天資卓犖，雅有胸襟，爲文直追古人，不囿於風氣，嶺表聲稱藉藉，所著有《南海文瀾》十卷藏於家。「麥崇先，吳川院村人，康熙年間歲貢，任順德縣學訓導，曾參與纂修《吳川縣志》，闔邑（全縣）咸以爲公」；又「經書自出心解，手著《詩經纂要》，彙選《養正金針》，一時學者戶誦家弦。」〔註25〕

　　在清代粵西籍士人中，亦有父子皆熱衷於著述者。如吳川縣人楊元瑛，郡廩生，「著有《晴窗遺訓》一卷，述其從遊王文肅所聞經義之異同、性理之

〔註23〕《民國石城縣志》卷7《人物志下・列傳》，第522～525頁。
〔註24〕《光緒重修電白縣志》卷19《人物四・列傳》，第192、194頁。
〔註25〕《光緒吳川縣志》卷7《人物・列傳》，第270頁。

精奧、生平用功得力之效驗以訓其子（楊）祖望。祖望，字副瞻，邑廩生，性高潔，讀書爲文卓然成家，年十六肄業於高涼（州），撰《高涼諸記》，爲當時名宿所賞。」〔註26〕

在教書育人及著書立說方面，貢獻最突出的是電白縣人邵詠。其傳云：

> 邵詠，字子言，號芝房，（邵）天眷長子，由優貢生授韶州府（今廣東韶關市）訓導。時制府阮元兼攝撫篆，過驗（經過考驗）極承青睞。旋檄韶州郡守，有「邵廣文（詠）學問優長，人品端方，前經舉孝廉方正，辭而不就者，諸事宜爲調劑，或延主講院席（書院講席），可敦士習」等語。初，（邵）詠之留寓京師也，受業於馮太史敏昌之門。大史稱其詩文爲廣東後來之秀。翁閣學方綱序其詩云：「粵東詩人（馮）魚山而後此（邵詠）當嗣響」。（邵）詠既爲先輩許可，益務博覽，漱芳傾液，發而爲文，覺義法精嚴，風格在南豐、半山之間。詩別出入三唐（按，大約指李白、杜甫、白居易），與王右丞（王維，官至尚書右丞）、孟襄陽（孟浩然，襄州襄陽人）二家尤近。以其餘才旁及於書畫篆刻，尤能力追古人而得其神妙。性故灑脫，不問家產，惟籍修脯（學費）筆金（稿費）以供日用，然志守巍然。有縣令某求壽言（請邵詠寫祝壽文字），啖（許）以百金，不應。與帥侍郎承瀛爲舊好，侍郎典試粵東，或規（勸）（邵）詠通關節，可得高選。（邵詠）笑置之。其淡於榮利如此。生平誨人不倦，主（持）書院講席多所成就。處家庭間雍睦無間，與其弟（邵）詩塡箋唱和，故當時有（蘇）軾、（蘇）轍之稱。（邵）詠賢聲素著，自學士大夫下至負販童雅，莫不知電白（縣）有邵芝房（詠）其人。卒年六十有四，所著有《種芝山文集》、《芝房詩鈔》、《邵氏族譜》、《魚山先生年譜》及《草印譜》等書。乙酉（1849）纂修（電白）縣志。〔註27〕

粵西士人的著述，由於古代圖書鐫刻印刷成本較高，常常不是普通士人所能輕易承擔，故多「藏於家」，未能廣泛流傳。如林其翰，吳川縣下街人，「廩生，天資卓犖，雅有胸襟，爲文直追古人，不囿於風氣，頗爲聲稱藉藉，所著有《南海文瀾》十卷，藏於家。」儘管如此，然而，一些真正學有所得，

〔註26〕《光緒吳川縣志》卷7《人物‧列傳》，第271頁。
〔註27〕《光緒重修電白縣志》卷19《人物四‧新列傳》，第195頁。

有真知卓見的粵西人士的著述，雖難以刻印，但經讀者一再傳抄，其影響仍然是很廣泛的。如清代吳川縣院村人麥崇先，「康熙間歲貢，（任）順德（縣學）訓導，家貧克（能）孝，善誘有方，前（縣）志經其手定，合邑咸以為公。經書自出心解，手著《詩經纂要》，彙選《養正金針》，一時學者戶誦家弦。」〔註28〕

四、孝友端方，在鄉行義

「孝友端方」、「兄友弟恭」是封建時代統治者級力倡導的「倫理美德」。因為人人都能做到「孝」、「友」、「睦」、「恭」，社會上人際關係將可大為改善，矛盾糾紛將會大大減少，封建統治便可長治久安。而士人為儒家學說的學習者與實踐者，儒家所宣揚的「倫理美德」自然深刻影響及於其思想與行為。因此，方志中留下了大量這方面的實錄。

如，吳川縣人麥方惠，「廩生，嘉興通判（麥）倫子也。少失怙（喪父），事母盡孝，訓俗以行誼為先，卓然有先正遺風。苦志力學，數奇（懷才）不遇，人咸惜之。子二，長（子麥）鋐，郡庠生，存心溫良，待人公正，教家訓俗，息訟解爭，不愧古人風範。次（子麥）廷英，孝友忠信，雍睦親黨，有萬石君〔註29〕遺訓（風）。」麥方惠父子都以「盡孝」、「行誼（義）」、「溫良」、「公正」、「孝友忠信」及「雍睦親黨」而著稱，在鄉里極受人敬重。陳憲教，吳川縣南三都田頭村人，「諸生，孝友端方，年逾四十，不間定省（探視父母從不間斷）。嘗（曾）館於外（在外招徒講學），有以時果饋（贈）者必先上父母，越日介返然後敢食。兄（陳）憲輝至（學）館，必衣冠迎之。居喪三年不禦（沾）酒肉，不入內室。家雖懸磬，灑如也。」〔註30〕對父母孝敬順從，對兄弟必恭必敬，這正是封建時代「倫理美德」的具體表現之一。

〔註28〕《光緒吳川縣志》卷7《人物·列傳》，第270頁。

〔註29〕萬石君即石奮（？～前124），西漢大臣，字天威，號萬石君，河內溫縣（今河南溫縣西南）人。無文學，恭謹無比。初為小吏，侍高祖劉邦。帝愛其恭敬，召其姊為美人，以石奮為中涓。文帝時官至太中大夫。景帝即位，列為九卿，身為二千石，四子皆官至二千石，號為「萬石君」。以上大夫祿養老歸家。「戰戰兢兢，如臨深淵，如履薄冰」，謹慎小心是他性格的主要特徵。司馬遷認為石奮雖不善言談，但卻敏於行事。

〔註30〕《光緒吳川縣志》卷7《人物·列傳》，第270頁。

　　對父母的孝不僅體現在生時的恭謹、撫養上，還體現在父母去世之後的喪事操辦上。致力於給去世父母尋覓一個「好風水」的場所下葬，即是「孝」的體現之一。如志載吳川縣人陳景清，「事親以孝聞。次弟（陳）堯相喜揮霍，未嘗介懷。葬父治壙（墓穴），堯相欲偏右，地師（風水師）曰：『偏右虧長房（不利長子）。』景清謂諸子曰：『苟福叔父，何異福我乎？』定（墓）穴偏右。後堯相家替（家景衰落），又疑墓虧次房（懷疑父親墓穴偏右對自己不利），即命改向（改為偏左）。家祭時（陳景清）每泣曰：『願父母有以益弟。』」陳景清不僅對父母孝敬，對兄弟、族人、鄉人甚至陌生人還以「行義」著稱，志載他「三弟（陳）堯卿未娶卒，（景清）自撥田租，擇堯相子為嗣。族舉人（陳）國成歿，無嗣，亦撥租擇人繼之。嘉慶初，海氛熾（海上『盜賊』出沒，治安形勢嚴峻），鄉人多被誣（告牽）累。景清告當道昭雪之。有吳觀書者，與海盜通，其族人撻之祖廟而斃。其妻以擅殺訟（官）。景清告縣官曰：『吳族此舉為地方除害也；若被逮累，墮匪黨計矣。』官以『綽楔』（大義滅親）旌吳族，事立解……嘗夜歸，遇二人相持（糾纏）於黃坡江畔，欲赴水（死）。（陳景清）叩（詢問）其故，一曰：『我負債十千（萬錢），貧不能償。』一曰：『彼不償，我無錢，必死！』（陳景清）即如數代償之，不問其為誰也。其好善樂施多類此。」〔註31〕

　　在對父母的「孝行」上，事跡最感人的大約要算清代電白縣人康源。志載，康源父親康景平由拔貢任安徽石埭知縣，後署奉天復州（今遼寧省復縣）知州，不幸卒於任上。在古代，客死異鄉，魂靈無所歸屬，被認為是最不幸之事。當時，康源「姿稟穎異，至性過人，年十六欲往覓父柩。母與諸兄憐之，且云：『往還萬餘里，扶梓（棺材）之資非厚貲莫濟。今家什艱難，汝又少不更事，姑（暫時）緩商以俟之他日。』康源泣曰：『苟如是，是父骨無歸期矣。』遂趣裝徑往（抓緊時間，準備行囊，及時起程），囊中僅三十金。自咸豐甲寅（1854）某月至同治癸亥（1863）某月柩還。當其時，戎馬倥傯，道途梗塞，間關險阻，寄命於盜賊水火者十年。嘗（曾）為人述其臨難逃亡狀，沿途乞食狀，途陷盜窟脅從受驚狀，聞者莫不流涕。」〔註32〕經歷整整10年，將父親棺木遺骸從千里迢迢的東北遼寧省步行搬運回家鄉電白縣安葬，路途經歷千苦萬難，劫後餘生，事跡委實感人！

〔註31〕《光緒吳川縣志》卷7《人物·列傳》，第285～286頁。
〔註32〕《光緒高州府志》卷39《人物十二·列傳》，第565頁。

在家孝敬父母，在鄉好行義舉的還有信宜人陸德臧、陸德盛及陸敏務兄弟叔侄。志載：「陸德臧，字孚邦，信宜人，（陸）樹蕢次子，廩貢生，歷署平遠訓導、西寧教諭。道光元年（1821）舉孝廉方正，居父憂未與試。德臧饒智略，識大義，樂善好施，創建宗祠，倡捐祀田。邑（縣）中向無會試旅費，（陸德臧）體成父志，購租資乏（購田為租，以資貧乏）。淋水為信（宜）、茂（名）孔道（交通要道），行人病涉（為渡過淋水而煩惱）。（陸德臧）出數百金築石梁（橋）。於北莊白鋪亦然（北莊白鋪橋的修築亦是如此）。（陸德臧）生平捐租免代（代人償還債務或免除他人所欠債務），周恤困窮，性寬和而是非不淆混，律身嚴而處世不淩競（一絲不苟）……弟（陸）德盛，字孚和，附貢生。母隨父官陽春，病。德盛兩日奔四百里（至父所），至，母（已）歿，哀毀柴立。父卒亦然。千金營兆域（耗費千金尋覓風水寶地以葬父），躬親版築，自奉儉約，而義之所在不少吝（絕不吝嗇），砥行方嚴，不言人短，里黨愛慕之。德臧子（陸）敏務，廩貢生，官陽江教諭，修學宮，飭治祭器。父憂服闋，銓（選任）興寧教諭，捐升主事工部行走，尋（不久）假歸。為人慷慨負才器。先是，德臧欲設贍族義田未成卒，又所建淋水、北莊兩石梁（橋）圮於（洪）水，（陸）敏務悉力竟其事。郡邑尊經閣、學宮、學署、考棚、瓣香樓、文塔，諸（項工程）所倡建修葺，不惜重貲。道光、咸豐間邑（縣）匪淩十八、何明科煽亂，（陸敏務）首出數千金集捐募勇平之。」〔註33〕

吳川縣陳訓行、陳蘭彬父子，在鄉亦以行義著稱。陳訓行二十九歲始遊庠（入縣學讀書），「邑（縣）學宮圮，（陳）訓行督理捐葺，始終不懈；又襄建川西書院，彙案獎議，敘八品頂戴。」陳氏「早年家計取給館穀（子弟入縣學讀書所獲得的學費資助），迨子孫成立，產業稍裕。」家庭經濟狀況有所改善後，陳氏父子仍然過著樸素的生活，「仍布衣蔬食如平時家居」，而所節省下來的錢財卻慷慨用於供給子孫讀書及襄助公益事業上。如陳蘭彬兄弟陳蘭疇，附貢生，「邑（縣）南岑霞溝為高、雷、廉通衢（三州來往必經之地），行人病涉（行人常為水路交通不便而煩惱）。光緒戊寅（1878），自出資建造石橋，並造光村兒橋，其樂善饒有家風云。」陳訓行父子的義舉還表現在積極協助官方維持社會秩序安定及為民申冤等諸多方面。志載：「道光廿二年（1842），會匪肆劫，（陳訓行）議保甲行於鄉；復詣郡，請委員（派軍隊）擒劇盜十餘人，境內獲安。咸豐四年（1854），土匪幾陷縣城，事平，辦理善

〔註33〕《光緒高州府志》卷39《人物十‧列傳》，第566頁。

後（追究參與肇事者），良懦（安分守己者）株累者眾。（陳訓行）力為解釋。吳川漁課每單應（納）銀二兩，有數十單無的戶（沒有實際承擔人戶），胥役遞年藉以擇噬，不問是否漁家也（按，指將逃亡而去的漁家原來所應繳納的『漁課（稅）』轉嫁給實非從事漁業的有錢人家承擔）。（陳）訓行力言於官，惟獲海鰍者酌幫漁課（讓從事捕撈漁鰍者均攤該項虧欠）。民既無擾，官亦無虧。」〔註34〕

　　許多士人都有愛鄉梓、愛鄉民之赤誠心。當鄉民遭遇困苦，他們常常勇於擔當，為民排憂解難，贏得了民心。如林紹祖，吳川縣人，以「好為人肩艱巨」著名。志載：「吳川徵比（舊時官府對拘捕犯人或交納賦稅所規定的期限稱『比』；逾期不交稅者要受杖責，叫『追比』）急，窮民負累者眾。（林紹祖）登門乞為緩頰（緩徵）。紹祖拔私囊代償之。高州通判某遏（削減）梅菉穀米，吳（川）民大噪。通判以吳（川）民滋事上訴，大吏委員審鞫。紹祖與舉人吳河光挺身出為貧民剖析源委，事得直（真相明白），饑民獲濟。」〔註35〕黃萃芳，化州人，縣學生員，家境較好，亦以行義而著稱。志載：「康熙壬辰（1712）大饑，（黃萃芳）設巨鍋煮粥於通衢，異地流亡往來就食，近鄉計口授糧，酌疏戚為隆殺（增減），自人日一升至倍蓰（五倍），凡兩閱月，共計賑穀一千餘石，賴全活者不下三百家。癸巳（1713）賑復如是。戊申（1728）夏（大）雨河溢。里人避水山巔數日，絕糧，萃芳賃大舟載船與稻行賑饑者。鄉中有婚喪力不能舉（者）必助之；復設義冢以瘞暴棺，曰：『吾豈慕浮屠（佛教）因果（之說），但不使吾分中有餘力耳（意謂只不過做些力所能及之事）』……生平不治家產，貲財所入大半散於施與。嘗（曾）言『貧富有命，拘拘厚積（斤斤計較，銖積寸累）以遺子孫，是蹈二疏〔註36〕所誚讓耳。』」〔註37〕

〔註34〕《光緒吳川縣志》卷7《人物·列傳》，第294～295頁。

〔註35〕《光緒吳川縣志》卷7《人物·列傳》，第295頁。

〔註36〕疏廣，字仲翁，西漢東海蘭陵（今棗莊市嶧城區）人。自幼好學，博通經史，被朝廷徵為博士。漢宣帝時，選疏廣為太子太傅。疏廣的侄子疏受，當時亦以賢明被選為太子家令，後升為太子少傅。疏廣、疏受在任職期間，曾多次受到皇帝的賞賜，並稱之為朝廷中的「二疏」。二疏將所得賞賜財物盡散與資助鄉里貧困者。去世之後，鄉人感其散金之惠，在二疏宅舊址築一座方圓三里的土城，取名為「二疏城」；在其散金處立一碑，名「散金臺」，在二疏城內又建二疏祠，祠中雕塑二疏像，世代祭祀不絕。

〔註37〕《光緒高州府志》卷39《人物十二·列傳》，第569頁。

在清代粵西士人中，既孝且義者不乏其人。如清初吳川縣人陳天覺，「性至孝，乃翁（其父）疾，憂形於色，夕則望北叩（頭呼）吁，請減算（壽命）延乃翁壽。既捐館（父親去世後），每遇生諱旦（父親生日、忌日），雖遠出必疾歸設奠，戚戚然哀號如初喪也。」陳天覺不僅對父母盡孝，而且在鄉又以行義著稱。陳氏祖先原自閩省而來，始祖陳朝鳳以宋進士刺高涼（任高州刺史），任官期滿遂落藉於高州。明末清初遭遇戰亂，產業蕩然無存。至陳天覺時，「經理故業，家道漸饒，族間有貧不能娶，死不能葬者，傾囊助之，州閭鄉黨中時濟人之急無少吝。癸巳歲大饑，吳（川）民鬻子自給，翁（陳天覺）往往代之贖。時有老翁突至其家，素未謀面，問之但以親戚對，遽曰：『願濟穀若干石。』翁如數與之，不復問姓字。」曾有好心之人規勸陳天覺不可過於慷慨，要爲自己留有餘地。陳天覺回答說：「多藏厚亡。吾之遺（留）子孫者當別有在也。」對有志於學而貧困，美志難遂者，陳天覺則多方扶植，務成其材。臨終時，「猶切語後人曰：『吾常欲置學田建書舍，教吾族之貧而俊（聰慧）者。今無及矣，汝能繼吾志，吾雖死無憾也。』」〔註38〕吳川縣田頭村人陳壯才，「少失怙（喪父），奉母必稟命而後行。饒於財，周貧濟困，鄉黨賴焉。邑（縣）中大典（重要公益活動）必率先捐助。嘉慶中，海氛猖獗，不惜多金（傾資）募勇（士）沿海堵禦。提督錢夢虎、知府唐錞皆主（寓居）其家。邑（縣）令邵世培以憂卸篆（因父母去世而離任守喪），貧不能歸，壯才與邑中數人捐銀俾就道，蓋亦好義士也。道光十六年（1836），邑議新建文場。壯才子、鹽大使（陳）大經會同教諭（陳）大倫首助千金，資遂集。士林感之。」〔註39〕

以上所列述僅爲清代吳川一縣士人事跡中的一部分，從中已可概見在清代粵西社會生活中，那些受過深厚儒家思想傳統教育的士人中，孝親行義者比比皆是，不勝枚舉。

五、影響清代粵西士宦人物行爲的若干因素

（一）宋明理學對清代粵西士宦潛移默化的影響

理學自宋代成爲占意識形態主導地位的思想之後，歷久不衰，在清代仍然得到統治者的崇奉，大力提倡，成爲士人學習及科舉考試的主要內容。「清

〔註38〕《光緒吳川縣志》卷7《人物・列傳》，第273頁。
〔註39〕《光緒吳川縣志》卷7《人物・列傳》，第284頁。

初大力提倡程朱派的理學，出現了不少爲清封建統治效力的『理學名臣』，如李光地、熊賜屐、陸隴其、張伯行等。李光地等爲康熙編纂《性理精義》、《朱子大全》，其目的則是爲了『正人心』，利用理學來控制思想。實際上，清朝的學校教學，科舉考試內容都以程朱理學爲主。」〔註40〕在清代粤西地區的官學教育中，理學教育是其中重要內容之一。不少粤西籍士人深受理學思想影響。他們或出仕任教異鄉，以理學教授子弟；或以理學思想約束自己言行，爲官清廉。如劉談，茂名縣人，辛卯副貢，精通經史，「司鐸（任教）仁化、感恩，起衰式靡，排擯俗學，以窮理格物教諸生。」梁宣賓亦茂名人，以歲貢任三水司訓，「性孝友，好學工文，研精理窟（學），別有深造」，「其恬談高趣，蕭然物外」，「司鐸（任教）日不受陋規一錢，惟以古道訓諸生。」〔註41〕在粤西方志「人物志」中，「潛研性理」、「學務窮理」者比比皆是，如清官黃德屏，吳川人，「生平誦法程朱，品行文章一時推重」；林輔世，信宜人，「操守嶷然，學務窮理有心得」；陳璋潤，吳川人，「潛研性理，涵養既邃，文亦歸於平談」；陸樹芝，信宜人，「沉酣古籍，尤潛心理學」；麥實發，吳川人，「經史性理諸書悉能背誦」等等。〔註42〕在此文化政策影響之下，粤西士人自然深受理學清心寡欲、孝敬父老、扶貧濟困等說教影響，並自覺付諸行動，也因此而得到地方官員或地方人氏的賞識與器重。如，陳道源，清代吳川縣人，「道源沉潛理學，得關閩濂洛之奧（眞諦），爲諸生。顧學憲仔（即學憲顧仔）器重之，攜之隨棚閱卷，選充雍正七年己酉科拔貢生。」〔註43〕又如陸喬松，石城縣「盛村人，歲貢生，聰敏好學，嘗讀書家廟，身不貼席者數載。手輯六經注疏，博覽群書，尤得力（用功）於宋四子（周敦頤、程頤、程顥、朱熹）。」〔註44〕

（二）地方官對於孝義等典型人物的頌揚、表彰，為士民樹立了學習的榜樣

地方官對於孝義等典型人物嘉獎的方式多種多樣。最常見的是旌表或撰文頌揚。例如，清代吳川縣人陳天覺一生孝義兼善，清朝翰林院侍講顧

〔註40〕 毛禮銳、瞿菊農、邵鶴亭編：《中國古代教育史》，北京：人民教育出版社，1983年版，第 401 頁。

〔註41〕 《光緒高州府志》卷38《人物十一‧列傳》，第 536、537 頁。

〔註42〕 《光緒高州府志》卷38《人物十一‧列傳》，第 542~547 頁。

〔註43〕 《光緒吳川縣志》卷7《人物‧列傳》，第 272~273 頁。

〔註44〕 《民國石城縣志》卷7《人物志下‧列傳》，第 522 頁。

仔就撰寫了一篇《陳宜亭（天覺）傳》的文章，讚頌他的所作所為，稱陳天覺：

> ……性至孝，乃翁（其父）疾，憂形於色，夕則望北叩吁，請減算（縮減自己壽命）延乃翁壽。既捐館（去世），每遇生諱旦（生日及忌日），雖遠出必疾歸設奠，戚戚然哀號如初喪也。翁（陳天覺）歸吳（川）後，經理故業，家道漸饒。族間有貧不能娶，死不能葬者，傾囊助之。州閭鄉黨中時濟人之急，無少吝。癸巳（1713）歲大饑，吳（川）民鬻子自給，翁往往代之贖。時有老翁突至其家，素未謀面，問之但以親戚對，遽曰：願濟穀若干石。翁如數與之，不復問姓字。嗚吁，若翁者（像陳天覺這樣的人）殆所謂「積而能散」者耶。有以「留餘」為翁勸者（有人勸天覺要適當留些錢財以備日後之用），翁曰：「多藏厚亡，吾之遺子孫者當別有在也。」（「多保留錢財常易招致災禍，我自有別的東西留給子孫後代」）常（曾）得陰騭文（教人為善的文字）釋義，酷愛之，晨夕間常舉以語其子（陳）道源。道源曰：「為善思報，聖賢所不取。」翁曰：「三代以下有所為而為善，不猶愈於不為者耶！」（「夏、商、周三代以後，人們為了得到表彰而去行善做好事，不是比不做善事要好嗎？」）客至則彈棋笑語，終日不倦；好學砥行之士禮意彌虔；其力學無資者必多方扶植，務成其材。易簀（臨終之際）時猶切語後人曰：「吾常欲置學田、建書舍（以）教吾族之貧而俊（好學）者，今無及（來不及）矣。爾能繼吾志，吾雖死無憾也。」其好義如此。《詩經》曰：「孝子不匱」，又曰：「凡民有喪，匍匐（伏在地上爬行）救之（協助喪禮，如『救死扶傷』）」，翁之謂歟！〔註45〕

再如文夢熊，石城縣大車村人，「郡庠生，性純孝，事父母備極誠敬。親歿後，每當忌日，（必）痛哭毀（絕）食，至老不衰。生平排難解紛，見義勇為，乾隆戊戌（1778）歲饑，出粟賑濟。知縣喻寶忠贈匾曰：『助我牧民』；府教授楊（某）贈匾曰：『德劭蘭香』（品德美好，像蘭花一樣馨香）。」〔註46〕

其次是當表現良好（孝敬父母、熱衷義舉、淡泊清廉等）的士人不幸去世時，地方官親自出席喪禮，並為之撰寫誄文以致哀思，藉此為廣大鄉村民

〔註45〕《光緒吳川縣志》卷7《人物·列傳》，第273頁。
〔註46〕《民國石城縣志》卷7《人物志下·列傳》，第522頁。

眾樹立學習榜樣。如石城縣歲貢生陳浩,「生性豪邁,學兼諸家,尤工文詞,屬筆(動筆)綺思泉湧,通邑奉為宗匠。」這是「學而優」的典範。「沒之日,縣令孫繩祖輓以詩曰:『德星一多(美德眾多)掩清光,福善於今事渺茫。偃室論公無履跡,玉樓高拱有文章。朔風卷地哀千疊,凍雨連天淚幾行。從此思君何處是,雲山漠漠水泱泱。』」再如石城縣人曹天能亦是一位盡心於鄉梓安全、淡泊榮利、熱心公益事業的範例。志載他「壯負奇氣,嘗(曾)有外警,畫策備禦,境土賴以安堵。既而斂才家居,事母以孝。聞族里(親族或鄉里)有窘苦者,周恤無德色。數十年優游泉石以保天真。知縣孫繩祖贈『洛社耆英』(聯絡鄉社之英傑)扁。」〔註47〕

除此而外,官員對於淡泊名利,知足常樂、急流勇退的士人的器重、賞識、拜訪,亦在無形之中為民眾樹立了學習的楷模。如黎正,石城縣「城內人,雍正甲辰(1724)進士,性孝友,沉潛好學,醇厚中敦氣節,遇事守正不阿,歷官戶部員外郎。上官欲中傷(陷害)之,遂謝病歸。杜門卻掃,日手一卷,至老不倦。」力學上進,孝友成性,守正不阿,淡泊名利正是封建統治者極力提倡的「美德」,因此,「高郵王文肅督學肇(慶)、高(州),重其學行,造廬謁見。」〔註48〕

(三)父輩對子嗣後代的感染

俗話說,榜樣的力量是無窮的。父輩的行為常常能對子嗣後代產生重要的影響。

例如,清代吳川縣人吳貞為以孝事父母而著稱,其子吳文中亦「甘貧嗜學,孝友端方」。志載:「吳貞為,字田味,(吳川縣)上郭(村)人,廩生,弱冠餼(享受國家助學金)於庠(縣學),歷擢優等。鄉闈(試)屢薦不售(第),淡如也。味嗜朱子書,禔躬教人(嚴於律己,誨人不倦),一(完全)以忠篤敬為宗。家貧,授徒遠方,自甘藜藿而甘脆之(粗茶淡飯,知足常樂),奉於親者罔缺。在外,父母疾,心輒動,晝夜調侍無倦。祖有遺產,尊者(族中長老)欲析之,苦勸不得,捐私囊以濟其急。生平正直不阿類如此。次子(吳)文中,雍正七年己酉(1729),科副榜,甘貧嗜學,孝友端方,惜年二十九而卒。」〔註49〕清代吳川縣林紫雲一家祖孫三代都以孝、友、廉、節、義而著

〔註47〕 《民國石城縣志》卷7《人物志下‧列傳》,第520頁。
〔註48〕 《民國石城縣志》卷7《人物志下‧列傳》,第520頁。
〔註49〕 《光緒吳川縣志》卷7《人物‧列傳》,第272頁。

稱，亦可印證父祖輩對於後嗣行爲作風的重要感染作用。志載：「林紫雲，（林）瑤植子，生平孝友廉節，當里長艱難時，親屬咸賴其（照）顧（撫）恤。康熙末由廩貢生任香山訓導，勸課殷勤，多士（士子們）咸沾其化，壽八十有八。弟（林）紫芝，歲貢生，任澄邁訓導，篤志嗜學，好義敦行，遷黌宮（縣學），新文（昌）閣，與修邑（縣）志，均有成績。紫芝子（林）世寬，字鶴野，少失恃（喪母），事父以孝聞，隨任香山，不離左右，同、異母昆弟八人友愛均一。乾隆中由歲貢任肇慶府訓導，請封後即歸，手錄先儒格言訓其子（林）香賓爲根本篤實之學，年八十五卒。香賓年弱冠登乾隆壬午（1762）科賢書，倜儻好義，有某孝廉身故，無嗣，妻將改嫁。香賓捐金以贈，俾全名節。司鐸（任教）增城，卒於官。（香）賓子（林）鵬翀（任）廉州府訓導，少失怙恃（喪父母），事祖愛敬甚至，祈爨（分家）時盡推父所遺產與兄（林）溥章，嚴訓子侄。其姑適（嫁）吳（姓），少寡，（林鵬）翀與族人謀，捐租爲姑立嗣。沈邑侯（沈縣令）與之契（關係良好），詩文外未嘗干以私。司鐸（任教）時，諸生有無辜受累者，力爲調護。自（林）紫雲至（林鵬）翀以廣文（博學）世其家。」〔註50〕林紫雲一家，從父到子到孫，都以孝、悌、義、廉而著稱，顯然與家庭（族）教育及長輩的以身示範有密切關係。

孝如此，義亦如此。如清代吳川縣吳霽雲家境相對富裕，父子在鄉間都以急公好義而聞名。志載：吳霽雲，「乾隆間歲貢生，好學能文，義方訓子，每歲延師，族有貧不能學者邀以就讀。丙辰（1736）歲荒，發粟賑濟，沾其惠者甚眾。子二：（吳）元功，字敏子，號健齊，乾隆二十五年庚辰（1760）科舉人，處豐履厚，謙藹可挹。邑（縣）中義舉無不捐貲（資）倡首，救貧濟饑，施棺掩骼之事不可枚舉。大吏（地方重要官員）與邑令迭旌（接連旌表）其門。（吳）元方，乾隆六年辛酉（1741）科武舉，賦姿篤厚，持己端方，人當急難則解（助）之，族有大典（重要事情）則倡（捐）之。」〔註51〕

（四）報應思想的影響

善有善報，惡有惡報，是眾所週知的佛教宣揚的教義之一，此說深入人心。志家在記錄歷史時期粵西「善人」事跡時，常常不忘在終結之處，附帶記述一下傳主後代之狀況，以論證「善有善報」實爲不虛。

〔註50〕《光緒吳川縣志》卷7《人物·列傳》，第272頁。
〔註51〕《光緒吳川縣志》卷7《人物·列傳》，第273頁。

　　如，石城縣城內人黎克濬，歲貢生，「族黨有急，不吝解（囊）推（讓）」，又「持躬寬厚，接物和平」。方志在黎克濬傳的最後寫道：「長子（黎）正登進士，官戶部員外郎，人謂世德之報。」曹天能，孝事父母，周恤鄉鄰，淡泊名利。志書在曹天能傳的最後寫道：「長子（曹）俊武舉；（曹）佳、（曹）倫、（曹）位、（曹）份俱列膠庠（入讀縣學）；（曹）信（任）州同；（曹）佐（爲）監生，餘皆彬彬傑出。」此處志家雖未置評論，但其旨意是很顯然的：曹氏之所以後代昌盛，與其父曹天能的孝義有密切關係，是「前人栽樹，後人乘涼」。石城縣那良村人龐顯，「邑（縣）之通儒也……清介持躬，平易接物，居恒（平常）惟研究性理，博覽群書，問奇請業者戶外之履常滿，名馳西粵，絕不以聲譽自矜。安常處順，孝友無間，於家庭濟變（困）扶危，仁義見推，於黨里積善餘慶。」志家在最後說：「至於今，石（城）、陸（川）兩邑（縣），凡龐姓之顯貴者皆其後裔云。」〔註52〕在志家看來，龐氏之所以能成爲一方「著姓」，子嗣「顯貴」者眾多，完全是龐顯「孝友無間」、「濟變扶危，仁義見推」、「積善餘慶」的「報應」結果。

　　這樣的事例在方志中還可舉出很多。

　　清代粵西地區湧現了眾多「清官」，這不是偶然現象，這與清代前期注重吏治的整飭有密切關係。清前期，在康熙、雍正、乾隆年間，嚴於治吏，一方面嚴懲貪濁者，另一方面又大力表彰清廉者，促使眾官員嚴於律己，故「清官」相較而言較多湧現，此爲眾所共知，不具述。

〔註52〕《民國石城縣志》卷7《人物志下·列傳》，第520頁。

十一、明清時期粵西地區「名宦」事蹟探析

摘　要

　　明清兩朝 500 餘年間，從各地蒞粵西任職的府、縣政官及教官不知其數。他們在粵西地區任職時間或短或長，然而，在儒家學說的影響及封建王朝吏治政策的嚴格約束之下，這些地方官大多有良好的表現，在民眾心目中留下了深刻的印象。他們或以除陋俗、革弊政、清吏治、行新政作為自己在粵西地區施政的當務之急；或將鋤強扶弱、清理獄訟、招撫流移、平亂防患、振興學校教育作為自己為官施政的一項重要舉措。披閱方志，從「名宦志」中眾多人物行事作風及其政績來看，可以發現他們儘管來自不同地方，任職時代或遲或早，在任時間或短或長，但他們的為人行政多有共通之處：一是清廉公正；二是以民為懷；三是慷慨捐助公益事業；四是能文能武。明清時期粵西地方官在任期間盡職盡責，盡心盡力，為地方吏治清明、社會安定、經濟發展，作出了重要貢獻；而當他們任滿（或因病）離職時，不少人是兩袖清風，「宦囊如洗」。人們「攀轅」阻留、建祠祭祀、作文歌頌者不乏其人。

關鍵詞：明清時期；粵西地區；名宦

　　明清兩朝 500 餘年間，從各地蒞粵西任職的府、縣政官及教官不知其數。他們在粵西地區任職時間雖不長，或一二年，或近十年，然而，在儒家學說的影響及封建王朝吏治政策的嚴格約束之下，這些地方官大多有良好的表現，在民眾心目中留下了深刻的印象，在方志《名宦志》或《宦績志》中留下了雖簡略卻是大量的記載。從中，我們可以藉以瞭解明清兩代粵西地區的歷史風貌及吏治狀況。對明清兩代粵西地區的吏治狀況、「名宦」事跡作一概略的考察研究，可以使我們從中獲得若干有益的歷史啓迪。

一、革除陋俗弊政

　　在封建時代，由於政治的敗壞或某些地方官營私舞弊，貪贓枉法，巧立名目，形成許多弊政，歷久相沿不改，流毒頗深。這些弊政成為地方民眾的沉重負擔，亦成為激化階級矛盾，造成社會動亂的潛在因素。因此，一些略開明的地方官便以除陋俗、革弊政作為自己在粵西地區任官施政的當務之急。

（一）除陋俗

　　粵西地區文化落後，陋俗頗多。革除陋俗成為有遠見、有作為的粵西地方官行政舉措的一個重要方面，也是維持粵西地區社會秩序穩定的一項重要舉措。

　　在明清時期粵西地區的陋俗中，民間偶遇糾紛即服毒自盡，其家人則以此訛詐、勒索對方，最為人所痛恨。一些開明的地方官即對此嚴加懲治，終使此風得到革除。

　　如佴夢驪，雲南臨安人，明萬曆年間（1573～1620）由選貢知石城縣（今廉江市）事，「甫下車，首以造士育才為己任，釐剔民奸。邑產斷腸草，民間無賴偶有小忿，即服此毒以禍善良，相漸成風，月無虛日。夢驪出示嚴禁，數令除根（斷腸草），計觔（斤）給賞，置服毒（而死者）於勿問，責死者（家人）以備棺。由是此風稍息，全活頗多。時丁糧不均，里戶多逃竄。夢驪派丁以糧，永為後世便。」〔註1〕此前，民間一些無賴略遇小小忿爭即服斷腸草自盡，死者家屬便以此要脅、勒索對方。官府為著息事寧人，亦只得順從死者家屬要求，責令對方賠償。自佴夢驪來任地方官，決心革除此弊。他一方面令人將鄉間所見斷腸草鏟草除根，另一方面則對服毒而死者置之不理，不

〔註 1〕《民國石城縣志》卷 5《職官志‧宦績錄》，第 483～484 頁。

像此前的昏庸官吏那樣責令「被告」賠償，使服毒者通過捨命以換取賠償的企圖從此不能再得逞，使此惡劣風氣從此基本絕跡。

此種捨己命而勒索他人的惡劣現象不僅存在於石城，電白縣也同樣存在。明萬曆年間任電白知縣的張希皋，政績中就有「杜服毒」一項。其具體內容是：「土產葫蔓草，人食之立死。鄉落細民無論（嫉）妒（欠）債逞忿，即（使）夫婦反目，輒服（葫蔓草）喪生，甚（至）有彼此互食死者，其無賴親屬遂藉人命起訟，往往傾人身家。公（張希皋）聞之，曰：『人情慾生，第因官司（府）概（全然）忽視人命，乃冒昧輕（判）之。』遂嚴其禁。有此訟者斷以圖賴之罪，並其親屬唆邦（糾眾）之人坐（處罰）之。嗣後民知畏法惜死，服毒之禍寢以息焉。」當地另有一弊是「指攀」，即罪犯被逮治罪時，隨意誣告連累無辜者：「電（白）民苦貧多盜，往（過去）獲一盜，指攀逮繫者累累十數，然皆仇忌善人。捕役且得以高下其手，以故盜夥橫恣，善良側目。公（張希皋）鞫（審判案件）不輕及口供一人（不輕易涉及盜賊誣告牽連的無辜者）。其同徒、其窩家必贓跡可據，又鄉約素訪的實（確實）者始罪之。是以盜憚善良攻發而斂戢，善良恃公（張希皋）藻鑒（明察秋毫）而無恐矣。」當地還有一項弊政是官府清丈土地。清查丈量土地，旨在核實民眾擁有土地的真實數據，以便政府按土地多少徵稅，使民眾負擔較合理，意圖不可謂不良；然而，問題是，地方官府清查丈量土地時使用的公正、弓手等人想方設法以擾民，從中中飽私囊。在此情況下，民眾唯有爭相賄賂這些清丈土地的官吏，以免被弄虛作假，加重自身負擔。這樣，有人行賄，有人不行賄，就造成了土地清丈的不切實。張希皋想了一個辦法解決此問題。他「屬（允許）民各自丈（量土地），曰：『吾不汝擾，汝勿我欺也（我不給你們造成騷擾，你們也不要欺騙我）。』民欣欣惟命，凡斥鹵、亢燥寸壤悉報。及履畝躬勘，果無欺者，悉以報上。」電白縣為近海地區，受海潮影響，土地多為赤鹵，種植不易，產量極低；然而，地方官為了顯示「政績」及一己仕途，將民眾所報田畝按通常產量給民眾定賦，這就加重了民眾的負擔。張希皋說，老百姓不欺騙我們縣官，我們縣官怎能欺騙上司？田地雖然有這麼多，但多是乾旱、斥鹵（鹽鹼）之地，產量很低，據此田畝數按普通標準徵收賦稅，民力不堪，願如舊額徵取。「藩省初不許，後見公（張希皋）言切（誠懇），始曰：『當為（縣）令減。』於是，電（白）稅無所增，旁邑（相鄰之縣）不及也。」〔註2〕

─────────

〔註2〕《光緒重修電白縣志》卷27《紀述三‧金石、邑侯張公生祠記》，第286頁。

　　明代，陽江縣也存在這種動輒輕生，其家人則乘機對他人敲詐勒索的現象。如，志載：孫自修，明「崇禎十年（1637）由舉人知陽江縣事……前此，（陽）江俗（尚）輕生，投繯、赴水、服毒者無虛日，（其家人）誣害無辜，動至傾家（蕩產）。（孫自修）隨（即）嚴反誣之法（對誣告者以誣告之罪懲治之），而刁風頓息。」〔註3〕

　　不僅民間有陋俗，官場中同樣有陋俗。明萬曆年間，福建閩縣人林應樑任陽江縣尉，「往（者）邑（縣）尉多循例受賂（接受屬下送禮），（林應）樑至，（衙）役以例（慣例）告。（林應）樑曰：『尉有以勿取為例者乎？』役曰：『勿取寧復（豈）有例？』（林應）樑曰：『願後世勿取者以樑為例足矣！』役語塞，遂罷（按，指廢除縣尉循例接受屬下送禮之弊）。一切白役（非奉命執行公務的衙役）不令入鄉。即必不可罷，亦刻意嚴戢，令行禁止，閭里晏如。」當時，莆陽人林爾肅任陽江縣令，以「廉介」著稱，「（林應）樑仰承賢範，上下掩映，時人謂之『雙清』。」〔註4〕

　　革除陋規敗俗，有時候並不損害上司利益，只涉及下屬利害，要執行還較容易；有時候則難免損害或觸動上司甚至皇帝利益，執行起來，不僅遇到極大阻力，還有可能危及自己的仕途。然而，在明清兩代粵西地方官中，仍可發現有將一己利益置之度外，而將民眾利益置於重要地位者。如林恭章，福建莆田人，明萬曆年間任陽江縣令。當時，「吏故（向來）多舞文（巧立名目，營私舞弊），恭章刻意懲創（嚴厲責罰），無敢肆者。邑（縣）屬西南孔道（交通要衝），又值中使（朝廷派遣的代表皇帝執行事務或採辦物資的宦官）權採（壟斷與皇帝生活相關的物資，不許民間經營買賣）四出，供應疲敝。恭章如數稽查（核查宦官採辦貨物與皇帝指令是否一致），章程（朝廷指令）而外未嘗波累閭閻（牽涉累及鄉民）。」〔註5〕奉皇帝之命外出辦事的宦官，常常狐假虎威，欺壓民眾，自謀私利。作為一介七品小官（縣令）的林恭章敢於阻遏、限制宦官的胡作非為，不怕宦官在皇帝面前抵毀、陷害自己，危及自己的仕途，惟以民眾利益為重，誠為難能可貴！

　　隨著時間推移，一些社會陋習又沉渣泛起、死灰復燃。清代，粵西地區民間以上陋俗仍不時可見。一些奸詐之徒，一心損人利己，遇家中親人因故

〔註3〕《康熙陽江縣志》卷3《名宦傳》，第80頁。
〔註4〕《民國陽江縣志》卷25《職官志五·宦績》，第439頁。
〔註5〕《民國陽江縣志》卷25《職官志五·宦績》，第439頁。

去世，即隨意訛詐、勒索錢財。賢明的地方官對此明察秋毫，嚴加懲處，使此惡劣之風得以禁絕。如闍□蒲，乾隆三十八年（1773）令茂名，「四十二年（1777），邑（縣）大饑，強丐橫行，村落餓殍載路。奸民多籍屍索詐。（闍□蒲）廉得之（查明真相），通稟大憲嚴示禁條，報名案（告狀）者先研鞠親證（接到報案先躬自認真審查核實），稍涉疑似，概不准理，（自此）四境安堵。」又，「胡國綱，嘉慶二年（1797）攝茂名縣事，政嚴明，奸民斂跡。籍命欺噬（借親人死亡敲詐勒索）者每在驗所斷結，被控（誣告）之家不待辯質。民安其業，頌聲四起。」〔註6〕

　　縱觀明清時期在粵西地區革除陋俗中卓有政績的官員的爲人行政，可以發現，他們大都具有自身清廉端莊的特點，如此，在除弊剔蠹中才有充足底氣。例如，高州遠離省城，一些到此任職的官員「多刓（圓滑，喻玩弄手段）自利」。明嘉靖年間（1522～1566），周仕「改補高州……未入境，有饋路費者。（周仕）峻拒（堅決拒收）之。到官，潔身省費，不受供給一錢。猾吏積書（累積文牘），舞文亂法，擇其尤者刑（懲罰）之，而宿蠹一洗。屬令（屬下縣令）有侵漁其下者，嚴詞訓誡曰：『毋令雞犬無寧日也！』聞者悚然。（又）興學校，修城隍，清獄囚，弭盜賊，考課爲嶺南最（優等）。百姓愚者向化，頑者消梗（棄惡從良）。守高（州）六載，政平治理而廉靜寡欲，囊無寸積，臺司獎薦無虛日。」〔註7〕周仕之所以敢於對各種積弊作大刀闊斧的剔除，是因爲自身清廉，一身正氣，所謂「潔身省費」、「廉靜寡欲」，「囊無寸積」，否則是難以取得預期效果的。又如明代翟拱宸，「知（電白）縣事，清正廉明。恩惠及民，必嚴於奸宄；寬宏馭下，必刻（嚴格約束）於吏胥。嚴禁『火耗』（賦稅徵銀後，官府藉口彌補鎔鑄時的損耗而增收的份額。明代實行一條鞭法後，另徵『火耗』，高達百分之二十甚至三十），不虧行戶，又濬河池以禦寇，造橋梁以便民。其有功於電（白縣）不（只）一事。（河池工程）未濬而去，行李蕭然。民思之，建祠祀焉。」〔註8〕

（二）革弊政

　　明清兩代，粵西地區弊政不少，成爲激化階級矛盾的一個潛在因素。因此，革除弊政，營造「和諧社會」成爲開明而有遠見的地方官常見的一項政治舉措。

〔註6〕《光緒高州府志》卷26《職官九·宦績傳》，第369頁。
〔註7〕《光緒高州府志》卷25《職官八·宦績傳》，第358頁。
〔註8〕《光緒重修電白縣志》卷15《職官五·宦績》，第141頁。

如何盛，明景泰（1450～1456）初任高州知府。他「長才足智，廉勁不撓，為政務絕知交，孤行一意，鏟奸洗枉，夙弊為之一清，豪猾斂跡，屢懦蒙恩……淫祠巫覡，俗所崇信者悉禁絕之，政聲隆洽，甲於列郡。」祝簡，萬曆年間（1573～1620）知化州，「始至，悉革『常例』、『羨耗』、里革饋送之物，履畝清丈，不辭跋涉，蠲浮糧（官府按原名籍徵收稅糧，而其中不少人因故已遷移他鄉或已死亡不存，謂之『浮戶』）五百餘石，猾吏寅緣為奸，摘（指斥）其弊而罪之，眾皆懾服。有富民殺人，夜持一千五百金求免者，（祝）簡怒而揮（逐）之，竟坐以死。凡豪右知交之請託一切謝絕云。」〔註9〕

羅麗宸於清順治十二年（1655）知高州府，「英敏廉幹，心存撫字……高（州）郡自兵燹（明末清初戰爭）後，（民眾）遇役則傾家殞命，富民多以米詭避（出米免役）。富者幸免，貧者愈累。麗宸毅然釐剔，以供報冊米數當役，使不得詭避。」郎熙化，順治十六年（1659）任高州通判，「秉性剛方，執法不撓，凡地方賦役陋規悉申請革除。」魏男，康熙三十一年（1692）以工部郎出守高州，以「廉明而斷」著稱。當時，「合郡陋例嘗（曾）有膺（應）一日之役盡廢其產業而猶不足於供者，謂之『硬當』。姦猾小民雖累陌連阡（富有田產）亦無一文之費，其偏□莫此為甚。（魏）男力行均差法，六邑（高州所屬六縣）至今賴之。」李廷樞，康熙四十一年（1720）任信宜縣令，「時『耗羨』〔註10〕未歸公，官所需皆取於民，一令至供給以萬計。冗書雜役不下數百人。每一下鄉則鄉為空（鄉民被榨取一空）。（李）廷樞下車（蒞任），一切罷除。堡、鄉正各給印簿一本，錢千文，酌給官差者飲食，不令及民，月注簿繳驗。一時奸胥猾役散亡殆盡，存者亦兢兢不敢（放）縱。士安於讀，農安於耕，庭鮮訟獄，官署肅清。」侯瑜，康熙五十一年（1712）任石城縣令，「時相沿陋規，里長歲入以千鏹計，官歲入以三千鏹計，民困已極。（侯）瑜悉裁革，並鐫石示來者。邑（縣）慣以輕生命案嫁禍善良，（侯）瑜得實（查明真相），即予以反坐（嚴懲誣告者），由是民不敢犯。在任七載，口碑載道。」王之正，清「乾隆三年（1738）以舉人知茂名縣。茂（名縣）之胥役素號奸縱（奸狡、放肆），士人夙（過去）受其虐，莫敢吐氣，（王）

〔註9〕《光緒高州府志》卷25《職官八·宦績傳》，第357～358頁：第363頁。
〔註10〕按：賦稅的加耗部分抵補實耗後所餘的叫「耗羨」。除一部分作為地方經費外，其餘的或用來賄贈上司，或被地方官吏吞沒。清雍正年間規定，『耗羨』的一部分歸地方官吏，叫「養廉」；另外的解繳布政使司，叫「羨餘」。

之正廉（明察）其弊，嚴懲以法，衙蠹（衙門宿弊）一清。」王灝，乾隆五年（1740）知石城縣，「時東西山猺（瑤）有出租以餉陴兵（守城兵）之累，歲計四百餘石，相沿數十載。（王）灝力爲申請裁免，並編猺爲民，後山猺漸化爲良善。」〔註11〕

有時候，革弊政得益的是民眾，而受損害的卻是官員自身。如，周復揚，「江南武進（今江蘇武進縣）人，以恩薦授臬司（提刑按察使司）知事。康熙元年（1662）攝篆陽江（任陽江代縣令）。值軍興徵發之後，（陽）江民積逋逃散，現在賠貤（將逃亡者所應負擔的賦稅轉嫁給未逃亡者承擔）難償。（周復揚）爲之惻然，不忍鞭箠，乃從里甲中編立花戶，使完欠有分（完成與未完成賦稅任務者區分明確），民無牽累之苦。且『火耗』、『加羨』（封建王朝巧立名目增加的賦稅部分）一無所取，民漸歸業。會考成（官員任期屆滿的考覈）嚴急，竟以催科政拙（無術）奪職。布袍草履，遂其清白之操而去。」〔註12〕

（三）清吏治

在擾亂民生的諸種問題中，吏治敗壞是一個重要方面。官府吏員倚著具體執政辦事的機會，對民眾上下其手，敲詐勒索，中飽私囊。這引起了明清時期在粤西地區任職的一些廉潔官員的關注，大力整飭之。

如陳玉策，福建莆田人，由舉人於明朝萬曆十六年（1588）任電白縣令，「清愼公廉，令行政簡，禁里甲，平市價，清衙蠹（吏治），軍糧按月支給，強竊（盜賊）嚴禁攀誣（牽連誣告），書吏不得匿案（隱瞞案情）。當時明決，赫稱一郡。去（之）日，民不忍捨，立碑誌思。」〔註13〕王永烈，「康熙五十五年（1716）由襄陽同知升任高州，精於吏治，聰斷明敏，屬吏肅然，奸民斂跡。」〔註14〕鍾斯敬，江西萬載舉人，清道光（1821～1850）末年任吳川縣令，「誠實嚴正，絕無文飾」；「邑（縣）中漁課章程未定，時胥役藉此任意指拘（巧立名目，隨意拘捕），以圖中飽。（鍾）斯敬議貲（資）發商生息，遞年取息繳解以免擾累，並願首捐百金倡率，當時雖未集事，其體恤地方美意可感。」〔註15〕由於漁課徵收未立明確標準，使官吏得以從中舞弊。鍾斯

〔註11〕以上所引資料見《光緒高州府志》卷25《職官八·宦績傳》第367～372頁。
〔註12〕《康熙陽江縣志》卷3《名宦傳》，第83頁。
〔註13〕《光緒重修電白縣志》卷15《職官五·宦績》，第140頁。
〔註14〕《光緒高州府志》卷25《職官八·宦績傳》，第367頁。
〔註15〕《光緒吳川縣志》卷5《職官》，第205頁。

敬為減輕民眾負擔，捐出自己奉祿一百金以為首倡，動員各官吏亦捐資相助，交付商人經營取息，填補「漁課」虧缺，以此減輕民眾負擔。這雖不能從根本上解除民眾的額外負擔，但其「美意」卻是令人感動的。

（四）行新政

清除積弊，推行新政，是明清時期粵西地方官常見的一項重要工作。如曹志遇，明代「萬曆四十年（1612）以尚書郎出守高州，豐神嶽立不可犯，豪民蠹吏相繼屏跡。重建郡學，創筆山書院，立表忠祠，（恢）復古南門，纂修府志，皆捐資為之。仍設學田以助貧士膏火。」〔註16〕吳煥章，「莆田人，（明）嘉靖二十二年（1543）由舉人知陽江縣事……陽江（民）習懶成癖，高山大原鮮盡其力（山地、臺地等可耕墾之地未被開墾種植）。自（吳煥）章諄諄勸諭而民知種植龍眼、荔枝、杉木為久遠之利。」〔註17〕李渭曾任高州府同知，「時方變里甲為均輸，（李）渭劑其多寡，官為主辦，放民歸農，至今著為令。化州、吳川吏以兼金進，斥去不顧。」一些地方官還教民以新的生活方式，由此告別（或減少）了多災多難的歷史。如林資深，明「嘉靖丙午（1546）舉人，任高州府同知，署化州。州多火患，（林資深）教民易茅以瓦（教民眾建瓦房以取代茅草房），大大減少了火災之患。」〔註18〕白玠，「康熙二十二年（1683）由進士知石城縣，錢糧（徵收）素多拖欠，又因兵燹之餘，戶口未復，催科尤難。（白）玠謂：「三限輸將雖有立例，然執此以令民，雖日竭敲撲，無濟也。乃變其法為二十四限，民甚便之。」〔註19〕

商業在社會經濟生活中不可或缺。而現實中，一些弊政的存在又嚴重摧殘了商業的生存發展，使之趨於凋敝。明代，電白縣為西南地區交通往來衝要，官員、使者往來常常要徵用軍人為護衛，使軍伍之卒疲於奔命，而軍隊的糧餉供應卻得不到保障，軍人至有被餓死者。另外，駐軍生活所需大米、蔬菜、魚肉、酒醴等項，過去是取諸鋪行（店鋪）而不給值（錢），致使不少商鋪關門停業。張希皋來任電白縣令後，對此實行改革。此後，軍隊所需生活物資按當時市場物價給付，「貿遷（易）之徒又蒙其潤」。〔註20〕

〔註16〕《光緒高州府志》卷25《職官八‧宦績傳》，第359頁。
〔註17〕《康熙陽江縣志》卷3《名宦傳》，第80頁。
〔註18〕《光緒高州府志》卷25《職官八‧宦績傳》，第360頁。
〔註19〕《光緒高州府志》卷26《職官九‧宦績傳》，第372頁。
〔註20〕《光緒重修電白縣志》卷27《紀述三‧金石》，第286頁。

二、鋤強扶弱，蘇息民困

（一）鋤強扶弱

以強凌弱是封建時代地方上常見的現象。地方的豪強、地主、惡霸爲著自身利益，侵人田地，奪人財產，占人妻女，無惡不作。而對這些豪強黑惡勢力，軟弱的鄉民勢單力弱，多忍氣吞聲，以至被迫以逃離爲上計。俗語云：「人離鄉賤」。人一旦離開家園，一無所有，維生艱難，或被迫爲「盜」爲「賊」，或不得不束手待斃。這是地方官不能視若無睹的。因此，鋤強扶弱成爲明清時期粵西地方官施政的一項重要舉措。

張謙，明萬曆年間（1573～1620）任化州知州，「潔於飭躬（自身廉潔），勤於蒞政，鋤強扶弱，凡有便於民者孜孜焉力行不倦。」張希皐，萬曆六年（1578）任電白縣令，「廉潔仁敏，緩刑節用，建學宮，濬城塹，嚴鄉約，集流亡，辨誣省訟而圉圄（監獄）空，均畝定賦而奸豪伏，猾胥舞文者必刑，齊民詿誤（失錯犯法）者必釋。」陳王策，「萬曆間以舉人令電白（任電白縣令），修學（校）繕城（池），不憚心力，勤撫字，勸農桑，造士彌殷，豪右魚肉善類者繩三尺（繩之以法）……士頌民懷，電（白）人請祀名宦。」〔註21〕

與抑制地方豪強橫行的同時，明清時期粵西地方官還注重扶助貧者弱者，使他們能渡過難關。如陶猷，「永樂十四年（1416）令吳川，勤於理政，廉平儉約，矜恤貧民，徭役甚均。先是，民有逃亡山谷者，（陶）猷招諭復業，相率而歸者七百八十餘戶，免其賦役，俾安田畝，有德於民甚厚。」李時敏，明「景泰癸酉（1453）舉人，成化間（1465～1487）令信宜（任信宜縣令），寬厚撫民，廉潔自守，民愛戴之。九年，擢知化州，民苦歲祲（災害頻發，民不聊生），上官責輸甚亟（急），（李時）敏曰：『使我以催科稱能也，難乎其爲民矣。』遂疏災狀聞於上，民得更生。」離任時「民尸祝之（民眾塑像祀之）。」丁顯，明代任高州通判，「平易愛民，刑從寬典。每歲捐俸施給老（者）疾（者）衣米有差。凡在城之民貿易無資者給以貲本，士之貧者助以燈油之資。」□□□，「明萬曆九年（1581）由舉人令茂名，奉行清丈（田畝），親至□□□一圖形定稅，設立魚鱗、歸鄉二冊，隱漏、挪移、□□諸弊一旦肅清，後人德之。」〔註22〕

〔註21〕《光緒高州府志》卷25《職官八·宦績傳》，第361～363頁。
〔註22〕《光緒高州府志》卷25《職官八·宦績傳》，第360～363頁。

有時候，爲了庇護貧弱階層，一些官員還置個人利益於不顧，敢於違抗上司旨意。如黃瓅，明朝「天順庚辰（1460）進士，爲御史，抗直負氣，不容於朝，出知化州，剛果有爲，不畏權勢，府（高州府）所下事或不便民，長吏束手，（黃）瓅獨持不可，□請罷之。」再如章述，「隆慶（1567～1572）初任化州知州，愷悌恤民，不□督徵以催科，政拙停俸。（章）述歎曰：『以箕斂之故虐民博譽，雖死不爲！』民感其仁，不逾月而盡輸之，卒左遷去。士民號泣保留，院、道爲之動容。」〔註23〕

（二）清理獄訟

在封建時代，普通鄉村百姓最怕的是掌管獄訟的奸吏。他們玩弄各種奸詐手段，可以將無辜的細民定爲有罪，製造冤假錯案，以此勒索錢財；在接受了眞正罪犯的利益之後，亦可爲他們開脫罪責，使其免於懲處。能秉公執法，爲民伸冤的官員則如鳳毛麟角。這是一般人對於封建時代歷史的總的認識。然而，當我們翻閱粵西方志，可見其中記錄的官員，正直司法，解民於冤者卻不乏其人。

如楊賢，明永樂年間（1403～1424）任高州府推官，「治獄務存哀矜，即（使）罰當其辜（罪），猶反覆□訊，惟恐其誤。賊有受囑（受人教唆）攀（誣告、牽連）良民者，民懼，饋（楊賢）千金求免。（楊）賢笑曰：『誠賊也，萬金亦不可贖。余已燭（明白看出）汝之冤，自當釋汝，烏用金（用不著饋贈千金）』。」袁怡，明代任高州府推官，此前「有爲盜而捕其子，殺人而逮其父者，久繫獄。（袁怡蒞任），察知其冤，皆出之，民情大愜。由是（郡）守（縣）長推能，訟多取決，無留牘焉。獄中大疫，□□醫藥，死則給棺掩埋之。」離任之時，民「勉留之不可，民懷遺愛，祀於名宦（祠）」；後「士民又爲建去思祠。右布政使翁大立撰去思碑、參政吳桂芳撰祠記，尚書湛若水又爲撰《循良傳》行世。」項忠，明「正統七年（1442）進士，景泰中（1450～1456）由郎中遷廣東副使，察行高州。諜報賊攜男女數百剽村落。（項）忠曰：『賊無攜家（剽劫）理，必被掠良民也。』戒諸將毋妄殺。已（後來）訊所俘獲，果然，盡釋之。」□□□，成都人，明末「崇正（禎）十五年（1642）任高州推司李（理），察奸鋤強，詳□□□屬，吏畏威奉法，無敢舞文。」□普，明末崇禎年間（1628～1644）以鄉魁宰茂名縣，「清愼卓練，翼民如子，

〔註23〕《光緒高州府志》卷25《職官八·官績傳》，第362～363頁。

即（便）疑獄，片言立折之，省刑□罪，犴狴（監獄）寂然。」〔註24〕黃敖，江西崇仁人，由舉人於明嘉靖六年（1527）任電白縣令，「操履清嚴，才猷敏捷，尤善折獄，民無遁情，吏不能爲奸，故一時吏治風清弊絕，政平訟理者獨稱焉。」〔註25〕

婁肇龍，「康熙三十年（1691）任化州知州，清介有聲。鄉有強健之徒往往藉事陷民。肇龍閱其（狀）詞輒洞悉其隱（陰謀），從不具牘傳呼（被誣告者），詭奸者知不能欺，多不終訟去。」王正之，乾隆三年（1738）以舉人知茂名縣，「每聽訟已決，必問其人心服否。倘稍躊躇未答，必反覆推詳，務求允愜乃已。」乾隆二十六年（1751）任茂名縣令的李炯，「每聽訟，平心察理，未嘗用一暴刑。縣有重獄，株連二十餘人，君（李炯）按驗多縱釋，所羈候才一二人而已。」王慶長，乾隆壬辰（1772）舉人，五十一年（1786）由部郎觀察高（州）、廉（州），「有訴訟者即手自判決，理喻勢禁，險健（陰險者、健訟者）革心」；道光十九年（1839）以吏員來署化州的羅嘉會亦「留心聽斷，遇有疑獄輒改裝密訪，故幽隱無不週知。下鄉相驗，輕車簡從，預煨番薯二三顆以爲午膳。事主備夫價即親核實按支，有餘仍歸原主，清廉不名（貪）一錢。明年令信宜，案無留牘，約束丁胥（衙役），不敢訛索。（曾）有（人）命（案）件，凶（首）已就捕，訊之實枉，而限期滿未獲則取咎，（羅）嘉會曰：『枉人命避處分，吾不爲也。』卒釋之。」在任期間，「懲究誣告，民咸安焉。」周克達，湖南華容拔貢生，署任化州，「才力精敏，案無留牘，一日當堂可了數十事。化（州）之胥役素號奸縱，士人夙受其虐。克達至，爲之一清。」〔註26〕

（三）招撫流移

社會治安不寧，封建賦役剝削過重，水旱等天災，都有可能導致民眾流離失所。民眾流移，不僅使社會治安形勢惡化，亦使田地丟荒，地方經濟陷於困頓。因此，招撫流移就成爲地方官一項重要的工作。明清兩代粵西地方官在這方面付出了努力並取得了顯著政績者不乏其人。

如，倪望，洪武初任石城（今廉江市）縣丞，「時值草寇竊發，人心未定，（倪）望到（任），廉以律己，仁以惠下，勞來撫綏，各使歸業。學宮鋪舍經

〔註24〕 以上數例見《光緒高州府志》卷25《職官八‧宦績傳》，第360～361頁。
〔註25〕 《光緒重修電白縣志》卷15《職官五‧宦績‧明》，第140頁。
〔註26〕 《光緒高州府志》卷26《職官九‧宦績傳》，第366～376頁。

元末兵燹，焚蕩殆盡。（倪）望次第修舉。縣舊無城（牆），率民築土城，計二百五十丈有奇，藉以捍衛。」陶歆，永樂十四年（1416）任吳川縣令。他「勤於理政，廉平儉約，矜恤貧民，徭役甚均。先是，民有逃亡山谷者，（陶）歆招諭復業，相率而歸者七百八十有餘戶，免其賦役，俾安田畝，有德於民甚厚。」陳綱，成化三年（1467）任石城縣令，「時當正統（1436～1449）、天順（1457～1464）□賊殘破之後，邑（縣）里蕭條，田土荒蕪過半，（陳）綱廉仁勤慎，□巡撫韓雍榜招新民附籍開荒，增置里分，又申請本□孔鏞奏減逃絕蜑（疍）戶漁課米七百餘石，至今民受其惠。」鄧宣，成化五年（1469）任吳川縣令。在任期間，「宅慮恬澹（安靜），用法寬平，當流寇殘破後，公（官）署半淪於灰燼，殫力補葺，百廢具興，在任十一年，掛冠而去，百姓戀戀如嬰兒之失慈母。」鄒伯貞，嘉靖二十四年（1545）任石城縣令，「搜弊剔奸，字牧（撫育治理）有法，清隱糧一千七百餘石，復（招撫安置）流移一百七十丁口，置學田，修縣志，一時士民口碑不置。」〔註27〕

明代，粵西地方各種社會動亂頻繁發生，尤其是倭寇之亂，燒殺擄掠，無惡不作。每次動亂，都給當地社會、民生造成極大摧殘。動亂過後，收拾殘局，安撫民生便成為地方官的重要工作之一。如王許之，進士出身，萬曆元年（1573）任電白縣令，當時，「倭變之後，縣無完室，（王許之）蘇倉瘼，復流亡，調停綜理，曲盡其心，立蓮頭等水寨，沙河等營壘，增敵樓十有六，公署倉庫俱為一新。雖在倥傯而留心學校，月有課，歲有助，朔望（初一、十五）詣學（校），親為講解。平積寇（作惡多年之寇）四百餘黨，四境晏然」，做了許多安定社會的工作，志家評論說：「當是時，無（王）許之，幾無電白矣！」〔註28〕

明清改朝換代，粵西地區新舊勢力反覆爭奪，戰爭長久不得寧息；加之粵西近海，地屬邊疆，封建統治力量薄弱，各種「寇賊」肆行無忌。這些，都使粵西地區社會難得安寧。每次戰爭、動亂，民眾都深受其害，殘存者難以為生。於是，地方官肩負起了醫治社會創傷，重建社會秩序的艱巨任務。這方面的事例方志中多有所見。如邱宗文，「奉天人，康熙二年（1663）知化州。時累（接連）遭兵燹，十室九空，城中鞠為茂草。宗文至，招撫流民，復其邦族，加意噢咻（全力安撫）之。先時，調兵資糧，扉屨其擾（民間騷

〔註27〕《光緒高州府志》卷25《職官八·宦績》，第363～364頁。
〔註28〕《光緒高州府志》卷25《職官八·宦績》，第361頁。

－249－

擾）。至是而供億之費十減五六，宗文之力也。」〔註29〕又如秦松如，無錫人，監生，康熙十九年（1680）任吳川縣令，「時經遷海後復遭土寇洗（洗）彪盤踞，民悉逃散。松如至，即設法招徠，給（耕）牛種（子）以資墾耕，倡修學宮（校），延師訓士。」〔註30〕

（四）平亂防患

郡縣地方官在動亂發生之時，常常還肩負起軍事重任，率領軍隊、民眾奮起抗擊來犯「寇賊」，保持一方平安。這在明清兩代粵西地方官中屢見不鮮。

如朱宏，明萬曆年間（1403～1424）舉人出身，曾任吳川知縣，以「清廉勇決」而著稱。「時海寇李魁奇連年犯限門，（朱）宏率兵赴敵，邑（縣）賴以免。巡按某贈詩，有『墨綬書生也佩刀』之句。」〔註31〕何盛，明景泰（1450～1456）初由六安州知州升高州知府。當時，「郡城外西北坊廂民多聚居，時蠻寇（作亂的少數民族）肆掠高涼（州），炭山賊乘隙劫擄。（何）盛召集邑（縣）令譚天祥、坊老莫暹等謀立柵開塹，密種刺竹以防禦之。眾以工浩力寡，恐弗克濟。盛曰：『是（這事）非爾所知也。』遂命民壯及居民採木爲柵，掘地爲塹，繚以竹刺。（何）盛躬臨經畫，不憚勞瘁，兩月而完，計七百九十餘丈，建鼓樓鳴柝以防晝夜，設保民、寧江、靖江、清江四門以嚴出入，以故賊雖連歲流劫，終不敢至。」〔註32〕明朝成化元年（1465），廣西大藤峽瑤人騷亂，流劫至粵西，地方大受摧殘。《光緒高州府志》卷48《紀述一‧事記》載：「是年九月，流賊及峒獠寇高（州）、肇（慶）、雷（州）、廉（州）等府……高、肇、雷、廉爲流賊所劫掠，百里無人煙。」鄧升，由監生於成化三年（1467）任電白縣令，時「縣治初遷，（鄧）升次第興舉，經畫有方，撫殘輯盜，咸有成績。秩滿而去，民德之不忘。」〔註33〕孔鏞，明成化二年（1466）任高州知府。當時，粵西瑤人作亂，地方深受其害。前高州知府劉海嬰城自守，附近鄉村之民想入城避難均被拒絕，坐視民眾慘遭殺戮而不顧；又疑民眾與瑤人串通爲亂，動輒戮之，由此激起民憤。民與「瑤賊」裏應外合，終將城池攻破。其後，孔鏞新官上任，「開門納來者，流亡日歸，

〔註29〕《光緒高州府志》卷25《職官八‧宦績》，第370頁。
〔註30〕《光緒吳川縣志》卷5《職官‧傳》，第204頁。
〔註31〕《光緒高州府志》卷25《職官八‧宦績》，第363頁。
〔註32〕《光緒高州府志》卷25《職官八‧宦績》，第358頁。
〔註33〕《光緒高州府志》卷25《職官八‧宦績》，第361頁。

城不能容，別築（建屋）城東居之，躬擐甲冑，跋履山川，督率民兵前後擒斬賊首四百七十餘名，奪回被擄男婦數百人，設法招撫殘賊九十餘名。附郭多暴骸，民以疫死於城內，給藥物以愈（防）疫；（死者）於城外爲義冢以瘞埋。旋立社學於府門右，訓誨官民子弟之俊秀者，以城外木柵不固，命築土垣以易之。時賊魁馮曉屯化州，鄧公長屯茅峒，屢招不就。（孔）鏞一日單騎（僕）從二人直抵茅峒，峒去城十里許，道遇賊徒，令還告曰：『新太守來。』賊皆錯愕，（孔）鏞徐下馬入坐庭中。（鄧）公長率其徒弛甲羅拜，鏞諭曰：『汝曹故良民，迫（於）凍餒耳，前守欲兵汝（殲滅你們），吾今奉命爲汝父母（官），汝，我子也，信我則送我歸，齎汝粟帛；不信則殺我，即大軍至，無遺種矣。』公長猶豫，其黨皆感悅泣下。公長奉厄酒爲壽，鏞飲之不疑，再縮而返。見道旁裸而懸樹上者累累，詢之皆諸生也，命盡釋之。公長命數十騎擁（孔鏞）還城中，鏞取穀帛使載歸。公長益感激，遂焚其巢，率黨數千人來降。公長既納款，惟（馮）曉恃險不服。鏞選壯士三百人乘夜抵化州，（馮）曉倉皇走匿，獲其妻子以歸，撫恤甚厚，（馮）曉亦以五百人降。境內大定。……益（又）招劇賊梁定、侯大六、鄧辛酉等，給田產分處內地爲官，備他盜。廣西賊犯信宜岑溪，皆擊敗之。鏞蒞高（州）四年，囹圄空虛，四民復業；及以憂（父母喪事）去（離任），軍民泣送，有出千里外者。」〔註34〕孔鏞以大無畏精神，深入「賊」巢，說服他們棄惡從良，回歸於民，穩定了社會秩序，又避免了動用大軍征討而必然帶來的殘酷殺戮，實爲大智大勇，於地方功不可沒！曹謙爲官，「所至以廉能稱，遷高州郡守，猺（瑤）獞（壯）出沒剽掠，民不聊生。（曹）謙（撫）綏（抵）禦合宜，群夷帖服，至有迎拜道左、乞田輸稅者。士民祠之。」〔註35〕明朝隆慶三年（1569）任高州知府的吳國倫，在平亂防患方面亦是功勳卓著。當時，「適島夷（倭寇）侵境，民無固志，國倫謹斥堠，勤訓練，間出奇兵搗其營，賊始遁去。國倫率大兵追至里麻，俘馘封京觀（古代爲炫耀武功，聚集敵屍示眾，謂之「京觀」）焉。後倭（寇）圍化州，國倫諭陳參將星（夜）奔救之，並陳利害於黑參將，以水兵相援。又親往雷陽（州）合二郡（兵）夾攻（倭寇），盡擒倭眾。羅州諸賊劫掠不常，國倫設上宮營官兵、東門營民兵，以守要害，郡籍以安。」平亂安民之後，吳國倫即致力於

〔註34〕《光緒高州府志》卷25《職官八‧宦績》，第365頁。
〔註35〕《光緒高州府志》卷25《職官八‧宦績》，第358頁。

復興教育，「於是捐俸開館，訓迪惟勤，文教武功翕然並舉，士向化而民心歸焉。」〔註36〕

在維持一方治安中，亦有地方官身先士民以致有英勇獻身者。如吳春，明朝天順年間（1457～1464）知化州，時「廣西流賊攻城，於城外高山之上豎二樓俯瞰（探視）城中，矢石交下如雨。（吳）春募敢死士以鉤刀、火器奮勇出城外焚其樓，縱兵力戰，大破之，賊悉遁去，民獲安堵。」王智，「景泰庚午（1450）舉人，任化州知州。鄰寇犯界，（王）智與戰，親冒矢石，殲其渠魁，後臨陣中矢死。」〔註37〕黃應乾，「浙江上虞貢生，順治八年（1651）令吳川，禮士愛民，捐資修□。十年（1653）秋七月，明葉標陷城，被執，不屈死之。」〔註38〕

值得一提的是，在明清時期粵西地區的政官中，除了盡心於政治事務者不乏其例外，關心軍事或社會治安者同樣有其人在。劉元相即為其中之一。方志記載，劉元相，廣西全州人，明隆慶丁卯（1567）舉人，任高州同知。當時，「羅旁（按，指據粵西羅旁山為亂的『盜賊』）始平，督臣議建封門、函口、南鄉、富林四（千戶）所以防盜，重（劉）元相才，令督其事。元相經營有法，不逾月而成。時參軍楊照守函口，病卒，士卒之死於瘴疫者半。代楊照者黃允中議遷其地。當路（局）許之。元相力爭曰：『函口西接巨岡，南界高涼（州），實瑤僚出入之險。無函口是無西山也。人臣為國守疆，允中不往，某（我）請代之！』議遂寢。其後西山諸境宴然無事，皆元相功也。」〔註39〕參軍黃允中只從個人利益出發，欲遷移駐守地點以避「瘴疫」；而劉元相則完全從地方、民眾利益著眼，指出函口千戶所駐軍正當衝要，有利於防遏少數民族發動的寇亂；而遷移守軍駐地，無異於開啓門戶，招致「寇賊」，其害更深。劉元相併表示願意以身代黃允中為將，肩負防禦重任，可見他心目中只有地方，只有民眾，而完全沒有自己！

清代粵西地方官中，在平亂防患，維持一方治安中卓有貢獻者也多有其人，不具述。

〔註36〕《光緒高州府志》卷25《職官八‧宦績》，第369頁。
〔註37〕《光緒高州府志》卷25《職官八‧宦績》，第362頁。
〔註38〕《光緒高州府志》卷26《職官九‧宦績傳》，第371頁。
〔註39〕《光緒高州府志》卷25《職官八‧宦績》，第360頁。

三、振興教育，培植人才

明清兩代，粵西地方官中，多有注重地方學校教育振興者。這從《明提學林大春重修縣廟學記》中即可管窺一斑，有眾多官員熱心參與其中。文謂：

> 余友豐城李公材嘗以執憲飭兵嶺（粵）西，建鼉峰書院於陽江廟學（按，古代在學校中建有「至聖先師」孔子之廟，供師生拜祭，故學校又常稱「廟學」）之後以啟多士，即今尊經閣故址也。其時公（李材）每以書抵（寄）余，毅然有大興廟學之志。會與督撫不合去，書院尋（不久）廢。余聞未嘗不深慨之，以為事之興廢有數，其廢也，若或阻之；則其興也，若或俟之（事之頹廢，或因遭遇阻力；事之振興，或須等待時機）。蓋時至而起，蠱極則飭，宜必有任其責者。乃今端州（今廣東肇慶市）二守方君應時忽有書來言陽江修學事，大意謂：是役始於萬曆十四年丙戌（1586）仲春，迄於仲夏之月而告竣。其廣廟學宮，延敷文教，以主持於上者，嶺西兵憲山陰王公泮也，而奉公之令以綜覈帑金，經營庶績，俾財用不匱，費出有經者，則端州守鄭君一麟與朱別駕士貴也。其鳩工董役則以屬之簿尉張傳、王舜，而樂觀其成者宋尹（郡守）良木也。蓋時尹先觀行而君適與防海汛守陽江代別駕、攝（代理）邑事。一時百廢次第修舉。又會王公（泮）按部至，故事得相咨，功愜眾志。於是，鎮巡諸公聞而趨（贊成）之。故民不煩而事集，財不耗而工倍，時不久而效臻，遂令萬仞宮牆一旦煥然維新，足以妥聖靈而鍾秀氣。諸君子之功在學校者良不細矣！而予又幸王公（泮）斯舉能成李公（材）當日未成之志，所謂豪傑作用異也，同心類如此。乃方公（應時）不遠千里以碑屬予（以刻碑紀念事委託我撰寫記敘之文），予何可辭！按：陽江古隸恩州，宋慶曆中州縣皆有學（校）。至我（明）朝國初並恩州為縣，故學（校）屬陽江，然其地即州學舊基稍開廣之。洪武、永樂以來代有創造，至成化（1465～1487）末載，僉憲陶公魯乃遷今所，規制始備……蓋至於今且百餘年所矣！其間修廢不一，浸微浸昌（學校教育時興時廢）。今公（王泮）乃能一舉而更新焉，其視陶公（魯）偉績殆不多讓，然非方君（應時）之果於任事，亦周以成厥功，以致赫然可傳於後也。夫王公（泮）疇昔在郡，

業以闢學宮之地，駕躍龍之橋，豎凌霄之塔，所爲興學育才者至關
（至爲關心）；茲又以其餘力旁及諸邑（縣），若陽春、四會並置學
田、高明（縣）鼎建文筆（塔），（豈）獨陽江哉！聲教所被且將遍
於海隅日出矣。〔註40〕

由上述文字可見，在振興陽江縣學校教育事業的過程中，軍將李材、王泮、
端州郡守方應時、鄭一麟、宋良木、別駕朱士貴、簿尉張傳、王舜等均傾注
了熱心和付出了努力，使陽江縣學得以維持教育，作成人才。

在振興粵西地區學校教育事業上，清代電白知縣張希皋的事跡亦頗值一
提。《光緒重修電白縣志》卷15《宦績·張希皋傳》只提及他「作士恤軍」、「建
學宮」等政績，極簡略；而卷27《紀述三·金石·邑侯張公（希皋）生祠記》
對於其在電白縣復興教育的事跡則有具體而詳盡的敘述，其中敘述了張希皋
治電白縣期間十個方面的政績，第一項即「建學宮」，文謂：「電（白縣）嘗
爲倭陷，學宮毀。公（張希皋）下車（蒞任電白縣令），進耆宿，問行罷所宜。
或言當首（興）學宮。公欣然從之。又言（學宮）舊基未稱（原來基址狹隘，
未如人意），宜擇吉遷建。公又欣然從之……三閱月（三月餘）而學宮巋然矣。」
除重視地方中等教育外，張希皋對地方初級教育亦給予了高度重視。他聽當
地士人反映地方基礎教育徒具虛名，所謂「吾電（白）禮學（即義學，初等
教育）之爲具文久矣。公（張希皋）乃閱在城幾所，在關（城門外）在鄉幾
所，爲葺其宇，擇儒士頗有操行、習句讀者爲之師，清倉羨（倉庫多餘錢財）
贍給之。於是所在弟子皆有教，彬彬嚮學焉。」〔註41〕此外，如張兆鳳於清
初官至高州府尹，「蒞任六載……開書院，捐膏火，諸生執經問業，瑣瑣（卑
微、平庸，喻平易近人）若布衣師弟然。」杜安詩，清嘉慶四年（1799）守
高州，「治事之暇留意文教……擴（建）學舍，增給膏火……在郡五載，所獎
拔士多速飛卓薦候升。……臨代（調任）之日，出橐裝銀四百餅留充賓興（科
舉考試經費），至今士心猶依嚮之。」〔註42〕

不僅是肩負地方主要行政職責的郡守、縣令對教育事業高度重視，即使
是其它位卑權輕的小官，甚至是被貶謫而來的失意之官，在地方亦將復興教
育視爲頭等大事，視爲自己義不容辭之責。如程文德，浙江永康人，「由翰林

〔註40〕《民國陽江縣志》卷17《學校志一·學宮》，第333頁。
〔註41〕《光緒重修電白縣志》卷27《紀述三·金石·邑侯張公生祠記》，第285頁。
〔註42〕《光緒高州府志》卷25《職官八·宦績》，第367～368頁。

院編修謫信宜典史，至（信宜），曰：『余謫吏也，然世（代）讀書，興起斯文與有責焉！』遂遷學宮，建書院，凡四境有關風水者皆培築之（案，古人認爲學校教育興衰與風水密切相關，故常興建風水工程以促進學校教育），復以經術誘進諸生，爲時所宗慕。」〔註43〕

　　一些武職低級官員，對學校教育亦頗重視。例如，明朝天順七年（1463），陽江縣學在「寇亂」中被毀，成化二年（1466），僉事（明代於都督、都指揮、按察、宣撫、宣慰等機構都置有「僉事」，其職主要爲掌管文牘）張祚督軍至縣，即著手修復被毀縣學，更於學宮之後起藏書閣四楹。《明布政使張瑄重修恩州學宮詩》對此歌訟道：

> 惟恩（恩州，陽江縣舊屬思州）有學，昔陋今崇。孰能崇之，
> 雲間（地名，今地址不詳）張公。公職風紀，暫爾禦戎。致師（休
> 兵）之暇，乃謁學官（宮）。棟摧瓦落，門圮巷通。虡簨（古代懸掛
> 鐘磬的架子）不備，何有鍾鏞。藏修講習，隘不能容。顧瞻周回，
> 有愴於中。咨嗟彳亍（小步行走），若疢在躬。遍目僚屬，不足以使。
> 私竊自謂，責實在己。乃庀羨餘（捐獻俸資），伐□楠梓。僦力於官，
> 取足於市。欞星干霄，戟門突起。書當閣藏，復拓隙地。不日告成，
> 廟貌愈偉。奠獻有數，稽諸典禮。退陟堂廡，乃進庠士。考鍾伐鼓，
> 詔諭諄至。凡此學者，將以入仕。非忠非臣，非孝非子。豈徒狗名，
> 鑽研文史；豈徒干祿，掇取青紫。汝不吾從，吾爲汝恥。士皆拜手，
> 匪直我私。爲後楷範，非公其誰！……〔註44〕

　　此外，明清時期重視教育，將振興地方教育視爲自己「天職」的地方官還有不少。如鄧升，明成化三年（1467）任電白縣令，「時縣治初遷，學校宮室未備，（鄧）升次第興舉，經畫有方」，「秩滿而去，民德不忘」。王泰徵，明末崇禎十一年（1638）任吳川縣令，「實心撫字（安撫民眾），雅意作人，一時多士蒸蒸蔚起」，深受當地士民感念。當他離任時，「士民立碑以誌不忘」。崇禎年間任茂名縣令的□普，在任期間，「造士以誠」、「捐修學宮，百廢漸舉」，不僅自己重視教育，還教導民眾亦要重視教育，「每以三事諭民曰：『立好心，勤教子，早完賦』。」〔註45〕

〔註43〕　《光緒高州府志》卷27《職官十‧謫宦傳》，第385頁。
〔註44〕　《民國陽江縣志》卷17《學校志一‧學宮》，第331頁。
〔註45〕　《光緒高州府志》卷25《職官八‧宦績傳》，第361～364頁。

　　清代粵西地方官中重視地方教育的官員亦比比皆是。如黃文煒，清雍正五年（1727）任高州郡守，「禮士愛民，留心學校；文廟祭器、樂器舊多殘缺，悉為補置。」林寅，「乾隆八年（1743）知化州，……前州守趙士錦建羅江書院，地屬湫隘，（林）寅與學博葉芹闢而廣之，州人士又置租千餘石為膏火資，由是修脯有常，士無廢讀。」〔註46〕

　　封建時代，從事教書育人的教官亦為「官員」陣營中一部分，他們的事跡亦記述於《職官》或《宦績》之中。這不僅是因為教官與政官一樣，領取國家俸祿，更重要的是，在統治者看來，教育其實亦是政治的一個重要組成部分，一來是因為教育的目的就在於「學而優則仕」，通過教育為國家官僚隊伍培養造就人才；二來是因為通過教育可以將統治階級所需要的各種道德規範灌輸於士人頭腦之中，再由士人傳播至於民間，可以起到維護封建統治的重要作用。教官中以教書育人為神聖職責者亦多有其人。

　　如王復原，明初洪武年間（1368～1398）舉鄉試，會試禮部，選授化州學正，「復原盡心其職，化州之學者始有所興起而浸漬（影響）及其旁近縣學。」〔註47〕林璣，福建閩縣人，由舉人於成化二年（1466）任電白縣教諭，「啟迪有方，講解不倦，模範端嚴，略不假借（縱容），常夜巡號舍以警士子，故一時人才多有成焉。」〔註48〕王敬賓，潮陽人，萬曆丙午（1606）以貢補陽江訓導，「不問修脯，惟憐才賑急，有仁人長者之稱，與諸生相得歡甚……去之日，士戀不捨。」「符契，臨高人，萬曆己酉（1609）以歲貢教諭江邑（陽江縣），生平仰（慕）海忠介（瑞）之為人，方正嚴格，對諸生繩趨矩步，無少肆（絲毫不任情放縱），尤喜節義，惡奔競，士林（敬）畏（仰）慕之。」〔註49〕

四、明清時期粵西地區「名宦」若干可貴品格

　　披閱方志，從「名宦志」中眾多人物行事作風及其政績來看，可以發現他們儘管來自不同地方，任職時代或遲或早，在任時間或短或長，但他們的為人行政多有共通之處。

〔註46〕《光緒高州府志》卷26《職官九‧宦績傳》，第367、371頁。
〔註47〕《光緒高州府志》卷26《職官九‧宦績傳》，第363頁。
〔註48〕《光緒重修電白縣志》卷15《職官五‧宦績》，第141頁。
〔註49〕《民國陽江縣志》卷25《職官志五‧宦績》，第439頁。

　　一是清廉公正。

　　如張景愚，浙江人，明朝洪武初任信宜縣令，「廉勤公正，愛民如子，在任一年，雖雞黍微物亦所不受。有於塘內獲一魚以奉，景愚見其（魚）腹有子，遣人放於江。」姚原立，貴溪（今江西貴溪縣）人，進士，永樂十二年（1414）任信宜縣令，亦以「公廉律己，寬厚撫民」而著稱。在任五年，做了許多有利於當地教育事業發展及社會治安的工作，「鼎新學舍，修築城垣，延多士以興文，招瑤民而歸化，政績彰彰可紀。」離任時，「民思慕之」。〔註50〕董琳，福建永福人，由監生嘉靖九年（1530）任電白縣令，「廉以律己，仁以愛民，蒞政簡易，民甚安之。」張希皋，直隸六安州人，由進士於萬曆六年（1578）任電白縣令，「提（敬）身清肅，運理敏捷，敬老慈幼，作（培養，造就）士恤軍，緩徵省費，清市仁商，建學宮，濬城塹，嚴鄉約，招集流移，解散降黨（參與叛亂而被征服歸降者），息板（嚴禁誣告）省訟而圄圉空虛，清畝均賦而奸豪輸服（歸順服帖），情不庇乎下屬，法無赦於衙胥。行取兵科給事中，內召（奉命入朝）日，行李蕭然，士夫四民（士、農、工、商）老稚攀轅臥轍，百里濟如（擁擠）也。萬曆十二年（1584），邑（縣）人建遺愛祠，與王許之合祀焉。」翟拱宸，明代「知（電白）縣事，清正廉明。恩惠及民，必嚴於奸宄；寬宏馭下，必刻於吏胥。嚴禁『火耗』，不虧行戶。又濬河池以禦寇，造橋梁以便民。其有功於電（白縣）不一事。工程未竣而去，行李蕭然。民思之，建祠祀焉。」萬曆年間任電白縣令的林夢琦，「清廉寡欲，催科（徵收賦稅）不擾，民均霑愷（和樂）澤。刑法不施，民自畏威。每月兩課士藝（兩次到縣學對生徒進行考試以檢查學業），桃李咸在陶鎔。又開浴龍河以培風氣（添風水），開雲路以達學宮，時有清廉之舉，夢琦首與焉。」離任後「民建祠祀之」。〔註51〕

　　清代粵西地方官中以清廉著稱者亦比比皆是。如順治戊戌（1658）進士，康熙元年（1662）知信宜縣的羅士毅，在任時盡職盡責，政績突出，「致仕歸，率僮僕耕作，饘粥不給，怡然若素。信宜民思其德，至今猶歲祝之。」康熙三十三年（1694）任高州通判的吳存義，「清潔自矢，凡日用薪蔬與修葺官舍不敢以銖累民」；康熙五十一年任石城縣令的侯瑜，「果於除弊，廉潔自矢」。楊楷，雲南建水人，嘉慶二年（1797）以佛山同知調署高州府，「質直儉約，

〔註50〕《光緒高州府志》卷25《職官八‧宦績傳》，第362頁。
〔註51〕《光緒重修電白縣志》卷15《職官五‧宦績》，第140～141頁。

廉潔自矢，不需供應，勤於聽訟」；嘉慶四年（1799）任高州郡守的杜安詩以「清廉公恕」而著稱。不少清官任職數年或十數年，而致仕歸鄉時卻是「宦囊如洗」，過著平民百姓一般的清貧生活；也有在任時大有作爲，而卒於任所竟是「貧無以歸梓（棺），士取賻之（士人捐資送歸）。」〔註52〕

值得注意的是，清廉不僅僅是明清兩代粵西地區政官常見的良好品格，許多教官亦以「廉潔」而著稱。或許有人說，教官不似政官，手中掌握行政權，可以上下其乎，中飽私囊；教官只是教書育人，領取微薄薪俸，「廉潔」是身不由己的。此所謂教官「廉潔」，是指教官不僅拒收生徒所獻禮金，而且常將自己微薄的薪俸捐用於校舍維修或資助貧困生徒的生活，而自己甘於過清貧的日子。

如許希周，「潮州府揭陽人，由歲貢萬曆四年（1576）任（電白縣學）教諭，模範端嚴，正己率士，輕財濟貧，不較脩儀歲饋，申止原分廩生膳銀，卻辭鄉賓例贄，日進諸生商榷文藝，首訓行詣（首先教導學生行爲規範、學業上進），終日無惰容。督修學宮，疲神經理，晨昏盛暑不倦。俸餘（節省薪俸）盡置聖殿帷帳、香案、神龕等物，宦囊如洗。」順德舉人羅應許亦是一位盡心於教書育人，又慷慨捐金襄助學校教育設施的教官。志載他「萬曆間任（電白縣）教諭，師模端重，道範尊嚴，弟子之端敏者又進之論道談經，終日不倦，即（使）不能來修者亦在所陶淑，課藝必崇雅黜浮，一時孝廉雀起，皆門下炙手澤者。捐金修理聖宮，有助於學校……至今多士思之。」收入不豐卻又熱衷於「捐資」、「捐助」公益事業的還有李世球、蕭鳴鳳等。李世球，全州舉人，任電白縣教諭，「風裁整肅，模範端嚴，訓士則先德行而後文藝，學宮傾圮，捐資倡義重修，三載而告成，有功最巨」；蕭鳴鳳，香山人，任電白縣訓導，「忠厚正直，與諸生相與（相處融洽），眞實不欺，一月兩課藝，不責束脩，有貧乏者捐助之，師範可風。」〔註53〕

二是以民爲懷。

明清兩代，粵西地方官中多有以民爲懷者。在封建時代，官與民存在著尖銳的矛盾與對立。在這二者之間選擇立場，常常關涉到一名官員的任廢與去留。畢竟，封建王朝任官的標準與條件是必須忠誠於君主，爲統治階級服務；同情被統治階級，損害了統治階級利益者，常常被罷黜爲民。儘管如此，一些粵西地方官仍然能以民爲懷，而將一己私利置之度外。

〔註52〕 《光緒高州府志》卷26《職官九·宦績傳》，第367～372頁。
〔註53〕 以上事例見《光緒重修電白縣志》卷15《職官五·宦績》，第141～142頁。

　　例如，章述，明隆慶初（方志「職官表」作萬曆二年）任化州知州，「愷悌恤民，不□督徵，以催科政拙（未能催逼民眾按時完成賦稅繳納任務）停俸。（章）述歎曰：『以箕斂之故虐民博譽，雖死不爲！』民感其仁，不逾月而盡輸之，卒（最終還是）左遷去。士民號泣保留，院道爲之動容。」〔註54〕

　　地方官以民爲懷除了體現在同情生活惟艱的民眾，不忍心催逼他們如期繳納繁重稅賦外，還體現在處理司法案件與民事糾紛之時。對於地方豪強、歹徒與良民採取不同的態度與對策，對歹人嚴屬而對良民寬容。如俞岳，浙江崇德縣人，由監生嘉靖十四年（1535）任電白縣令，「仁厚任眞，善於撫字（安撫百姓），民有至（公）庭者必諭以禮義，曉以禍福，人多省（悔悟）改，未嘗遽加刑。民有罰贖不能具者，類多宥免。」〔註55〕高遇昌，清康熙丙辰（1676）進士，三十九年（1700）宰茂名，「惇厚廉肅，讞決精勤，邑故多盜，立輯奸之法，置功過牌以月勸懲，……治期年，耕嬉飲恬，夜戶不閉，士優文行者式廬敬禮之。在茂（名）六年，兩署信宜，一護郡篆，六屬（高州府所屬六縣）咸頌其德。乙酉（1705）夏擢（晉升）御史，北行，都人士攀轅送百餘里……」史隨，康熙戊戌（1718）秋知茂名縣，「甫下車，見邑（縣）當差陋例，輪甲出役，石米□金，即爲除去，秋毫不染，聽斷庶獄得情哀矜，不以明察自喜，即被懲者亦爲感服。公餘則與多士講學論文，獎勉備至……」解任時，「去之日，兩邑（茂名、化州）士庶遮道，數千人送百里外不忍別，爲立碑以誌思焉。」〔註56〕

　　不僅是文官以民爲懷，一些身任武職的官員亦時刻將民眾生死存亡置於胸懷，甚至有爲了蘇息民困而千里迢迢赴京上奏，祈求皇上開恩，豁免粵西一方民眾錢糧而果眞能如願以償者。如，「張奇英，高（州）、雷（州）、廉（州）鎮總兵官也。吳川自康熙十七年（1678）海寇洗彪、謝昌等盤踞內地蹂躪荒殘，（張奇英督兵）剿滅之。後流亡未復，積逋（民眾逃亡所欠之稅）一十餘年。酷吏追迫，民不聊生。時知縣秦松如請題蠲免。奇英目睹凋疲，繪畫入覲。聖祖仁皇帝（康熙帝）親咨民瘼。奇英委曲言狀，涕泗交流，精誠所格，感動宸衷（令皇帝心生感動），赦免吳（川）、電（白）二邑（縣）逋糧二千

〔註54〕　《光緒高州府志》卷25《職官八‧宦績傳》，第362頁。
〔註55〕　《光緒重修電白縣志》卷15《職官五‧宦績》，第140頁。
〔註56〕　《光緒高州府志》卷26《職官九‧宦績傳》，第369頁。

－259－

餘石。由是雞犬不驚，井里復業。時康熙三十有一年（1692）也。邑人感其德，立祠祀之。」〔註57〕

明清兩代粵西地方官在任期間多有爲官清廉，爲民謀福利，因而遺愛在民者。當他們任期屆滿離任，或因病而辭官歸里，或因得罪上司而被調離時，民眾數以千百攀轅阻留，或立祠供奉，祭祀如神明。

如李時敏，明成化年間（1465～1487）任信宜縣令，「寬厚撫民，廉潔自守，民愛戴之。九年（1473），擢知化州。民苦歲裋（年成不好），上官責輸甚亟，（李時）敏曰：『使我以催科稱能也，難乎其爲民矣。』遂疏災狀聞於上，民得更生。又九年，量移長盧鹽運（司）同（知）而去，民尸祝（塑像祭祀）之。」傅昂，嘉靖二十七年（1548）任職化州，在任四年，做了許多有益於地方經濟、軍事、教育、社會治安及慈善事業的工作，如：「創櫺星門及號舍三十間以育諸生，築高嶺峒陂百餘丈以防漲潦，崇祭往哲則造玉光亭於范公墓，克詰戎兵則創演武亭於較軍廠，建大門鼓樓以增形勝，改丁字街坊以息火災，旌彭貴爲良民而善類（興）起，擒王寶之首惡而狼賊除，義冢設而澤及姑骨，養濟院修而惠及顛連（顛沛流離者），捐俸助余珪之喪，雪冤釋寧翰之狀……任四年，升楚雄府同知，州人遮道以留。」畢競立，「貴溪人，嘉靖間知化州，清介嚴明，民以活神仙呼之。劇賊張璉侵境，（畢競）立率眾親入其巢擒其首□□峰，賊遂遁去。開新塘之關，築平源之堤，增城濬池，興學造士，懋績甚多，州人頌之，建生祠。」林夢琦，萬曆年間任電白縣令，開浴龍河，建青雲路，在任期間，水利交通並舉，深受民眾懷念。離任時，「士民建祠祀之。」〔註58〕

除攀轅挽留，立祠祭祀外，爲賢能官員樹碑立傳也是粵西人追思懷念「名宦」的方式之一。如明末在粵西任官的金揚華，方志記載：「金揚華，字孟南，浙江秀水人，選貢生，崇禎二年（1629）任吳川（知縣），時海寇李魁奇方犯境，（金）揚華倍道至（加速趕赴任所），賊退，即築炮臺，練土勇，務經久計。邑（縣）署傾圮，割俸建之。（金）揚華宅心恕而持己嚴，訟斷片言情形立折。先是，嘉靖間令吳川者有古山黃一棟，越六十年得遂安李友蘭，俱有善政；至是，人以（金）揚華並稱云。」後來，邑人吳鼎泰應鄉人的請求，撰寫了《金公（揚華）實政碑》，略曰：

〔註57〕《光緒吳川縣志》卷5《職官·張奇英傳》，第207頁。
〔註58〕《光緒高州府志》卷25《職官八·宦績傳》，第362～363頁。

……我邑（縣）跨海屬，郡城之西南鯨鯢鼓浪（喻海上治安形勢嚴峻），時爲民害。異境人往往流劫山坳間。歲祲（年成不好的時候），家苦無宿舂之儲。歲或有秋（年成好的時候），閩賈攜貲（錢）市稻者一（若）不至，而民又苦化居（生活）之維艱。故諺有之：「稔與歉，患均也」（「豐收也難，歉收也難」）。而令我吳者（到我吳川縣來作縣令的）不尤難之難哉！若我公（金揚華縣令）則有不可樂道者。先是，海寇聯□不下數十號，實逼處此。公（金揚華）道中聞警，奮然以爲己任，單騎而入，寇相（驚）詫，謂：「令君（金揚華）果毅乃爾，可犯乎！」緹騎（騎兵）益奮勇先聲，（海寇）尋（不久）揚帆去。已而（其後）奉當事檄（命），築鏡（銃）臺，練土著，俱躬自拮据（操持勞苦），務切經久。邑（縣）治傾圮，割俸請建。往歲逋稅十之三四，至是，（民）欣爲輸納，不嚴督賊曹而綠林自息，訟斷片言，形情立折。俗椎魯好袒跣（民眾樸實遲鈍而習慣赤裸），□變而雅，子衿輩（讀書人）自校藝（考試）外勿肯干以私。公爲人宅心寬恕，持己剛嚴，馴柔者飽德以去；一二豪猾被懲叱，皆感化焉。諸當事（上級官員）大相嘉賞，以爲粵中循良第一，是皆實力副實念者。昔嘉靖間有古山黃侯（一棟）多惠政，民至今德之。越六十年，得李侯石帆（友蘭）覃潤日封，一準黃侯之芳躅，李（侯）於今僅六年所即獲我公（金揚華），士民實慶，有甘棠之庇。乃一旦以尊大夫訃歸，謂之何哉！夫黃、李兩侯（縣令）猶籍久道覈績（憑籍任職時間長而取得良好政績），我吳（川）若公來未期（滿）月，即有實心實政在人耳目。倘得籍以滿任考成，知其必能超軼乎（黃、李）兩侯，何天之祐吳（川）不終也！雖然，爲政不論久近論眞膺。公（金揚華）即（使離）去，公之實政在也。是秋大稔（豐收），斗米錢數文，閩賈源源挾金錢繒布來相（貿）易，民用以綏（豐足、平安）。此又黃、李兩侯所未易數見者。〔註59〕

吳川人欲將前後在吳川縣任職而政績突出，爲民所感念的黃一棟、李友蘭及金揚華三位縣令合祠祭祀，「爲後來者之嚆矢（榜樣）」，使將來蒞任吳川縣令者能從中得到啓示與借鑒，成爲受民愛戴之官。〔註60〕

〔註59〕《光緒吳川縣志》卷5《職官傳》，第202頁。
〔註60〕《光緒吳川縣志》卷5《職官傳》，第202頁。

　　粵西人為賢能官員樹碑立傳，歌功頌德，對後來為官為吏者有激勵與鞭策作用。

　　三是慷慨捐助公益事業。

　　在封建時代，地方官多貪贓枉法者。他們為著一己私利，可以置朝廷嚴厲法令、政策於不顧，可以置民眾死生於度外，只以個人利益為重，巧立名目，上下其手，中飽私囊。這樣的官吏比比皆是。而在明清時期粵西地方官中，這樣的官吏卻較少見。常見的卻是以民為懷者，當舉措有利於地方、民生而資金用度有困難時，他們寧願捐獻自己不算優厚的俸祿以襄助之。

　　如沈水，萬曆年間（1573～1620）知化州，「廉潔愛民，加意學校，舊學圮於寇，捐金置城內地移建之，口碑在民。」〔註61〕周日旦，明代電白知縣，在任政績突出：「忠厚至誠，簡淡不擾，不事催科，小民輸將恐後。至勤課藝，勸農桑，軫凋殘，嚴竊盜，清市棍，翦衙蠹，美政不一。又捐金建學宮，數十年之頹廢煥然一新。」〔註62〕

　　四是能文能武。

　　明清兩代，粵西地區社會多動亂。因此，地方官常常得文武兼顧。在武事方面有突出貢獻者亦不乏其人。

　　如王智，明景泰庚午（1450）舉人，任化州知州，「鄰寇犯界，（王）智與戰，親冒矢石，殲其渠魁（首領）。」吳春是明朝天順年間（1457～1464）化州知州，「持身嚴謹，斷獄廉平」，甚得民心；後遇「廣西流賊攻城，於城外高山之上豎二樓府瞰城中，矢石交下如雨。（吳）春募敢死士以鉤刀火器奮勇出城外，焚其樓，縱兵力戰，大破之，賊悉遁去，民獲安堵。」張冕，「泉州人，第進士，嘉靖間（1522～1566）由湖廣參議謫知化州。為人慷慨嚴毅，一介不取。啓聖祠圮，捐俸修之。廣西（瑤）賊入寇，（張）冕請以牛稅充餉，視城壘低缺處悉為繕修，勤於訓練，士卒競奮，賊遂遁去。」顧斌，明萬曆己酉（1609）舉人，授信宜縣令，行政工作出色，「民有十異政之歌。邑鄉轄狼兵多侵冒（侵犯百姓，弄虛作假），（顧）斌案籍清覆，編伍遂兢兢守法。海賊李魁奇寇吳川，當道知（顧）斌才，檄（傳令）治之。」顧斌義不容辭，勇於肩負重任，「兩次督戰，殲其先鋒，賊遁去。」其後，顧斌攝電白、化州二篆（代任電白、化州二縣縣令），同樣盡職盡責，為民謀福利，致力於安定

〔註61〕《光緒高州府志》卷 25《職官八・宦績傳》，第 363 頁。
〔註62〕《光緒重修電白縣志》卷 15《職官五・宦績》，第 141 頁。

社會，以至「所在攀轅」（所到各縣任職，離任時民眾都攀扶車轅挽留）。由於在粵西任職期間政績突出，民眾歸心，名聲遠揚，其後，顧斌遷萬州（今海南萬寧市）守，「峒山黎寇各相戒不敢犯」。廖轂，萬曆年間（1573～1620）任信宜縣令，「剛挺孤介，百折不□，嚴冒籍，清鹽餉，厥功著焉」；後因父母喪事罷任，服喪期滿，「補高州海防廳。時□□（海寇）李魁奇窺限門（限門寨，明代設於廣東吳川縣南海濱），（廖）轂悉力禦之，使（海盜）不敢逞（凶）。軍士有怯□□及良民者立置之法，民之孤弱被銜蠧豪悍□□□□，白當道雪之。権限門關稅，所餘不入私囊。自為令若丞，廉潔不易操。」朱宏，萬曆乙卯（1615）舉人，原授橫州學正，後遷吳川知縣，以「清廉勇決」而聞名。「時海寇李魁奇連年犯限門（廣東吳川縣南海濱），（朱）宏率兵赴敵，邑（縣）賴以免。」當時的巡撫贈詩讚揚，有「墨綬書生也佩刀」之句。〔註63〕

　　清代，粵西地區能文能武的地方官也多有其人。如陶之俊，康熙中由監生為茂名縣丞，「祖逆（高州總兵祖澤清）倡亂，土寇縱掠鄉落。（陶）之俊率狼猺兵禦之，至渡澗遇賊，力戰，馬陷淤泥中，遂被害。」盛植材，浙江慈谿人，嘉慶八年（1803）署電白縣令，亦是文武兼善。志載他「革除積弊，嚴治奸宄。時植洋匪猖獗，蟻集港口，欲焚水東並掠各鄉。植才親臨海濱巡守，（洋匪）炮火轟發，左右請暫避。植才叱之，與博茂場大使楊星耀督率鄉勇堵禦，賊乃去。復與星耀捐俸設立水柵、望樓數處，洋匪累迫（多次進攻）不得登岸，邑（縣）賴以完。尋（不久）補陽春，以獲洋匪功遷雷州同知。」清順治十二年（1655），知信宜縣的徐鳴佩同樣能文能武，其「武」則表現在「不戰而屈敵之兵」上。志載：「時山寇充斥，居民流散，（徐）鳴佩單騎入賊寨，諭以禍福。賊感悟降散，因得招撫流亡復業，闢萊墾荒。」〔註64〕這樣的事例在方志中不勝枚舉。

五、結語

　　事實上，明清兩代粵西地方官在任期間，政績涉及治安、教育、軍事、商務等諸多方面。此以郭良楫為例即可略窺一斑。方志記載，郭良楫，明代臨桂（今廣西桂林）人，由鄉進士來任石城縣（今廉江市）令六年，「三年而

〔註63〕《光緒高州府志》卷25《職官八‧宦績傳》，第360～363頁。
〔註64〕《光緒高州府志》卷26《職官九‧宦績傳》，第369～370頁。

報政，又三年而政成」。將陞遷轉任永寧時，石城士民皆依依不捨，「石城之
人謳功誦德，依依不忍釋。其博士弟子（縣學生徒）相與謀於校（縣學）曰：
『群吾儕而課誨之，使我朝詩書而暮禮樂者誰乎？我郭侯也』；其耕氓耆叟相
與謀於野曰：『使我左食右粥（豐衣足食），仰事而俯育（上事父母，下育子
女）者誰乎？我郭侯也』；其賈人販夫相與謀於市曰：『使我業不變，時不易，
操其贏利以活其生者誰乎？我郭侯也。』」郭縣令的政績尤其體現在振興學校
教育上。士人在懷念郭縣令的文章中說：「石城之俗樸而少文（文化落後），
弟子僅四十餘員已爾。侯（郭縣令）加意名教，風勵士林，時諄諄而化誨之，
不啻父兄子弟。以故士知率德，於今百有餘員，彬彬然質有文焉。」除了文
教、農業、商業而外，郭縣令對於改良地方風俗，維護社會治安，也貢獻良
多：「石城（縣）土堅而人剛（土地貧瘠，民人兇悍），其俗好爭而勤於訟。
侯（郭良楫縣令）則持之以平，濟之以斷，一洗其揚沸之政，而敷之烹鮮之
理（喻以溫和之政取代嚴酷之政），以故無情者息而公庭之上可設雀羅。劇賊
蔡邦良倡禍於黃村，四方洶洶然不保其生，侯設計擒獲之，殲其渠魁（首領），
散其脅從，以故嶺之西，海之北而焚毀劫掠之禍可息」。總之，郭縣令在任六
年，「凡所以剔弊興利，飭紀維風，肅清冒濫，斥去『羨余』，以蘇此凋瘵者
不可盡述。」由於郭縣令興利除弊，使石城之民得以「安其生，樂其業，而
『石壕』之歌（按，唐代中後期著名詩人杜甫寫有《石壕吏》一詩，揭露了
地方官吏殘酷壓迫剝削民眾，令民不聊生的社會現實）不作。」郭縣令屬於
封建時代史家歌頌的「循吏」。明代雷州籍官員鄧宗齡在應石城縣士民之請求
撰寫的歌頌郭縣令的文章中，就將郭縣令與歷史時期的「循吏」相比附，謂：
「夫班椽（東漢史學家班固）良史才也，其紀循良不過幾人，如蜀郡（文翁）
之興學而彝（法度、習俗）風變、渤海（龔遂）之理繩（依法行政）而民俗
清，南陽（召信臣）之興利，潁川（黃霸）之寬和而似富實……後之談吏治
者往往欣豔（欣賞羨慕）不置。乃侯（郭縣令）之治殆（幾乎）兼數公（上
述各位漢代「循吏」）之長而與召伯（即西周召公，與周公齊名）、子產（春
秋時期鄭國賢相）相先後矣。」〔註65〕雖不免有溢美之嫌，卻亦不無事實依
據。

　　此類明代粤西士民歌頌地方官「美政」的事例還有很多。僅《民國石城
縣志》卷九《紀述志上‧金石》篇就收錄了《鄒公祠碑記》、《郭侯祠碑記》、

〔註65〕《民國石城縣志》卷9《紀述志上‧金石‧郭侯祠碑記》，第571頁。

《謝侯遺愛碑》、《項侯遺愛碑》、《鄭師垂芳碑》、《佴侯功德碑》、《葉尉去思碑》等。可見在明代粵西地區政績顯著、對粵西社會發展有重要貢獻的地方官不在少數。

　　總之，從方志記載來看，明清時期粵西地方官在任期間盡職盡責，盡心盡力，爲地方吏治清明、社會安定、經濟發展，作出了重要貢獻；而當他們任滿（或因病）離職時，大多都是兩袖清風，「宦囊如洗」，人們「攀轅」阻留、建祠祭祀、作文歌頌者不乏其人。這是值得今人思考和借鑒的一個問題。

十二、明清時期粵西地區方志的修纂

摘　要

　　粵西地區方志的修纂於明清時期獲得較大發展。《高州府志》、《茂名縣志》、《電白縣志》、《吳川縣志》、《石城縣志》、《化州縣志》、《陽春縣志》、《陽江縣志》等府、縣志同時並修。明清時期粵西地區方志纂修的促動因素，一是朝廷、上級對地方編修方志的督促；二是地方行政長官對方志纂修的高度重視；三是地方士紳對方志撰修的積極參與。明清時期粵西方志纂修之特點：（1）寧詳忽略；（2）一志之修常常歷經多手，歷時漫長；（3）講求實用而不圖虛文；（4）既有沿襲，又強調創新；（5）注重利用地方志「振揚風紀」。纂修方志的意義，首先，「有裨於政教」是許多官員、學士的共識；其次，方志還能爲廣大讀者提供一方眞實的歷史記錄，以爲歷史之借鑒。

關鍵詞：明清時期；粵西地區；方志：修纂

　　方志是記錄某一地方（府或州或縣）風土人情、歷史沿革的文獻，與一國之史同，區別僅在於記述範圍的大小差別而已。方志的出現晚於正史。《重修吳川縣志跋》謂：「縣志非古（非自古而有）也。自秦漢以來未之有作也。兩漢始有地理志，唐有十道志，而志之名乃著。考郡縣志撰於唐宰相李吉甫，自京兆至隴右，凡十七鎮，皆繪圖（於）篇首，而後世因之，地理、人物備記其事。所謂一縣之有志，猶一國之有史者，此也。」〔註1〕方志修纂至明清時期備受重視，朝廷編修「一統志」需以方志爲基礎，從中取材，檄令各地方修志以呈。粵西地區的方志亦於此時獲得較大發展，府、縣志同時並修，並且若干年後（通常是四五十年或十數年）即予重修，爲我們瞭解地方歷史文化創造了便利條件。本文擬對明清時期粵西方志的修纂及其促動因素、意義、特點等問題略作考察與論述。

一、明清時期粵西地區方志纂修概況

（一）《高州府志》

　　高州府志早在宋代已有修纂，有不著名氏撰《高州舊圖經》及劉棠撰《高涼圖志》七卷。明代有富敬修於宣德年間庚戌（1430）的《高州舊志》17卷。清朝有知府蔣應泰修於康熙己酉（1669）的《高州府志》10卷。蔣應泰在序言中歷述了《高州府志》在清以前的凋殘狀況，謂：

　　……高涼（州）較前治則郡也，凋敝甚，於是其志自兵燹遷析（指清初戰爭及「遷界」）後，斷簡殘篇只付荒煙蔓草中，若滅若沒。本朝定鼎以還，奇跡異事未登史筆，亦掌故所殷憂，而當事（地方官）有攸（所）責也。余以丁未（1667）冬奉天子命來守是邦，久其境則哀鴻載道，俗鮮古□，不勝淩風陰雨之感，惻然者久之。嗟夫！庶富不可聞而版籍罔稽所傳，一代史書禪於政治，爲風厲名教、激揚之資何有？用是（因此）謀諸紳衿，檄諸賢宰（縣令），徵顯闡幽，綜實錄而增未備，列爲十卷，付剞劂（刻印），不數月而志成，文獻聿新，匪第（不僅）山川、城郭、人物、地產之類按圖足參，而忠孝節廉之風興起奕代，與鑒江秋月而俱永異日者……〔註2〕

〔註1〕《光緒吳川縣志》，第3頁。
〔註2〕《光緒高州府志》卷52《紀述五·藝文》，第771頁。

　　三年之後，新知府黃雲史蒞任。他對方志之編纂極重視，認爲前郡守蔣應泰所修的《高州府志》欠理想，於是主持重修。他在序文中說：

　　　　郡乘（府志）載一郡之事，因於薄書（理政）之暇，取之左右（向身邊官員索取府志），先後翻閱，乃舊乘（舊方志）失於兵燹，不及見，得見蔣守（蔣應泰郡守）所修十卷。第（只是）自西逆（明殘餘勢力）入境之後，老成既喪（年老而熟悉地方歷史文化者多死喪於戰亂），典籍匪（不）存，間（其中）多掛漏，用作筆狀，廣加詢（問）採（訪），綴其缺略。由是按「分野」而知星經之躔次（天體之運行），審「形勢」而知山川之險阻；溯「沿革」而知時代之盛衰，賦稅之所自出，物產之所宜有，以至於典禮所存，貞淫所別，於焉始備。夫國有史，郡有乘（志），史載明堂（朝廷、國家）之掌故，奉揚休明（表彰美德，頌揚聖明）；乘（方志）記郡縣之事，資砥礪廉隅，然則郡乘爲守土（地方官）之殷鑒，其可忽（輕視）歟！高州唐虞三代（原始社會及奴隸社會）不入版圖；李唐、趙宋以障塞置之者也。聖天子乂安宇宙（一統中國），一視同仁，史（作者王雲史自稱）雖不敏（不才），敢不祗（敬）奉厥職以副銅虎竹符（朝廷任命）之寄？其手輯是編（親自重修《高州府志》），蓋以其事其文何莫非一郡之典故存焉。稽諸往昔，垂之將來，庶因文字以覈其實，非僅假篇幅而事鋪張已也！〔註3〕

　　半個世紀後，雍正戊申（1728），黃文煒、張兆鳳先後來高州任職。鑒於歷經六十年風雨滄桑，高州社會已發生巨大變化，而舊志多年缺修，已不足以反映地方歷史文化的變遷大勢，因此，兩位高州知府前後接力，對《高州府志》作了重修，使之面貌煥然一新。黃文煒在序言中歷述修纂《高州府志》的歷程，云：

　　　　高（州）之郡志於康熙己酉（1669）修自燕山蔣君應泰。越（至）壬子（1672），毗陵黃君雲史輯之。迨後遂湮沒無存。其間山川疆域、士習民風，不可增減者（即沒有太大變化的）無論矣；而秩官之晉遷，人才之蔚起，忠孝廉節之迭出，禮樂制度之修明，未經續入者，歷今五十年餘，郡之所繫，此爲缺典。余視事（蒞政）後，悵然久之，爲語郡僚屬、紳士，僉（都）曰：「是舉（重修方志）誠不可以

已（廢）也。盍（何不）修之？」便（於）公餘之暇，爰（於是）
延郡名流張捷、梁雍郎等旁搜遠稽，仍考據於州邑志中，斟酌損益，
舊本亦重加裁正，別類分門，務使一郡事跡黎然可觀。即或見聞未
周，姑俟（日後）參補。寧貽不備之譏（寧可留下不夠完備的批評），
不敢妄綴（輕率書寫）失實也。稿將竣（完成），余奉命司醝兩粵（粵
東、粵西鹽政），遂去高涼（州）。然初志不欲變，瀕（臨）行，屬
（囑）同寅（同事）葉君思華卒業（完成志書編纂），壽諸棗梨（雕
版印刷），匪曰炫美干譽也（不是為了炫耀才能，不是為了得到美
譽），庶幾（或許可以）存一郡文獻之遺，使後之君子覽是書（此志）
而知所徵信焉爾。〔註4〕

黃文煒因為職務變遷而不得不離開高州，只得將完成方志修纂之任委託給同
僚葉思華。但葉思華因為政務繁忙，遲遲未能顧及志書的修纂刻印。及至張
兆鳳繼位到職，適逢上級下文重修方志，於是，張兆鳳郡守乃邀請本郡諸名
宿入局，仍循舊志門類，為之嚴核正偽，參酌異同，有美畢舉，無徵不闕，
並增加新的內容，如「海氛難靖，居民時被兵燹，土田瘠薄，旱魃可虞，風
俗輕生漁利，鮮克敦厚，今則邊□烽墩如星羅棋佈，常平儲粟不下二十萬
石……凡此近事，又按序補列，以備史館之探撰。」張兆鳳感慨地說：「余因
思高郡（州）本屬荒繳，仰沐聖朝百載深仁厚澤以及歷任之賢士大夫休養生
息、人心習尚，熙熙復古而五十餘年中之文獻又得旁搜博探，備載其本末，
將上之臺省，出經天緯地之才，秉斟經爾雅之筆，彙為成書，獻之當□，纂
入《一統志》，以昭一道同風之盛，邊海陬隅俾得附於職方氏（方志）之末，
高郡（州）之幸也，抑亦守土者（地方官）之幸焉爾。」〔註5〕

　　數十年後，至道光七年（1827），高州府志又作了一次重修。這次重修是
在阮元編修《廣東通志》的促動之下進行的。編修者之一的巡道葉申萬在序
言中說明了這次重修的緣由：

今天子（光緒帝）御極之元年（1821），余以分巡來粵，適
制府芸臺阮公（元）有《廣東通志》之刻，命余總理其事。次年
下車（蒞任）高涼（州），政理之暇，詢其圖籍（方志）鎸刻，已
五六十年，漫漶不可辨，其近者（事）多缺而待補，偶與黃霽青

〔註4〕《光緒高州府志》卷52《紀述五‧藝文》，第771頁。
〔註5〕《光緒高州府志》卷52《紀述五‧藝文》，第771頁。

（黃安濤）太守議論厥（其）事，既而霽青太守量移（調任）潮
州。又二年而（志書）刻成，其部分體例一準《廣東通志》而甄
錄加詳焉。〔註6〕

與府志纂修的同時、稍後或更早，粵西地區的縣志也在編修之中。

（二）《茂名縣志》

茂名由於是高州的「附廓」縣，其歷史、地理、民風等多記載於《高州
府志》中，故起初並無專門縣志。後郡人周振聲從郡志中取材，試圖編成獨
立的《茂名縣志》，然而「猶多所略」，內容並不齊全。

康熙己卯（1699），錢以塏任茂名縣令，他「留意商榷，搜羅掌故遺文，
如官師、食貨、士習、民風、興釐（革）、澆樸之故，縷析條分，梓（刻印）
爲四軼（本），亦既微而彰，曲而備矣。獨是仕秩遞遷，人才日盛，孝義廉節，
繫於倫常，禮樂文章，關乎風教，時至事起，亦司牧者（地方官）所不能辭
也。謀諸紳士，僉（都）唯唯韙之（得到贊同），因爲僭筆續之，參以通志（《廣
東通志》），合以輿論，無掠美，無溢詞」，終於編成《康熙續修茂名縣志》，
時在康熙五十三年甲午（1714）。〔註7〕

十餘年過去，至雍正八年庚戌（1730），朝廷「檄修各府、州縣志，俾上
達史館，彙成《一統志》」。茂名知縣虞金銘奉命偕縣學教諭、訓導諸人又進
行了一次重修。《知縣金匱虞金銘序》云：

> ……迄甲午（1714），邑（縣）令孫君士傑續之（續修《茂名
> 縣志》），距今又幾（幾乎）二十年所。其間學校、祀典、配封、躋
> 享、賦役、兵防、裁減、移撥以及科名日興，節義遞出，覃（深）
> 恐曠典未經紀載者不一而足。余奉憲檄即與署（代）教諭黎君琦、
> 訓導洪君雲齡商訂採訪，並敦請邑（縣）名宿（名人）梁雍郎、周
> 熙仁、劉談、黃金樹入局纂修，衷（折衷）諸見聞，準諸輿論，缺
> 者增（之），訛者正（之），不敢（固）執己（見），不敢徇人（隨和
> 他人），就孫令（孫士傑縣令）續本，因門分補。書成，將付剞劂（刻
> 印）……〔註8〕

修成之新志取名《雍正續修茂名志》。

〔註6〕《光緒高州府志》卷52《紀述五·藝文》，第773頁。
〔註7〕《光緒茂名縣志》卷8《紀述·藝文》，第309頁。
〔註8〕《光緒茂名縣志》卷8《紀述·藝文》，第309頁。

事隔九十年後，茂名縣志再次進行重修。關於此次重修，知縣王勳臣在紀述其事的文中說：

> ……茂邑（名縣）學宮（縣學）壞，志書缺，幾近百年（矣），以土瘠民貧，又為積欠之邑（沒能完成上繳賦稅任務之縣），難於修復。嘉慶乙亥（1815）秋，余下車謁廟（我蒞任茂名縣令，謁見縣學孔廟），目擊頹垣敗宇，惻然傷之。訪求邑乘（縣志），而更以板片無存對。且舊志亦乏收藏者，遇上官徵求（上級徵調方志），則以郡志（《高州府志》）應之。地方凋散，此可概見。丁丑（1817）八月，上丁（地方官）集邑（縣）紳議修。先重學宮（校），捐廉（俸）首倡，眾皆踴躍從事。戊寅（1818）冬，工竣，其經費詳載廟記；惟（方）志尚未遑修。余適（恰逢）奉檄權（代理）順德（縣）事，趣（急於）赴任。同年友、邑（縣）孝廉吳君香佩、招君畫野暨諸紳祖道郭門，臨別贈言，猶諄諄以修志事囑余兼顧。己卯（1819）春，同里（鄉）戴東塘先生攝高州郡篆（代理郡守），即由郵（王勳臣寫信給戴東塘）以修茂志（《茂名縣志》）事項請鑒定。（戴東塘）先生欣然董其成。署茂（名縣）令秦蘭沅（秦沅）明府開局。採訪時則招孝廉（畫野）館於高（州）、廉（州）朱觀察官署，吳孝廉（香佩）主高文（書院）講席，延之分纂。吳、招兩孝廉致書於余，以手訂目錄及各小序見示，並囑余弁言（寫序言）。余雖譾陋不文，竊幸多年未修之書（方志）一旦修之，在官未完之事他人完之，匪值（不但）學宮美備，而徵文考獻傳流後世，供觀風者（考察地方民情的中央官員）之採擇，余亦得附名簡（志）末，有榮施焉。是不可不序。時嘉慶己卯（1819）。〔註9〕

王勳臣縣令在茂名縣任職時已立志重修《茂名縣志》，後雖奉令調任他方，仍關注方志的纂修。正是在當地及已調異地的官員的共同努力之下，《嘉慶重修茂名縣志》才得以與讀者見面。

（三）《電白縣志》

《電白縣志》最早大約纂修於明朝嘉靖丙午（1546）年，是在督學陳塏的啟示與督促之下，由知縣譚堯道與縣學三位博士共同纂修而成的。陳塏在序言中說：

〔註9〕《光緒茂名縣志》卷8《紀述·藝文》，第309頁。

　　丙午（1546）春，予校士（視察教學）高涼（州），入電白境，則見夫民力田而衣布，歡然似得其生，造（巡視）其郭（外城）則聞里無煩役，廷（法庭）靡囂訟，曰：其司牧之良乎？進諸弟子員於堂下，則拜揖有儀，進退惟旅（符合次序），彬彬然式於度（符合儀式規範），曰：其師範之飭乎（是教師嚴於教學、整飭的結果嗎）？於是令則（當時任縣令的是）譚子堯道、博士則轟旦、李喬、王福也。詢之政而知其緒，則敏以惠矣；試之文而知其富，則閎以肆矣，曰：『洵（實在）哉！令若（縣令及）博士乎！』是歲九月，檄下諸郡，曰：「廣（東），嶺表之國也，三五遼邈（地廣人稀），文獻莫徵，網羅散遺，維繫風教，有司（官府）、學校之責也。諸（各位）盍（何不）從事於志（重視方志的修纂）？」越數月，有以《電白（縣）志》來（呈）者，則（縣）令與三博士所爲也。予取而閱諸，因爲之序。曰：夫志亦史也，酌古以存（以史爲鑒），故本事以舉。凡綜務治以昭度，誇者飾詭，誕者語怪（浮誇的人喜歡說假話，荒唐的人喜歡說怪話），不可以言史，故敘事莫要於核（實）；《宦跡》之列也，可以箴矣；《鄉行（賢）》之錄也，可以風焉（寫《名宦志》，可以給現任官員以借鑒與激勵；寫《人物傳》，可以給當地民眾樹立學習的榜樣）。傳聞異辭則詮擇難，好惡異尚則去取謬，不可以言史。故論隙（議論之間）莫要於公（正）矣。文也者，所以裁理而取中，章（彰）美而行遠也（文章是用來說明道理，使人們思想、行爲中規中矩，表彰好人好事，使社會和諧而長久的），太質則近俗，過靡則近俳（太直率則近乎庸俗，太華麗則近乎輕浮），不可以言史。故體裁莫要於典（標準）矣。今觀斯志也，爲目十有五，有以備斯邑（縣）之故（往事）焉。大之天文地理，小之草木蟲魚，皆原本而極命，而不欲馳騖於汗漫之外，蓋求爲核者也。夫電（白）之爲邑（縣）故（長久）矣，生於斯、吏於斯者胡可紀也，而志所賢乃僅僅焉，雖或佚之，抑或律之，蓋求爲公者也（生活於此，爲官於此者眾多，不可全記，只能記錄那些品高行端的「賢良」者的事跡。雖然可能有遺漏，亦可能要求過高，畢竟只是爲了公平公正）。每舉其目必先之以故，又從而論辨之。其言簡而確，曲而不誣，蓋求爲典者也。曰：斯足以志（記）電邑（白縣）矣。夫電（白）自爲邑

（縣）以來，生於斯，吏於斯而賢者多矣，而未能有舉斯邑而志之
者；而志斯邑乃自（縣）令與三博士始，斯不謂賢乎！（縣）令與
三博士者無所期而合（不約而同），而皆能以風教爲務，其文復足以
發之，而後志始成。宜電（白）之士民有興（有振興之希望）也。
是亦有數（氣數、命運）存焉。雖以予之疏陋，能賴四子（縣令與
三博士）而使電（白）有志，則予與四子亦可以慶其會矣……〔註10〕

《電白縣志》修成之後，至清代，相隔已一百餘年，因年久失修，已幾
近無案可稽。在地方官員的重視之下，電白縣志的修輯又重被提到議事日程。
道光五年（1825），電白知縣章鴻在《重修電白縣志》序中云：

電邑（白縣）之志自康熙初載纂輯，越百餘年，久廢不修。乾
隆間累修累廢。夫事之久弛每出於因循，而功之能成必藉於機會；
況志書爲一邑重大之事，費繁而口眾（支費浩大而眾説紛紜），或阻
於圖始，或隳於垂成，甚矣，其難也！余甲申（1824）春權令電邑
（任電白縣代縣令），詢及舊志，蠹簡叢殘，不可收拾，慨然久之。
會《廣東通志》初修完竣，而郡伯（守）霽青黃公又有重修府志之
舉，行檄各縣，徵取近事，而電（白縣）志無成書，乃諭（令）續
修。詢之紳儒，議論不一。余因思事乘機會莫如今日。邑處南粵之
陬（角落），禹貢（地理志書）不載，職方（地方志）不列，其風土
氣習、文物衣冠大抵與中州（中原）稍異，而欲其齒（等量而觀）
上國之邦典（國家正史），歷歷如指諸掌，亦艱（難）矣。今此志凡
爲卷七，爲目錄四十有五，上而天文，下而地理，中而人物、變態
（歷史變遷），舉（全部）可以觀焉……〔註11〕

（四）《吳川縣志》

在明代萬曆年間周應鰲修《吳川縣志》之前，吳川縣志已有編修，只是
傳播不廣，知者不多。周應鰲是在舊志基礎上的進一步豐富與完善。〔註12〕

〔註10〕 《光緒高州府志》卷52《紀述五·藝文》，第775頁。
〔註11〕 《光緒重修電白縣志》卷28《紀述四·藝文》，第289頁。
〔註12〕 據方志記載：1668年，清朝吳川縣令黃若香修吳川縣志。修成後，請高州知
府蔣應泰作序。蔣序有云：「吳川，海上一大聚落也……有志不傳。……萬曆
庚子（1600），周令（周應鰲縣令）聿新厥志而爲三……」蔣知府因此感歎道：
「莫爲之前，雖美弗彰；莫爲之後，雖盛弗傳。」可知周應鰲的修志並非「招
荒性」，而是有所借鑒的。

　　明萬曆二十五年（1597），周應鼇受命來任吳川縣令。周應鼇此前曾在今
江蘇鎮江、蘇州任職，「兩試劇邑（難治理之縣），治行冠三吳」。調任吳川縣
令後，周應鼇「昕夕拮据（日理萬機），鼇宿蠹，剔積猾（革弊政，除奸狡）……
未浹（滿）歲而弊掃風熙，厥有寧宇；又嘗憫邑之凋敝而俊髦鮮耀（人才難
出）也，山水口不鑰（鎖），乃建浮屠（佛塔）七級，障狂瀾而扃之。他如創
書院，表節義，飭亭池、津梁，三祀（年）內百度改觀，而獨於邑乘（縣志）
未新，蒿目（關注）於邑（縣）者久之……」於是，在從政治事之餘，「且治
簿書（白天忙於政務），宵籌燈磨勘，考圖經，摭故實，自天紀地維以迄建置、
文物，銖累節比，犁（分）為十卷」。不到兩月，縣志即修輯完畢。〔註13〕

　　時過半個多世紀，到清初康熙七年（1668），黃若香來任吳川縣令，又再
次將吳川縣志的修纂提到議事日程。這次修纂方志的起因是周應鼇所修《吳
川縣志》已在十多年前的一場火災中被焚毀。黃若香在新修的《吳川縣志》「自
序」中說：

> 志吳志者（為吳川縣作志的）誰？盧陵周公應鼇也。公飲吳（川）
> 水者三年，吏行冰上，人在鏡中（喻為官清廉），凡吳（川）之天經
> 地紀、風俗山川靡不週知，宜乎其考之詳而志之博已夫。何（無奈）
> 癸巳（1653）之役祝融為難（火災），遂失其傳。邑子（縣學生員）
> 彭生毓祥始以藏編示余曰：此吳（川）初志也。侯其緣故（趁此時
> 機）而鼎新與（歟）！〔註14〕

黃若香縣令於是組織縣中一群學識之士重修吳川縣志。吳川士民對此深為感
激。有參與修志的士人對黃縣令說：「吳陽（川）雖陋，列於職方（版圖），
吾侯奉聖天子休命，尹（任縣令）茲海邦，社稷人民尚其邀惠，不靳筆削以
為邑乘（縣志），光（耀）吳（川之）民，且世世化於龜玉（載於史志，傳諸
久遠）！」黃若香縣令對新修縣志提出了「首在求民之瘼」的原則，即以有
關國計民生的內容為志書記錄重點。他說：

> ……今昔不同，沿革遞變，凡可舉行，不憚何規曹守（即「蕭
> 規曹隨」，指沿襲先前的合理制度、措施）焉。他如里役絲棼（紛亂），
> 杼柚（又作「杼軸」，織機上的零件）之竭（喻經濟凋弊），一切裁
> 省，大率（原則上說）以便民為第一。夫民為邦本，本固邦寧。如

〔註13〕《光緒吳川縣志》卷9《紀述・藝文》，第351頁。
〔註14〕《光緒吳川縣志》卷9《紀述・藝文》，第351頁。

　　徒此利彼病，漠不關心，則以秦越人肥瘠視吳（川）民也，胡志之
　　修（按，意指如果對地方民眾利害漠不關心，修志有何意義）？況
　　我皇上沖睿柄政，日昃不遑，兢兢於天心補救，專務愛民以迎天麻，
　　文武諸大吏尤急於子惠兆民，惟恐旦夕之不即安衽席。今日之志首
　　在求民之瘼矣，其它興廢舉墜存乎其人，予不敢必（不敢主觀專斷），
　　惟有心周公之心，志周公之志（本著周公那樣以民爲懷的心志），與
　　二三君子損益變通而謀壽（保存）剞劂（刻印）焉耳……〔註15〕

黃若香主持修成《吳川縣志》後，請高州知府蔣應泰作序。蔣序文對《吳川
縣志》的修成給予了高度的評價，謂：

　　周後（按，指周應鼇於萬曆二十八年即 1600 年修成《吳川
　　縣志》後）七十年來，邑志一散於鼎革（明清易代），再佚於遷析
　　（清康熙年間實行的「遷界」），不有纂輯其人光贊前烈。微論大
　　者，天經地紀，諸彙無由衰次，而人物、風土、節概無由（知）
　　悉而文獻不足（徵），邑非其邑，氣運隨之滋薄。善作不必善成，
　　統將安歸？茲志成而補偏救弊，古道猶存，人心風俗當不與世道
　　而俱湮。識者知是邑將興也。立言爲不朽業，郡志得吳（川縣）
　　志而益彰矣。〔註16〕

黃若香縣令指出《吳川縣志》的修成，不僅可使業已失傳的吳川縣志又可得
以續傳，對於「補偏救弊」、改善「人心風俗」以及爲郡志日後的纂修，都有
重要意義。不僅如此，吳川縣志的編纂，對於國家「一統志」的編纂亦有助
益作用。康熙十二年（1673），知高州府事黃雲史在爲《吳川縣志》所寫的序
言中說：「……伏睹皇上大寶初授（登極之初），遂命臣工纂修實錄，典禮告
成，藏諸內府矣。惟是編年紀善之書（此指史志），以垂奕世而共千載。其京
畿以外，金湯（疆域）以內，山川形勢，土俗民風，行將彙爲一書，儲之外
府，以宏觀覽，則吳川雖蕞爾一邑，苟非志載修明，亦烏以備纂載而垂永遠
哉！」〔註17〕同年，吳川縣令黃若香在爲《吳川縣志》所寫的「跋」中亦說：

　　往歲戊申（1668）奉命入吳（川），冬杪（年底）即荷皇恩展
　　界，旋有修志之舉。茲（至）壬子（1672）冬杪，復蒙上命，有大

〔註15〕《光緒吳川縣志》卷 9《紀述・藝文》，第 351 頁。
〔註16〕《光緒吳川縣志》卷 9《紀述・藝文》，第 351 頁。
〔註17〕《光緒吳川縣志》卷 9《紀述・藝文》，第 352 頁。

修《皇清一統志》之役。展誦檄文，切切問者，山川形勢，風俗人物，戶口丁徭。是役也美哉！其永清大定之休徵乎（這大約是清朝統治長治久安的徵兆吧）！余復以昔日所修者詳加纂輯，刪煩增要，綜覈備至，寧質不文。昔夫子曾曰：「無徵不信，不信民弗從。」予將以異日之信且從者載而弗略。是志也，不特有當於一邑文獻，行且有徵於一代文獻。我聖天子宵旰之暇（理政之餘），省覽吳陽（川）邑志，不幾爲薄海氓黎（掛念）南顧之憂乎？吳陽蕞邑濱海（縣小而近海），數年之內田賦漸廣，戶口漸增，然海利未興，民用未足，司民牧者雖極意撫綏，其何能於既庶之後而亟議既富也耶！〔註18〕

　　乾隆五十五年（1790），吳川縣令沈峻組織縣中學人重修《吳川縣志》。其在「自序」中說：「今天子纂修一統志頒發宇內，蓋一統志取材於省（志），省志取材於郡（志），郡志取材於邑（縣志）。邑志非其根柢與（歟）？」基於以上認識，沈峻「因以暇日謀之縉紳耆宿，重補六十年之缺，庶幾（如此才能）善善從長，與都人士共勉焉。」〔註19〕

（五）《石城縣志》

　　石城縣自唐初設置，以其境內多石山也；不久改名廉江縣（因其境內一水貫通，名之廉江）。南宋復名石城縣，民國後又恢復舊名廉江縣。廉江之名迄今不改。石城縣東鄰化州，南界遂溪，西鄰廣西合浦，北抵廣西之陸川、博白。縣治建於三臺山之下，有「山國」之稱，「編氓雜錯，猺（瑤）狼（廣西民族之一，以作戰勇悍著稱）、盜寇之患幾無寧日。及唐以來，聲教漸廣，文軫日敷（文化日益發展），民智亦日啓，至明（代）始隸粵東（按，古代常將廣東沿海地區，包括今粵東、粵西地區，皆統稱爲「粵東」）之高州府。自是而衣冠文物行且伯仲中州（將近與中原地區相提並論）矣。」〔註20〕

　　明代對方志編修工作極重視。法令規定，地方若干年即應重修方志。清康熙四年（1665），任石城縣令的梁之棟又組織縣中搢紳對石城縣志作了一次重修。他在序中說：

　　　　……因集邑（縣）中紳士而議之，以爲石邑（石城縣）舊固有志，第（只是）闕（缺）者莫續，因循相待，夫是以愈久而愈失矣。

〔註18〕《光緒吳川縣志》卷9《紀述‧藝文》，第352頁。
〔註19〕《光緒吳川縣志》卷9《紀述‧藝文》，第353頁。
〔註20〕《光緒石城縣志》卷首《重修石城縣志序》，第355頁。

若不慎重其舉（指重修方志），以之考證詳確，斯志亦猶然未備也。
即欲砥世勵志，標淑慝（表彰賢良與抨擊邪惡）於既往，昭勸懲於
將來，庸（豈）有當乎？是用（因此）偕廣文何先生（何廣文），復
延（聘請）孝廉黎先生暨諸士合相參酌，重輯續補，或選搜典籍，
或近採宿耆，或仍舊而刪正其冗差，或取新而增益其未備，彙集成
書，三閱月（三月餘）而乃告竣焉。〔註21〕

其後，康熙十年（1671）任石城縣令的李琰，康熙二十五年（1686）署任（代）
縣令的周宗臣，康熙四十一年（1702）任縣令的孫繩祖及乾隆三十八年（1773）
任縣令的喻寶忠皆主持過《石城縣志》的修纂。喻寶忠在序言中說：

……吾石邑（石城縣）之志在前代者不可稽（考究）。國初，
邑令梁公之棟，李公琰先後修之。康熙五十一年（1712），孫公繩祖
又重修之。其書有得有失……距今又七十餘年矣。夫日月之精華，
山川之靈異，生人之才智，功名日出而日新，由前以觀，歷歷可鏡；
由後以觀，遙遙可卜，而中間數十年之紛賾變化等之塵埃之飛，逝
水之流而不可溯，是誰之過也？予慨然久之。庚子（1780）之秋，
乃與（何）廣文、黃君紹統暨予友王君鳳階披羅（認真）討論，以
次纂修，變舊志體例，區（分）為綱目，綱有一十五，目三十有九，
凡七十餘年中之因革損益，統同辨異，有關利弊者更深切著明焉，
勸誡之意反覆見之。越辛丑（1781）十月而脫稿。王君（鳳階）曰：
『是可為邑（縣）完書矣』……〔註22〕

（六）《化州縣志》

關於化州縣志，清道光丁亥（1827）主持修纂《化州縣志》（11卷）的知
州黃錫實在序言中，歷述了該縣方志的修撰歷程，謂：

化州於六朝（吳、東晉、宋、齊、梁、陳）為高興郡，與高涼
（州）並建，歷隋、唐至宋太平興國五年（980）改今名，而紀載之
職，唐以前未有專書，宋人撰《化州圖經》，其書久佚。除樂史《太
平寰守記》所引處，靡可考鏡（考究）。元（代）之紀述無聞焉。明
惟萬曆二十七年（1599）知州沈水曾修州志，其書失傳。國朝（清
朝）康熙九年（1670），呂君兆璜與州貢生陳濟、趙丁、黃銓等修之。

〔註21〕《民國石城縣志》卷 8《藝文志·史部·石城縣志·梁之棟序》，第 560 頁。
〔註22〕《民國石城縣志》卷 8《藝文志·史部》，第 562 頁。

二十五年（1686），楊君於宸與州舉人李屐祥、陳斯概等修之，其書亦失傳。今惟乾隆十三年（1748）楊君芬所修者片板猶存，而又雷□漫漶，若存若滅。予以道光四年（1824）來牧是邦（縣），都（地方）人士相率躋公堂（縣衙）而請曰：「州志之不修八十年於茲（今）矣，何不及今補綴以勒爲信書？」予曰：「唯唯（是是）。是故予之志也（我本來也有修志之心）。」爰（於是）延州孝廉黃均轅、明經李曾裕、李日昌、李乘雲、茂才羅國綸等於五年（1825）春開局，越二年告蕆（編成）。雖不敢自信其詳且核，而八十年來文獻亦庶幾（大約）可考見矣乎。〔註23〕

（七）《陽春縣志》

《康熙陽春縣志》卷首《陽春縣志舊序》小引云：「考陽春舊志無存，惟得（明）萬曆戊子（1588）邑令張君（文誥）一抄本，誠春州得失之林而璆琳（美玉）之府（借指此志之珍貴難得）也。今已百年，殘闕過半，不早修刊，後人何所考而因革也？」〔註24〕似乎因爲「舊志無存」，因而在「張君（文誥）」修志之前，是否有人修過《陽春縣志》不得而知。清康熙年間任陽春縣令的康善述在《重修陽春縣志序》中亦說：「……春邑（陽春縣）自明萬曆以來幾（乎）百年餘，歲久日深，板刻毀失……」〔註25〕似乎亦「印證」了張文誥修於萬曆年間的《陽春縣志》是最早的。

事實上，早在明嘉靖年間，《陽春縣志》就已修成，只是由於歷時久遠等原因而失傳而已。中華民國三十年（1941），吳英華在《陽春縣志序》中，開篇即說：「吾邑之有志自明嘉靖丙辰（1556）俞（文英所修）志始。越三十三年而有張（文誥）志；越百年而有康（善述）志；越四十四年而有王（博厚）志；越三十年而有姜（山）志；越六十三年而有陸（向榮）志。光緒二年（1876），蕭侯（丙塹）議修不果。光緒十三年（1887），趙侯（起鵬）以續修（縣志）屬（託付）劉孝廉德琯、李明經岳，稿成未刊，邑（縣）人憾焉。」〔註26〕

吳英華《陽春縣志後序》有云：「光緒間（《陽春縣志》）志稿已成，不克付梓，或爲他事梗阻，財力抑與有關焉。吾邑（縣）嚮（過去）無公款，五

〔註23〕《光緒高州府志》卷52《紀述五‧藝文》，第776頁。
〔註24〕《康熙陽春縣志》卷首，第4頁。
〔註25〕《康熙陽春縣志》卷首，第1頁。
〔註26〕《民國陽春縣志》卷首吳英華《陽春縣志序》，第213頁。

十年前設賓興印金局，積資漸厚，遇有大事，故取給恒於斯。二十年前曾撥
助地方行政費，刊志勢須另籌。志局已裁，無負責者。董侯（縣令董某）以
是在辛巳（1941）春間有籌刊處之設。是年冬，陳君孟變赴肇慶。辛未（1931
年。按，疑「辛未」爲「癸未」之誤，即 1943 年），書局訂刊，甫成四卷，
而肇慶淪陷，原稿由（籌刊）處保存，不至散失，殆亦有天幸耶！乙酉（1945）
冬，邑人來穗（廣州）漸眾，因有同鄉會之設。以次議及刊志。但籌刊處款
耗散殆盡。荏苒三年，集資無著。余患文獻之無徵而慮圖始之實難，墊金圓
券二千元爲之倡，理監事踊躍認購，馳書告縣參議會，皆大贊成，改組籌刊
處，推舉正副主任、股長、股員，各負專責。鄧侯（鄧縣令）復撥穀二百石
助之，沽（賣）穀得款彙籌刊處，由予續墊，是書觀成有日矣。圖始之難如
彼，而觀成之易如此，非意料所能及……」〔註27〕

這就是我們目前研究陽春縣地方歷史文化所能利用的藍榮熙等修、吳英
華纂的《民國陽春縣志》。

在自明至清歷民國 400 餘年的歷程中，有幾位對《陽春縣志》的續修頗
有貢獻的縣令值得在此一提。

一是清康熙年間任陽春縣令的康善述。明清易代，戰火紛飛，《陽春縣志》
在戰亂中喪失湮沒。康善述在《重修陽春縣志序》中說：

> ……春邑（陽春縣）自明萬曆以來幾（乎）百年餘，歲久日
> 深，板刻毀失。康熙十一年（1672），奉檄修志，倉率未有成書。
> 兵燹之後，副本無存。述（康善述自稱）叨（奉）命守土，政暇
> 即與紳士討論邑乘（縣志），每欲續修而未遑。會奉憲檄（奉上級
> 命令）遵承部文重修邑志，述（康善述）會集學博紳士，廣採旁
> 探，編摩校雠，不敢限以時日，懼考覈之未詳而事多舛訛也；不
> 敢不集眾思，懼聞見之不廣而事多缺略也。多士（紳士們）曰：「志
> 者識也，識其大復識其小。區太史嘗（曾）言之矣。今以百年之
> 殘缺，遺文故老，搜羅維艱，略之則事跡弗備，幽微弗彰。邑（縣）
> 之典故泯如也，郡志、（省）通志何所於稽乎？詳之則繁稱細瑣，
> 卷帙浩煩，不無濫觴之誚。爲詳爲略，何去何從，體裁須歸於
> 一……」〔註28〕

〔註27〕《民國陽春志》卷首吳英華《陽春縣志後序》，第 214 頁。
〔註28〕《康熙陽春縣志》卷首康善述《重修陽春縣志序》，第 1～2 頁。

康善述對修志事業頗重視，蒞陽春縣任官後，「政暇即與紳士討論邑乘，每欲續修而未遑」，後奉上級命令修志，於是，「會集學博紳士，廣探旁探，編摩校讎」，終於將方志修成，這就是上述所謂「康志」。

二是清雍正二年（1724）由舉人知陽春縣事的王博厚（山東黃縣人）。他在序言中說：清王朝對地方官修方志事業極重視：「特命省、郡、縣修輯志書，登之史館，以昭（顯示）一道同風。厚（王博厚自稱）東魯（山東）下士，叨承簡命，攝篆春州（任陽春代縣令），甫下車，得與博士薦紳共襄盛典。爰是（於是）搜覽群書，廣徵耆舊（徵詢遺老），採里巷（地方）之傳聞，訪潛德（名人）之實跡，以前志（即康善述所編《陽春縣志》）為規模（底本），參之省志，府乘（志），舛錯者訂正之，掛漏者輯補之，迭見者刪削之……（陽）春雖蕞爾（陽春雖只是一小小之縣）哉，亦足以垂不朽！」〔註29〕

三是清嘉慶二十五年庚辰（1820），陽春縣令陸向榮又主持了對縣志的重修。他說：「余奉檄知陽春，甫下車（蒞任），竊效（決心仿傚）紫陽氏（南宋理學家朱熹）之急務（傳說，朱熹奉朝命任南康郡守，乍蒞任，先調閱方志，以瞭解當地歷史及民風，以決定今後施政之策），詢邑（縣）志覽之，頗病其蕪陋，思重加搜輯，以簿書鞅掌（政務繁忙）未遑也。」後撥冗於理政之餘致力於方志的重修，終於「重訂為十四卷，刪（削）潤（色）大半，補輯較完（善），事增於前，文省於舊，第（只是）拘於踵事之見（即受前人編纂體例及內容之限制），亦不免從俗之議。博綜今古，以成一家（之）言，仍俟後之君子。」〔註30〕

四是民國時期的陽春縣令藍榮熙。主持縣體編纂事務的吳英華在「序」中說：「民國十四年（1925），藍侯（榮熙）奉大吏（上級）通飭重修（縣志），聘予（作者陳英華）任總纂，自維（自己認為）學殖荒落，弗敢任（應命），然亦弗敢辭。邑中諸君採訪編輯，越六載脫稿……」〔註31〕

藍榮熙本人在《陽春縣志序》中說：

> ……昔之宰是邑者以修志為先務。始之者俞令文英（愈文英縣令），繼之者張令文誥、康令善述、王令博厚、姜令山、陸令向榮。
>
> 陸志（陸向榮纂修的《陽春縣志》）與阮志（阮元主編的《廣東通志》）

〔註29〕《民國陽春縣志》卷首王博厚《王（縣）令志序》，第216頁。
〔註30〕《民國陽春縣志》卷首《陸令縣志序‧附陸志例言》，第218頁。
〔註31〕《民國陽春縣志》卷首吳英華《陽春縣志序》，第213頁。

同出劉太史彬華之手，所謂擇精語詳者也。然道光以還（來），天道有災祥，人事有興廢，政令有革新，風俗有異尚，行誼有足傳，不可以無紀。中經喪亂（指近代戰亂），文獻凋零，非及時修纂，何以信今而傳後哉？甲子（1924）冬，熙（藍榮熙縣長自稱）以邑人治邑，事奉省長修志通令，商諸劉君傳羨、柯君朝聰、余君伯祥，皆大贊成。爰（於是）於乙丑（1925）夏開始設局編輯採訪，分別任事……寒暑六更（六年）始脫初稿。〔註32〕

（八）《陽江縣志》

陽江縣志大約在明代已有修纂。康熙年間，范士瑾任知陽江縣事，「承憲檄（上級指令）行取各縣志書以備查核，是以暫將舊志（大約修纂於明代）印刷上呈。而憲臺以陽江近事失紀，未爲全書。瑾（范士瑾自稱）隨（即）躬率學（諭）、博（士）並集邑中紳士耆老矢愼矢公（既謹慎又公正），親爲翻閱前志，見其義例叢雜，條目不倫，因細加研分，次第其篇：先爲列國者一，俾（使）縣境城郭咸歸尺幅之中；繼則爲考（證）者六，始「建置」，次「星野」，而「疆域」，而「山川」，而「古蹟」次之；而「賦役」又次之；爲「紀」者四：始「學校」，而「祠祀」次之，而「兵防」，而「縣事」又次之。爲「表」者二：曰「秩官」，曰「選舉」；在「名宦」，在「人物」則各爲傳者一，而以「物產」、「藝文」二志終焉。稽其事則增於前，按其文則簡於舊，仍屬（囑託）前志經手者重加校訂，互相商權，務令義正詞嚴，足以表世範俗，昭示來茲（將來），凡所見異辭，所聞異詞，與傳聞異辭者皆不敢以影響留疑，至折衷舉筆則一（概）斷乎舊章，或更文（改變文字）見義必近乎眾例。彌月就緒，爰（於是）繕錄成編，進呈憲覽（供上級審閱）……」〔註33〕

民國五年（1916），《陽江縣志》又進行了一次重修。知陽江縣事張以誠在《重修陽江縣志序》中說：「……余蒞任陽江之明年，粵垣（廣東省）續修《廣東通志》，仿阮文達（阮元）公成例，各縣皆遴聘耆儒採訪。余物色於是邦（陽江縣），得三人焉：曰何君銓澀，曰梁君觀喜，曰林君鍾英。既而邦人士以邑志爲言，謂採訪之餘繼之編纂，將事便而功倍。余深韙（極贊成）其說，因並舉修志屬（囑託）之……」張知縣期望參與修志者「共勉其難，揚榷古今，辨析同異，庶幾（如此才能做到）文獻未墜，而見聞傳聞之所及不

〔註32〕《民國陽春縣志》卷首《陽春縣志序》，第 211 頁。
〔註33〕《康熙陽江縣志》卷首，第 1～2 頁。

至涗汩（污濁，埋沒）無稽乎。於是，起例發凡，從事綴輯……」〔註34〕

　　張以誠在《陽江縣志》還未修成付梓就因工作需要調離。繼任的新知縣
梁觀喜繼承了張以誠未竟之事業，將修成志書視為自己義不容辭之責，終將
方志修成。梁觀喜在序中說：

　　　　……重修陽江志告成，為卷三十九，為門十，子目三十六。經
　　始丙辰（1916），迄乙丑（1925）付刊，計全書沿（襲）舊志者十之
　　三，補訂舊志者十之二，新增者十之五，而紀載則斷自宣統辛亥
　　（1911）止，從現修《廣東通志》例也。〔註35〕

二、明清時期粵西地區方志纂修的促動因素

（一）朝廷或上級對地方編修方志的督促

　　清以前，方志的編修大率半個世紀進行一次；清以後則大約二、三十年
甚至十數年後即編修一次。其中一個重要原因是朝廷對地方官組織編修方志
的重視，以此作為《一統志》編修之基礎。以《吳川縣志》的編修為例。康
熙丁卯（1687）歲，知吳川縣事李球隨組織縣儒學教諭、訓導、貢生、生員
等一班文化人士重新編修了《吳川縣志》。李球隨縣令在序中說：

　　　　邑乘（縣志）將以垂遠也。然有所作於前，不可無所繼於後。
　　苟年遠而不修，則事跡失編，豈惟（不僅）無以昭文獻之征，而亦
　　何以備朝廷典籍之儲乎！吳陽（川）舊有志，弗傳；傳於前莅（任）
　　吳（川）之泰和（人）周侯（應鼇）。後六七十年，蜀閬（州）黃君
　　（若香）令茲土而重修之。是二公（周應鼇、黃若香）者，一以創
　　始為功，一以增修為任，固彰彰（功勳顯赫）哉！自今溯黃君所修
　　（志）日（時間）尚未及黃（若香）與周（應鼇）相距年數之半，
　　而其間時日遞更，亦幾（乎）二十載，詎（豈）無逸事？矧（況且）
　　聖天子撫有萬方，用昭一統，彙群志以備採擇，而可不復為增綴耶？
　　余奉命尹茲邦（任吳川縣令），覽邑志，即以十九載之闕略為憾，作
　　竊比黃君（若香）之想，而時以簿書未遑（政務繁忙），付諸邑（縣）
　　之賢紳士共成之。〔註36〕

〔註34〕《民國陽春縣志》卷首《陽春縣志序》，第133頁。
〔註35〕《民國陽春縣志》卷首，梁觀喜《序》，第134頁。
〔註36〕《光緒吳川縣志》卷9《紀述・藝文》，第352頁。

明萬曆二十五年（1597）周應鼇主持纂修《吳川縣志》，至清初康熙八年（1669）知縣黃若香主持重修，時隔72年；而此次知縣李球隨主持的縣志重修，距前次黃若香主持的修纂，不及20年！這其中緣故，即朝廷對地方志編修的高度重視，所謂「聖天子撫有萬方，用昭一統，彙群志（各地方志）以備採擇，而可不復爲增綴耶！」

國家《一統志》的修輯要從各省志中取材；而各省志的編修則又必須從屬下各府、州、縣志中取材。因此，當省志編修之時，常常督令所屬各府、州、縣修志上呈。這也是明清兩代方志修纂的一個重要促動因素。如道光五年（1825）成書的《重修電白縣志》（20卷），編纂者之一的當時電白縣令葉廷芳在序言中說：

> 電白在五嶺西南，群峰拔地，巨浸（大海）浮天，亦山海之奧區（要地）也。百餘年來沐浴聖化，俗之樸者日就文（文化日益發展），地之荒者日以闢（荒野日漸開闢），士習詩書，民安耕鑿，有蒸蒸日上之勢。但縣志久廢不修，考獻徵文，諸多缺略。戊寅（1818）歲，宮保阮制憲（阮元）纂《廣東通志》，業已刊行，而邑（縣）志未有成書。今高郡伯（高州郡守）嘉善（人）黃霽青太守重修府志，檄章署令（電白縣代縣令章鴻）並纂邑乘（縣志），於舊（去年）冬開局，聘邑紳士、前任韶郡（今廣東韶關市）訓導邵詠、景山教習、舉人崔翼周共司（負責）修纂，而章令（鴻）旋即調任。余於乙酉（1825）二月自曲江移權（代任）斯邑，經理庶政（政務）之餘，尤以此事（修志）爲切務，月巡日考，時加催督，罔敢稍懈……爰（於是）令細加搜討，自爲訂定，（記）載仍從嚴，務期不誣不漏。今余亦將受代以去，亟付剞劂（刻印），以仰副憲府（上級）修明典籍之至意，於斯邦（地方）不無小補云。〔註37〕

清嘉慶年間，張大凱、周國泰重修《石城縣志》，其動因就是「上應列憲之勤求」。張大凱在序言中說：

> 今皇上（嘉慶帝）御極之二十有四年（1819），粵東大府纂修省志，炳炳烺烺（宏圖偉業），蔚成巨典。余於閏月之吉（陰曆初一）承乏石邑（來石城縣任職），日奉採擇文行（文獻及人物言行），深自虞（憂慮）見聞淺陋，不足以存十一於千百也，退而徵諸舊乘，

〔註37〕《光緒重修電白縣志》卷28《紀述四·藝文》，第289頁。

　　蓋自康熙五十一年（1712）來，缺無成書矣。最後乃得喻君寶忠稿本，修於乾隆四十一年（1776），從而考獻徵文，裨殘補闕，上應列憲之勤求，下備一方之事實……〔註38〕

道光年間（1821～1850）編修的《高州府志》也是在省志編修的促動之下完成的。巡道葉申萬在序言中說：

　　今天子（光緒帝）御極之元年（1821），余以分巡來粵，適制府芸臺阮公（阮元）有《廣東通志》之刻（印），命余總理其事。次年下車蒞（任）高涼（州），政理之暇，詢其圖籍（方志）鐫刻，已（相隔）五六十年，（且）漫漶不可辨，其近者（事）多缺而待補。偶（有時）與黃霽青（名安濤，時任高州知府）太守議論厥事。既而霽青太守量移（調任）潮州，又二年而（方志）刻成。其部分體例一準（完全仿照）《廣東通志》而甄錄加詳焉……〔註39〕

（二）地方行政長官對方志纂修的高度重視

　　地方志的修纂，對於地方行政長官瞭解風土民情及當地歷史文化有重要意義，所謂「志，史事也，古人建邦設都則必考其疆域遠近，山川險阻、戶口田賦以及風俗民情、典章人物，無不搜訪精確，記載詳明，俾官斯土者舉一邦之形勢，豁然瞭如指掌，而即以為政教之資，其有裨於治道豈淺鮮哉！」〔註40〕

　　清康熙己酉（1669），高州知府蔣應泰為十卷本的《高州府志》作序時，開篇亦云：「郡之有志，猶國之有乘（史）也。稽（查考）古先王設職方以隸（治理）天下，其大在建置、節義所自出。志烏（豈）可一日少闕哉！」〔註41〕傳說南宋時期，著名理學家朱熹到南康郡任官，初來乍到，首先讓人調閱當地方志，藉以瞭解風土人情物態，以決定今後施政的方向及制定具體措施。從現存粵西地區方志中的「序言」來看，自明至清，蒞粵西任官者，對方志的纂修都高度重視。

　　如《電白縣志》的編纂，據《知縣譚堯道序》云：

　　明嘉靖丙午（1546）春三月，大儒宗陳宅平公視學高涼（州），停車電邑（電白縣），詰（問）諸生，知邑（縣）志缺狀，喟然歎曰．

〔註38〕《光緒石城縣志》卷8《藝文志·史部》，第562頁。
〔註39〕《光緒高州府志》卷52《紀述五·藝文》，第773頁。
〔註40〕《光緒高州府志·重修高州府志序》，第5頁。
〔註41〕《光緒高州府志》卷5《紀述五·藝文》，第770～771頁。

「吾夫子（孔子）說（悅）夏、殷之禮，病（批評）杞、宋文獻之
不足徵，蓋餒（憂慮、不安）之也。古者（時候）列國各有史，掌
記時事。電邑廣袤百里，亦古諸侯之國也，可弗志乎（能沒有志書
嗎）！弗志則無徵（憑據，追究），能無貽後世君子之傷（遺憾）乎？」
因進（傳召）（譚）堯道而語曰：「昔諸葛孔明（諸葛亮）治蜀，當
時經理王業之急，不遑（顧及不了）蜀志。爾尹電陽於茲（你在此
任電白縣令）三載，其時可以下及於治矣。」堯道（我）稽首拜退
而商諸學諭矗君旦、司訓李君喬、王君福，以邑（縣）志託焉。三
君子辭曰：「志，史類也。甚矣，史之難（作）也！司馬子長（司馬
遷），古之良史也，南浮（長）江淮（河），東濟齊魯，西入巴蜀，
北過大梁（今河南開封市）之墟，足跡遍天下，歸來成《史記》一
部。旦（我矗旦）等管窺蠡測（孤陋寡聞），無大觀遠覽之識（遠見
卓識），其曷克祗承（實不敢奉命）！」堯道筮日月典幣（選擇吉日，
備好錢幣）而強請之。三君子乃作（振作）而言曰：「自麟經絕筆（孔
子作《春秋》），天下無公言也久矣。余三子固不敢學步邯鄲，如吳
越、楚漢之《春秋》，然據事直言，如班孟堅（班固）之所謂『不虛
美（不）隱惡』者，敢不罷勉從事（盡力而為）！」由是偕門下生
陳子士晟輩聚首纂輯，考之輿圖，搜之郡乘（府志），詢之耆儒宿老，
或述舊聞，或錄所見，撥要分類，越數月而志告成。一披覽間而電
邑（電白縣）古今之跡了然在目。余惟（我想）：電（白），合浦（郡）
舊屬邑（縣）也，僻處南粵之陬（角落），禹貢（地理書）不載，職
方（志書）不列，其風土習氣、文物衣冠大抵與中州（中原）稍異，
而欲其齒（等量而觀）上國之邦典（正史），歷歷如指諸掌，亦艱（難）
矣！今此志凡為卷七，為目錄四十有五，上而天文，下而地理，中
而人物、變態（化），舉（全）可以觀焉……〔註42〕

督學官員陳宅平到電白縣來視察地方教育，向諸生問及方志纂修狀況，才知
道方志成了被人遺忘的角落（所謂「缺狀」），甚感遺憾；於是將地方父母官、
電白縣令譚堯道傳來，囑託要將方志纂修提到議事日程。譚縣令於是不敢怠
慢，將知書識禮的文化人物、縣學教官傳召來，將修志事業託付他們。教官
們起初有顧慮，認為志乃史也，作史不是一般人所能承擔的，像司馬遷那樣

〔註42〕《光緒重修電白縣志》卷28《紀述四・藝文》，第289頁。

不僅學識淵博，而且足跡遍及各地，見多識廣者才堪應命。在譚縣令的強求之下，聶旦、李喬、王福三君子只得承擔修志重任，經過一番實地調研的艱苦工作，「越數月而志告成」。可見，沒有官員的重視，就沒有《電白縣志》的產生。

《茂名縣志》的纂修，同樣如此。過去，因為茂名縣為高州附郭縣（府治所在之縣），《高州府志》已將大部分茂名縣地方歷史、風俗、文化記載於其中，因此，許多人認為沒必要另編《茂名縣志》，只編纂了化州、電白、吳川、石城等幾縣之志。有遠見卓識的官員則對此不予認同。如清康熙年間任茂名知縣的錢以塏就說：「若以茂名附郭，郡（高州）有志，縣不必（有）志，是（那麼）有《粤東志》而《廣州志》可廢也；有《一統志》而《直隸志》（按，直隸為首都所在地）可廢也。此又不然（這顯然沒有道理）。」亦有人認為，茂名乃「其地磽瘠，其俗險嗇（陋俗頗多）」，無名山大川，無「至聖大賢」，因而無內容可記；既如此，「與為（其）揚之，無寧（不如）隱之」，所謂「大約壤地褊小，無名山巨川足以並稱於嶽瀆；無至聖大賢足以媲美於鄒魯，其地磽瘠，其俗儉嗇，其財賦不足以當三吳（江蘇省三城市，說法不一，或曰吳、吳興、會稽三郡；或曰吳、吳興、丹陽三郡；或曰吳、吳興、義興三郡；又有以蘇、常、湖三州為「三吳」者）之一鄉，與為（其）揚之，無寧（不如）隱之。」既然沒有多少可以向人炫耀的東西，不如閉口不談。這些都是對於編纂方志的錯誤認識。錢以塏縣令指出：「夫郡邑（縣）之所以（要作）志，即古采風問俗、陳詩納賈之遺意，非欲鋪張其事，誇大其詞以炫美也。據其實而備列之，或宜因循，或宜變革，務使燦然可曉」，這才是對待方志應取的正確態度。何況，茂名縣亦並非真的無可書寫的內容，一宗族不滿數百人尚且有《族譜》以記其歷史，而一縣之地大物博人眾，反而無可書寫者？錢以塏指出：「今之聚族而居者，姓不滿數百人，亦各統其先世所由來以成其譜牒，不必皆金枝玉葉（原指王孫公子，此指奇人奇事）也，不必皆巨室大家也；況茂邑（茂名縣）明成祖時捷於南宮（科舉及第）者同榜七人，文章科甲之盛埒（等同）於名區，雖嗣後稍衰，猶是嶺西冠冕（名列前茅），迄（至今）無專志，缺典也！」基於這樣的正確認識，錢以塏縣令在日理萬機之餘，撥冗參與《茂名縣志》的編修，終於在康熙初年修成《茂名縣志》。〔註43〕

〔註43〕《光緒茂名縣志》卷8《紀述·藝文》，第308頁。

　　《吳川縣志》的一再重修，同樣與地方基層官員的重視密不可分。清雍正年間知吳川縣事的章國錄在《吳川縣志・跋》中說：

　　　　……考吳（川縣）所由（來），昉（起始於）漢平南越，只隸象郡，唐宋以來屢有更置。明（朝）始奠城居（修築城牆）。故前志率多荒略。有明中葉（明朝中期），吾鄉周君章南（應鰲）自勳曹（吏部）左遷下邑，百爲（多方）整頓，而志乃特傳（因而得以流傳）。繼此而有閩中黃君（若香）之增修，洺州李君（球隋）之纂輯，猶賴嗣響焉。無何（不久），版策皆已蔑如（敗壞），所僅存者亦（只）散見於一二章縫敗麗（竹編書箱）中，壞爛而弗全者也，今皇上（雍正帝）御極之七年（1729），石門吳君輔舟修舉廢墜，甫同邑賢（縣中賢良之士）搜討，未竟厥緒，會調去（遇上吳輔舟縣令調任他方）。復得嘉興盛君晴谷（熙祚）以賢良膺特簡（奉命來任吳川縣令），兼擅淹雅才（文雅而有才能），毅然取吳君（輔舟）之草創而釐訂之，退食之餘，一手裁定。於其舊本之殘訛蕪雜，覺有未安者，更極苔碑蠹簡之旁搜（遍尋碑刻、簡牘），加折衷於省部通志（《廣東通志》）之鑿據，補其殘，辨其訛，芟其蕪雜，蓋亦幾（堪）與章南（周應鰲）（所修方志）比烈矣！既脫稿，以優（政績優異）調龍川，適（恰遇）不佞（本文作者章國錄）自廣寧量移（轉官）茲土，踉蹡而來，亟出此稿商榷，因即囑予序其端（於志書前作序），且曰：「此稿仍攜赴會城（省城），將付剞厥（刻印）矣。」顧此志吳志也（此志即吳輔舟所纂修之縣志）。盛君（熙祚）既去吳（川），猶以剞厥（刻印）自任者。此中又有率（遵循）祖攸行之意焉。盛君之祖，觀察公諱（盛）萬年者，嚮（過去）嘗（曾）分節（巡）於嶺西，其有功德於吳川最（顯著）者，乃省、郡皆有紀（志），而吳（川縣）志獨缺，千載不朽之績必待表於慈孫（此指盛熙祚），而吳（川縣）志亦賴觀察公（盛萬年）之靈以成此美舉，並俾（使）後之人亦得坐享其成，勞而遞傳不替也……〔註44〕

由上述資料可見，歷任吳川縣令中，自明代周應鰲始，至清代黃若香、李球隋、吳用楫（輔舟）、盛熙祚，以至章國錄，都對吳川縣志的修纂付出了極大的熱情和努力。

〔註44〕《光緒吳川縣志》卷9《紀述・藝文》，第353頁。

　　明清時期，地方官之所以如此重視方志的修纂，不僅僅是因爲朝廷要編修國家「一統志」，需要從各地方志中取材，更是因爲開明的地方官認識到，方志其實是初來乍到的地方官藉以瞭解本地歷史文化、人物風情的重要途徑。例如，清代蔣廷桂在編修八卷本的《石城縣志・序》中就說：

　　　……徵文考獻特（尤其是）士大夫（官員）之事。若夫（例如）覽《輿地》則（地方）阨塞宜明；稽（查考）《建置》則城隍宜餙（明白城池修築之意義）；考《經政》則鼇補宜密而和集宜勤；讀《宦績》之傳則宜念信惠之何以煦孚；披（覽）《選舉》之表，則宜思賢能之何以造就；觀《人物》之樸摯則宜舉善行以興（民）俗；閱《藝文》之盛衰則宜倡經術之造士……參之紀述所錄，災變豐凶諸大端，前事之不忘，皆後事之良師也！〔註45〕

　　清朝嘉慶年間（1796～1820）任陽春縣令的陸向榮，在爲《陽春縣志》作序時，亦於開篇即指出「邑（縣）志之修誠圖治所亟（急務）」：

　　　志者何（什麼是方志）？道政事之書也。親民之吏不週知乎人民及地域廣輪之數與夫（以及）山川之險易，土地之豐嗇（肥瘠），風俗之淳澆，德行道藝之所宜書，政教之所宜事，雖欲圖治，周識體要矣！〔註46〕

　　郡守或縣令常常在理政之餘肩負方志纂修之重任，這僅是地方政官對於方志撰修重視的表現之一；另一表現則是，官員常就方志修撰中存在的各種問題與纂修者展開討論，以求使所修訂的方志更趨完善可靠。如《石城縣志》（六卷本）爲清石城知縣張大凱於乾隆丙申（1776）纂修。方志修成後，呈高州知府戴錫倫審閱。戴錫倫審閱後，致書張大凱，就《石城縣志・職官志》中存在的若干問題提出質疑。書謂：

　　　《周禮・春官》：小史掌邦國之志。志，記也，積記其事也。志法本（於）史，史家（之）記首（記）大事。漢司馬遷有《大事記》。一邑令長實主神人事（祭禮、行政），匪（非）細（小事）矣。唐杜佑《通典・職官志》特列一門，其應正署（正式任命和暫時代理）備書，昭職守也，重曠官（重視官職空缺）也。此志家所宜積記而無所用其去取者也。前閱《茂名新志》「職官」門，皆有實除（正

〔註45〕《民國石城縣志》卷8《藝文志・史部》，第563頁。
〔註46〕《民國陽春縣志》卷首《陸令縣志序》，第218頁。

式任職）而無署任（不記代理官員事跡）。余求其義不得（不明何故）；今《石城新志》亦然，感□甚焉。竊不能已於言（我不能再沉默不言了）。乾隆六十年（1795）以前，余不知之矣。後此（此後）若汪君洤、鮑君春藻現權（代理）潮（州）守之；李司馬知化州、鄭牧域輪脣石城，（皆）署任（代理）也，而舉（一概）不書。及閱《石城縣志》「學校」門，至「書院」、「田租」則余所知之；李（洤）、鮑（春藻）、鄭（牧域）並（都是）乾隆六年（1741）之署縣（代縣令），李某三十八年（1773）之知縣，趙謙德咸敘列事跡，而職官不具姓名，主客易位，本末倒置，此其未喻（令人費解）一也。夫官之有署（代任）久矣，曰「權」、曰「攝」、曰「同」、曰「行」、曰「檢校」，官官（任官）之名或殊，其所以官官無異也（任官之名雖有區別，而官員之工作則無異）。昭代功令、署事人員、姓名、履歷、任卸日期，均須咨部（咨詢吏部）以專責成。蓋（總之）有地方則有政事，有政事則有職官，無日無政，即無日無職官。催科撫字（催督賦稅，安撫黎民），考課從同（考覈生員，順從民意），保障繭絲，司存猶是。朝廷制無曠（缺）官，志（記）「職官」者顧從而（反而）曠之，此其未喻（令人費解）二也。記載有據實直書，勸懲之義不與（作者不作褒貶評論），而賢否因之以見者，如《史記》立「功臣」、「王子」、「侯」等表，「職官」有志，何以異是乎？姓字歸「職官」之門而建豎屬「名宦」之傳，體例各別，黑白自分，不待黜陟之私默假筆削之柄，況大府（此指廣東省）方纂修《廣東通志》，採輯開報，自邑（縣）而省業（已）極詳備矣，而縣志反欲簡略，同時、同事（同樣的時間、同樣的事情），上下（省志、縣志）兩歧，此未喻三也。……然前人裁制少疏者，又未嘗不許後人補而正之也。都無失實之虞，不在闕疑之列。願閣下轉致與纂諸君，一再酌之可也。

〔註47〕

此信表明了高州知府戴錫倫對方志撰修的重視，期望今後重修方志時能克服現存的缺陷，使方志記人記事更趨全面及更合情合理，更具可信性。

清光緒年間，知吳川縣事的毛昌善於《重修吳川縣志序》中，在指出了重修的《吳川縣志》所具有的若干優點後，亦指出了其存在的不足之處，謂：

〔註47〕《光緒高州府志》卷52《紀述五・藝文》，第776頁。

……雖然（儘管如此），昌善竊有請（提出幾點建議）也夫：
海防之緩急，陂堤之損益，學校之張弛（興廢），風俗之得失，政令
之宜否，利弊之鉅細，尤係宰斯邑（者）所藉以求其治者。願即是
編中剖析源流，疏論利害，使後任者知所從事焉，則政之成成（政
治之成就）、俗之美美（風俗之淳良）以是也，又豈僅以精詳博贍爭
勝於武功、朝邑（按：《武功志》及《朝邑志》是兩部被公認爲修纂
較好的方志）之簡略爾哉！」〔註48〕

（三）地方士紳對方志撰修的積極參與

地方志的編纂，歷來是封建王朝統治者教化一方民眾的文本化手段，是
「道德讀本」。其中所記錄的「名宦」、「鄉賢」，實際上正是給廣大臣民樹立
的學習榜樣，而其中收錄的士大夫所撰寫的文章，既是歷史的記錄，同時亦
是封建倫理道德的教化。士紳作爲傳統社會一個特殊的階層，在地方社會事
務中發揮著重要作用，特別反映在地方志的編修撰寫方面，鄉紳士大夫都懷
著修志有裨於地方教化的信念，積極參與其中。

《吳川縣志》的修纂就不僅寄託了從中央到地方官員的一片熱心，亦反
映了地方「諸君子」的積極參與其中。這是方志得以修成的重要條件之一。
光緒十七年（1891）任吳川縣代縣令的啓壽在《重修吳川縣志序》中說：

先達中歸然靈光爲朝野所推者莫如陳荔秋侍郎。侍郎一日語啓
壽曰：「邑（縣）志之成有年矣，屬（撰寫、綴輯）稿已就，徒以費
絀（經費不足）不就刻（未能及時刻印）。故令尹（前縣令）甘泉（人）
毛君（昌善）常有志於此，不久謝事去（任滿轉官），暨（而）聞（其）
貧悴困鬱以歿，故其書迄未成。」啓壽聞之，奮然而興曰：「此有司
（地方官）之責也！」不敏（啓壽謙稱）不敢辭，乃就（毛氏）原
稿付之刻人（從事刻印圖書之匠人），縻俸金如（若）干，六閱月畢
事。善乎！章氏（學誠）《文史通義》之言曰：「一邑（縣）之有志，
猶一國之有史也。其事至重而不可忽視。」竊（我）嘗有慨於今之
爲令長者瘁心於催科撫字（催督賦稅，安撫百姓），周旋於簿書期會
（忙於行政事務），束縛於文法殿最之間（爲應付任期屆滿時之考覈
而忙碌），兢兢然救過（糾正過失錯誤）而有所未遑（顧此失彼），
其率（大都）視此（指方志纂修）爲不急之務，又何能理董（負責）

而究心於此也？即（使）一二賢者爲治之暇慨然及之（指顧及方志
編纂刻印），率未及期而代者已至（按，古代地方官一般是三年任滿
即調任他方，如是代任職務，則時間更短），其迫於歲月而困於材力
者蓋比比然矣。啓壽奉職無狀，乃得觀是書之成，期此區區不敢廢
墜之心，可與此邦士民以共見，何其幸也！然非侍郎（陳荔秋）殷
然之勸命（殷切期望）及諸君子在先之勤於編纂，則（吾）在邑（縣）
僅一年，又何能藉手以報其成也！是則侍郎及諸君子之力，啓壽何
功之有！至其書之體例詳略，精贍得當，則讀是志者自知之，啓壽
復何言哉！復何言哉！〔註49〕

一縣之官在任時間不長，且日理萬機，自然不可能過多參與方志修纂的具體
事務；方志之修事實上還得倚賴「請君子（鄉紳士大夫）之力」，以及已退居
林泉的陳麗秋侍郎共成其事。啓壽所謂「（吾）在邑（縣）僅一年，又何能藉
手以報其成也！」似乎謙虛，卻是實話。

　　光緒二十二年（1896）權知吳川縣事的賈培業所寫的「跋」更是具體地
反映了鄉紳士大夫在方志修纂、刻印中的重要作用。其文謂：

……（吾）甫下車（剛到縣任職），首以縣志是詢。凡山川要
隘，政賦制度，吏治民風、人才物產，前賢紀載必詳（審察）。適（恰
逢）李小岩孝廉出是書（《吳川縣志》）觀之，且曰：「曩者（過去）
志稿未經刪定遽付梓人（刻字工匠），疵謬迭見，因請（予）釐訂，
愧予不學，何足以知之？察是書經修輯，越六十年矣，迨丁亥歲
（1887），邑宰（縣令）甘泉毛君（昌善）奉太守楊憲筍（書信或文
件）重修。時陳麗秋侍郎退居林下，總纂其成，而李孝廉小岩、吳
明經存甫與邑（縣）中績學名儒同襄厥事，期月告成，甚盛事也。
毛君以瓜期（任期屆滿）代去，越辛卯（1891）歲，襄平祐之啓君
（壽）攝篆（代理吳川縣政），慨然捐廉攜稿赴省鋟梓（雕版），但
參校之人，不少魯魚亥豕（文字錯誤），將疑以傳疑，舛午（差錯）
尤甚，應詳加更正，以期盡善焉。余蒞任時際（恰遇）風災之餘，
民用財竭，平糶賑撫之不暇，又值會匪猖厥，地方不靖，與邑（縣）
紳吳文泉、李萼軒、林伯厚諸君籌畫弭盜之未能，安及文事（哪裏
顧得上修志等文化之事）。越數月，地方安謐，公舉邑（縣）紳名儒

鄭君雪臣、吳君吉五就局較訂，以成信志（高質量之志書）……」
〔註50〕

　　石成縣志的編修亦如此。縣令梁之棟只是「領頭人」，具體編纂事務全由
「邑中紳士」擔任。梁之棟在《石成縣志》序言中說：「余以不敏，承乏石邑
（來任石城縣令），心勞政拙，日切飲冰，才薄學淺，愧無片善，當簿書追輸，
迄無寧晷（政務繁忙，抽身乏術），而精神亦已敝敝焉，又安能旁及著述，爲
一邑謀不朽哉！」當朝廷要求各地修志上呈，梁之棟「因（於是）集邑（縣）
中紳士而議之，以爲石邑（石城縣）舊固有志，第（只是）缺者莫補，斷者
莫續，因循相待，夫是以愈久而愈失矣。若不慎重其舉，以之考證詳確，斯
志亦猶然未備也。即欲砥世勵志，標淑慝（美好與邪惡）於既往，昭勸懲於
將來，庸有當乎？是用（因此）偕廣文何（嶠）先生，復延孝廉黎先生暨諸
士合相參酌，重輯續補。或遠搜典籍，或近探宿耆，或仍舊而刪正其冗差，
或取新而增益其未備，彙集成書，三閱月而告竣焉。余惡（慚愧）焉而知愧，
愧其無功也；余軵然（笑）而誌喜，喜其集竣（志書編纂完成）也。然其所
以得竣者，諸紳士之勞，是即諸紳士共襄之力也……」〔註51〕

　　可見，官員通常只是發起者，組織者，而具體調研、搜集資料、撰寫以
至校訂，都由一群名不見經傳的鄉紳士大夫在具體付諸行動。沒有他們的辛
勤操勞，便不會有志書的面世。

　　不少在學的士人亦將修志視爲自己義不容辭的職責。如姜自駒，清代陽
江士人，「刻苦誦讀，未弱冠即受知於謝刺史玉漢，州試拔置案首，遂遊泮（入
縣學就讀）。乙亥，舉於鄉，庚辰成進士，充翰林院庶吉士……自駒以邑志未
修，上書州牧（郡守）林翊，（請求）開設志局，旋以費絀中止。」〔註52〕

　　有時候，縣志之修纂因爲主持官員的去職而遇到困難，甚至幾乎被迫中
綴；是某些士人的積極襄助，使縣志修纂事業得以持續的。如仇俊，父原爲
陽江所百戶，因平亂有功，加正千戶。仇俊「嘗病邑志舛錯，會常熟（人）
金鶚以府推（官）署縣事，屬（囑託）邑紳劉竑重修。甫（僅）五月而（金）
鶚去（職），事幾中綴。（仇）俊乃備庖廚，具筆劄，力助其成。」〔註53〕

〔註50〕　《光緒吳川縣志·重修吳川縣志跋》，第3～4頁。
〔註51〕　《民國石城縣志》卷8《藝文志·史部》，第560頁。
〔註52〕　《民國陽江縣志》卷30《人物志一·列傳》，第502頁。
〔註53〕　《民國陽春縣志》卷25《職官志五·宦績》，第441頁。

三、明清時期粵西方志纂修之特點、啓示及其意義

1、寧詳忽略

地方志雖記錄的是一方（一府或一州或一縣）的情況，但涉及的面卻極廣泛，風土人情物產、政治經濟文教，幾乎無所不包，都應該囊括於方志之中。故明清時期粵西方志的撰修者多主張志書編纂宜詳勿略。《康熙陽春縣志》纂修者康善述在《重修陽春縣志序》中說：

> ……學校、選舉、秩官，易代同然矣，何以訛謬相沿，姓名湮沒，無從稽考也；分野則縣與郡同，可按籍考也；輿圖、疆域則道里之遠近可稽也；問萑苻（盜賊）可虞，兵防之備禦無患乎？問旱潦不常、水利之灌溉幾何也？至於天道變於上，人事應於下，不可不書也；禮儀祀典之不厭其備也，物產之必求其明且悉也；名宦人物之不厭覈其眞也；得其眞可以照耀史冊，雖多而不厭其詳也。不然者，魚目混珠，和璧疑石，積行之士必不藉此爲榮矣。凡此所宜詳，不宜略者也。宜詳而不詳則爲鄙……〔註54〕

序文還說：「與爲略而寡文，毋寧詳而可考」。邵祥齡在《光緒重修電白縣志》「跋」中亦云：「志爲史（之）翼，與國史相表裏。史以記注，志以開來，修史弗嚴無以存鑒戒，修志弗詳無以備探擇。」〔註55〕

但是，在求「詳」的同時，粵西方志的編纂者又主張要嚴於把關，把諸無關一方歷史風俗之內容擯斥於記述之外：「匪（非）足以稽故實、考善（成）敗者不錄；匪（非）題詠此地之勝蹟不錄，非尊古而卑今也，蓋志爲邑乘（縣史），豈徒自標風雅而已。」〔註56〕

綜觀明清兩代所修粵西地區幾部方志，共有的一個特點是項目較齊全，內容較詳實。一部方志，氣候、物產、人物、政治、經濟、文教、風俗等等悉數包羅。在修志過程中，粵西方志的編纂者就很注重內容詳實，項目齊全。例如，明代嘉靖年間所修的《電白縣志》，知縣譚堯道在序中就說：

> ……是故於《沿革》可以觀世變；於《分野》可以觀度數；於《氣候》、《形勢》可以觀風景；於《山川》、《城池》、《里圖》、《鄉落》、《墟市》可以觀方域；於《風俗》、《水利》、《物產》、《戶口》、

〔註54〕《康熙陽春縣志》，第2頁。
〔註55〕《光緒重修電白縣志》卷首，第1頁。
〔註56〕《康熙陽春縣志》卷16《藝文紀序》，第161頁。

《貢賦》、《力役》可以觀物宜；於《公署》、《學校》、《廟壇》、《樓觀》、《倉庫》、《鋪舍》可以觀建置；於《武胄》、《兵制》、《營寨》可以觀輿衛；於《文職》、《科貢》、《鄉賢》、《名宦》、《恩封》、《義節》、《隱逸》可以觀人才；於《詞翰》、於《神異》、於《仙釋》、《土夷》、《盜賊》可以觀文章、觀徵應（徵兆以及天人感應）、觀異類……是志也，共觀覽之備固如是乎！〔註57〕

當時，督學副使陳塏審閱了這部方志，在「序」中讚賞道：「今觀斯志也，為目四十有五，有以備斯邑（縣）之故（歷史）焉。大之天文、地理，小之草木、蟲魚，皆原本而極命，而不欲馳騖於污漫之外，蓋求為核（實在）者也。」〔註58〕光緒年間任陽春縣令的喀勒崇伊在《陽春縣志》序中亦說：「志也者，典章所記載賴以不墜者也，不貴其冗而貴其詳。後人讀志而未詳者，轉須稽諸檔冊，不能傳遠，終歸蠹蝕，則亦何貴而有此志乎！」〔註59〕

《民國陽江縣志·後序》亦云：「吾邑（縣）志書權輿（開始）於劉光祿（竑），繼此屢修，迄今唯存莊、李二志。李志凡十餘萬言，比莊志增四（分）之一；今志（《民國陽江縣志》）凡數十萬言，則比李（志）不啻倍之。每見近人修書（志）輒詡（自誇）事增文省，豈知《新唐書》雖簡，不掩舊書（《舊唐書》）佳處，況方志敘述當詳，非盡以簡為貴也。」〔註60〕

2、一志之修常常歷經多手，歷時漫長

由於粤西地區行政設置歷朝變動不居，加之方志的修纂一般而言由地方行政官員主持，而地方官一般為三年遷轉，其間有不少為「署（代）任」者，在職時間更短，一年或半載；亦有因病或因官場鬥爭而未能久任者，加之刻印志書支費較大，因此，造成地方志的修纂難以一氣呵成地纂修完成，常常要經歷數任官員的「接力賽」才得以完成。如明代纂修的《陽江縣志》，據劉竑《陽江縣志序》所述：

陽江古屬南恩州，國朝（明朝）始廢州入縣，故志古今混錯，要領不分，可書者既多，遺漏而見錄者又多，冗複（冗長重複）且乏刻本，傳寫日深（一再傳抄），不勝傈謬，或隨意點易，遂至失真，

〔註57〕《光緒重修電白縣志》卷28《紀述四·藝文》，第289頁。
〔註58〕《光緒重修電白縣志》卷28《紀述四·藝文》，第288頁。
〔註59〕《民國陽春縣志》卷首《喀令縣志序》，第220頁。
〔註60〕《民國陽江縣志·後序》，第599～600頁。

誠爲缺典。正德丙子（1516），邑令姚君鳴岐始欲修之，意在速成，而古今實跡構取未備，因弗遂，以考盡更治去（任期屆滿而轉官）。乃者（及至）常熟（人）金公鶚以肇慶府推（官）署縣（任代縣令），銳意採集，謬以竑（本文作者劉竑自稱）總其事。竑病目新愈，才力兼乏，用率生徒勉強承事，芟煩就簡，剪誕存眞，收（拾）遺補略（缺），疑者缺（刪）之，不敢妄意增損，凡閱（歷）五月未脫稿而公（此指金鶚縣令）別以勞事去。時則有推掌陽江千戶所事、副千戶仇君俊素病（不滿）舊志舛錯，力集書工（抄寫人員），備庖役，具筆箚，期終其事。別購梨梓鏤以廣之。事既有業（萬事俱備），以促戎機（指有軍事要務而抽身赴任），朝聞夕發。去之二旬有奇，校錄苟完，適（正遇上）湘源（人氏）文世範來宰茲土，欣然以爲責實在己，募工卒刻之。

因此，劉竑感歎道：「今是之編之刻（此志之編纂、之刻印）承意踵事，至歷四人而始濟（完成）……事之難成而嗇於所逢固如此！」〔註61〕

從嘉慶十四年（1809）李沄（字鐵橋）來宰陽江，又對陽江縣志進行重修，直至道光二年（1822）才得成書，歷時亦達20餘年。

志書之修之所以歷時漫長，除了因爲主持修志者（地方行政長官）因職務遷轉來去匆匆外，還有一個因素是資料的缺乏。中華民國五年（1917）任陽江縣知事的昆明人張以誠在《重修陽江志序》中說：

陽江前志修於李鐵橋（沄）廉訪，泊（到）道光二年成書，距今蓋將百年（指道光二年至民國五年）矣。昔尼山（孔子）筆削多採寶書，華嶠纂修遍觀秘籍。今歲遞代壇，境變滄桑。官中之掌（故）既蕩秦灰（喻官方檔案資料在戰亂中喪失），私家之藏復亡魯壁。遺篇散佚，援據何從，則徵文難……〔註62〕

此種情況在其它粵西方志編纂刻印過程中亦屢見不鮮。如《民國陽春縣志》，「於乙丑（1925）夏開始設局編輯、探訪，分別任事……寒暑六更（經歷六年）始脫初稿。」〔註63〕清蔣廷桂所修《石城縣志》「全書共十卷，始自丁亥（1887），迄於辛卯（1891）歲，閱（歷）五稔（年）乃克成編。」

〔註61〕《康熙陽江縣志》卷4《藝文·陽江縣志序》，第115頁。
〔註62〕《民國陽江縣志·重修陽江志序》，第133頁。
〔註63〕《民國陽春縣志》卷首藍榮熙《陽春縣志序》，第211頁。

〔註 64〕《民國石城縣志》的修纂亦歷時近三年。鐘喜焯在《重修石城縣志序》中說：「……予以民國十七年（1928）夏承乏縣事（來任縣長），適奉令修志，爰（於是）集邑人士開局纂輯，延（聘請）李子宜元董其事。越年，予改任廣東省黨部秘書，而李子（宜元）亦未幾辭去。繼之者爲鄒子鶴年，迄二十年（1931）春而書成，蓋閱時（歷時）凡二年又十月矣。」〔註 65〕

3、講求實用而不圖虛文

「志固煩簡不同，要之各濟於用而不爲虛文（則）一（共同之處）也。」〔註 66〕這是明清時期不少粵西方志纂修者的共識之一。爲了令所修方志切合實際，粵西方志的纂修者多注重實地調研。如明嘉靖癸卯（1543）來任陽江縣令的吳欽華在重修《陽江縣志》時，「因劉志（沿續劉竑所編《陽江縣志》）而兼採廣咨，或詢諸父老，或訪諸士夫，或稽諸史冊，斟酌損益，務求當於人心（令讀者滿意）然後已。」〔註 67〕

此外，求詳雖爲粵西方志共有的特點之一，但「求詳」並非不加抉擇，魚目混珠。粵西方志是在「求實」的基礎上追求「詳」的：「凡所見異辭，所聞異辭與傳聞異辭者皆不敢以影響留疑，至（於）折衷舉筆則一斷乎舊章，或更文見義必近參乎眾例。」〔註 68〕

4、既有沿襲，又強調創新

明清時期粵西地區的方志大多是在參照既有方志體例、內容的基礎上，加以改造、創新編纂而成的。因此，既有沿襲，又有所創新。例如，清光緒年間修成的《光緒吳川縣志》，「體例悉本（參照）阮（元）通志（《廣東通志》）而略變通之，爲門六，曰『地輿』，曰『建置』，曰『經政』，曰『職官』，曰『人物』，曰『紀述』，而分爲子目則三十有八。事紀必徵諸書，地里必驗諸目，詳而勿略，核而勿浮，僞者辨之，訛者正之，冗者刪之，疏者補之，不濫襲舊志浮文而務得考古驗今之實，郁郁乎巨觀也。」〔註 69〕

而清代將挺桂修於光緒壬辰（1892）的《石城縣志》（8 卷），在體例上與既有方志相比，則作了較大的改變：「如舊志首列『典謨』，具錄訓典，多有

〔註 64〕《民國石城縣志》卷 8《藝文志・史部》，第 563 頁。
〔註 65〕《民國石成縣志》卷首，第 355 頁。
〔註 66〕《康熙陽江縣志》卷 4《藝文・陽江縣志序》，第 115 頁。
〔註 67〕《康熙陽江縣志》卷 4《藝文・陽江縣志序》，第 116 頁。
〔註 68〕《康熙陽江縣志》卷首范士瑾《序》，第 2 頁。
〔註 69〕《光緒吳川縣志》卷首毛昌善《重修吳川縣志序》，第 3 頁。

通志所不應載者，區區一邑（縣）奚（何必）煩牽涉，義既無取，理宜從刪；至若禮樂、祭祀、率土、通行、殊鄉、僻壤，可備觀聽，今以隸諸『建置』類『壇廟』下，亦創例之可通也；舊志於『賦役』、『刑政』諸事裁割分裂，義法憒然，今竊本通志（《廣東通志》），統以『經政』之名，用爲隱括（矯正曲木的工具，喻借鑒）；至於『職官』、『選舉』，非表不明，年經月緯，肇體遷固（此體例創始於司馬遷、班固），舊志不諳此法，今改用之；又舊志於『人物傳』區分未宜，繁猥特甚，『鄉賢』、『忠義』、『孝友』、『齒德』諸目隨臆標舉，不顧其安（是否妥當），今盡汰芟，統歸『列傳』；至於『藝文』一門，列載書目……」〔註70〕

5、注重利用地方志「振揚風紀」

即利用編修地方志書對民眾進行封建倫理道德的教育與傳揚。這從粵西方志對「廉政爲民」之官員及「烈女節婦」紀述數量之多，即可管窺一斑。如志載：鄧全愼，明萬曆四十四年（1616）由舉人任陽江縣學教諭，「縣志自嘉靖間蔡郡丞修輯後，四十餘年無續修者。（鄧）全愼毅然以爲己任，網羅放失（舊聞），越數月而新志成。時林氏子悔馬氏婚，馬女投繯（死），（鄧全）愼卻林氏金（錢），上狀於臺（向上級陳述情況），使正其罪。馬氏女得旌表。其振揚風教如此。」〔註71〕「若夫人物傳中，或微賤必登，或親賢弗錄。殷殷商榷，備見虛衷；筆削之間，何其愼也！」〔註72〕爲地方人物作傳，只要有利於「振揚風紀」，則「微賤必登」；否則，「或親賢弗錄」。

首先，纂修方志「有裨於政教」，這是許多官員、學士的共識。

明代嘉靖年間主持修纂《電白縣志》的知縣譚堯道在序中說：

> ……志別美惡，寓美刺（讚揚與批評），以昭往貽來（使人明白過去，啓示將來），匪徒（不僅僅是）備觀覽已也。蓋前無不紀，則後有所稽（查考），俾後之官斯土與生斯邑（縣）而任天下國家者（指任官於各地的電白縣人氏）稽世變而得更化之妙，觀度數而得調變之機，稽風景而得區理（居處，治理）之宜，稽方域而得範圍之道；稽物宜而得曲成之方；稽建置而得節縮之要；稽輿衛而得備禦之術；稽人材而得觀感之助；稽文章而得道藝之實；稽徵應、異

〔註70〕《民國石城縣志》卷8《藝文志·史部》，第563頁。
〔註71〕《民國陽江縣志》卷25《職官志五·宦績傳》，第440頁。
〔註72〕《民國陽江縣志》卷首梁觀喜《陽江縣志序》，第134頁。

　　　類而得修弝、變化之法……其關係世教豈淺淺哉！嗚呼，斯其善志
　　　也已，斯其可以昭往貽來也已……〔註73〕

指出了方志可以益「世教」（助教化）、「可以昭往貽來」（爲人們提供經驗教
訓的借鑒）。清乾隆五十五年（1790）吳川歲貢林式中爲《吳川縣志》所寫的
「跋」中亦云：

　　　志乘（方志）之作也由來尚矣（歷史悠久）……考吳邑（川）
　　　自明以前雖有志而弗傳，傳之自（明）萬曆（年間）盧陵周侯（周
　　　應鼇縣令）始。越六十年，修之者則國朝（清朝）蜀閬黃侯（黃若
　　　香縣令），又越六十餘年，洺州李侯（李球隨縣令）、嘉興盛侯（盛
　　　熙祚縣令）相繼纂輯。是二志者承周、黃之舊，詮次有體，掇拾無
　　　遺，義極詳明，詞歸簡要，誠足爲一邑（縣）之龜鑒，大有裨於政
　　　教者也！〔註74〕

沒有方志，或方志修纂不完善，常會使從異地他鄉來此任職的官員感到如盲
人摸象，不明底細，施政無從入手。

　　道光五年（1825），《重修電白縣志》20 卷完成，參與撰修者之一的王時
任在序中說：「……既而思官斯土者宜知此地之疆域、形勢、習俗、風謠、故
事、新聞無不熟習於胸而因以爲治」；然而，「考邑（縣）志始自前明嘉靖（年
間），（清）順治初重加纂輯。乾隆間屢修屢廢。年來舊板模糊，亥豕魯魚不
乏訛舛，倘（假如）及今不修，必致愈久愈墜，文獻無徵，蒞斯邑者其何所
考以施於治耶？」此志修纂完成之後，「俾爲治者觀山川而思何以應其美；觀
人物而思何以繼其盛；觀土田之沃而思所以養民；觀戶口之繁而思所以教
化……其餘海防、鹽政（等）犁然（分門別類、清清楚楚）載在邑乘（縣志）
者，皆可藉是而施之於政。」〔註75〕

　　道光年間任高州知府的鄧存泳爲《高州府志》作序時亦云：「蓋古之爲治
者必按圖篇以明治要，然後因勢而利導之，則志書所裨誠非淺鮮也！」〔註76〕

　　其次，方志還能爲廣大讀者提供一方眞實的歷史記錄。

〔註73〕　《光緒重修電白縣志》卷28《紀述四·藝文》，第289頁。
〔註74〕　《光緒吳川縣志》卷9《紀述·藝文》，第353頁。
〔註75〕　《光緒重修電白縣志》卷28《紀述四·藝文》，第290頁。
〔註76〕　《光緒高州府志》卷52《紀述五·藝文》，第774頁。

時光飛逝。地方歷史文化猶如過眼雲煙，轉瞬即逝。後人通過正史很難瞭解地方的歷史文化，而方志則猶如一臺攝相機，將一方過去的事件、人物、歷史風貌如實地記錄下來，可供數十年、百年、千年以後的人們回顧地方歷史文化，探尋地方社會發展之規律，爲現實服務，即所謂「古爲今用」（筆者研究粵西地方歷史文化，依靠的就是明清以來流傳下來的方志）。清雍正年間任吳川縣令的章國錄在爲《吳川縣志》所寫的「跋」中就說：

> 邑（縣）志之作，非徒漫紀故事也。於「田野」、「山川」可以覘（瞭解）吳（川）之昔荒今闢（墾闢）焉；於「賦役」、「戶口」可以覘吳（川）之昔散（人口稀少）今聚（人口眾多）焉；於「風紀」、「習俗」可以覘吳（川）之昔澆（民風粗野）今淳（民風淳樸）焉；於「分野」、「災祥」可以覘吳（川）之昔否（多災多難）今泰（國泰民安）焉……凡此皆吏治得失所由關，即今聖諭所爲淳淳也（當今皇上一再下詔要求地方要重視纂修地方志，其原因也在此）；而於「名宦」之志尤以壯賢勞（賢人、功臣）於遐陬；（於）「人物」之志尤以奇鍾毓（秀）於僻壤，（於）「藝文」之志尤以昭（顯示）精華之發越，直與海珍競採焉……〔註77〕

一言以蔽之，方志能爲後人提供一方的歷史記錄，能使地方人氏從中獲得有益的經驗教訓，實爲不可缺少的文本之一！

史與志是相輔相成的關係。史猶水也，志猶舟也。無水則舟寸步難行，無舟則水自寂寞無聊。故有人說：「邑（縣）之有志，猶夫（如）國之有史也。國有史則朝聘、會同（盟）、禮樂、兵刑之典有所寄；邑（縣）有志則山川、人物、官政、田賦之跡有所考。邑志載一邑之事，猶之國史載天下事，皆以重不朽也；所繫豈小小者歟！」〔註78〕又有云：「縣志，史學之一也。舉一縣之自然、人文而詳序之，太史公（司馬遷）所謂述往事，思來者，可以觀風，可以資治，可以承先啓後，促進文明，其關係豈不大哉！」〔註79〕

〔註77〕《光緒吳川縣志》卷9《紀述‧藝文》，第353頁。
〔註78〕《民國石城縣志》卷8《藝文志‧史部》「梁之棟序」，第560頁。
〔註79〕《民國陽春縣志》卷首鄧飛鵬《陽春縣志序》，第212頁。

十三、明清時期粵西地區的「風水」思想及活動

摘　要

　　明清時期，風水學說在粵西地區知識階層中的影響廣泛。普通士人在刻苦攻讀，獵取功名利祿之餘而兼及「形家者言」（風水學說）的不乏其人。深受傳統文化思想影響的知識人士仍然很難完全擺脫在今天看來純屬迷信的一些思想、學說（包括風水學說在內）的影響。信奉儒家學說的官員也罷，教官也罷，生徒鄉紳也罷，他們雖表面上或許諱言風水，但事實上，風水觀念在他們的心目中其實佔有極重要的地位。有些官員對風水可以輔助教育深信不疑，將此視爲自己行政工作義不容辭的職責之一。明清時期，許多粵西士民在埋葬先人遺骸時，都講究尋覓「風水寶地」，認爲尋覓到風水寶地以葬先人，不僅先人可以安息，更重要的是能爲後人帶來福祐。明清時期風水說在粵西地區影響之廣泛，其體現之一是重要社會活動（如學校興建、修葺、考場的設置等）多有風水師的置喙；其體現之二是許多官員亦善風水術，其政治活動中常常有風水意識的滲透；其體現之三則是一些社會底層的平凡人物亦熱衷並擅長風水術。風水思想除了與民間喪葬密切相關外，還與城防建設有密切聯繫。不僅是城防建設與風水有關，不合風水規則者需要加以改造；即使是自然界的山林川澤，不合風水規則的同樣需要加以改造。許多時候，風水工程的興建，雖然耗費了民眾的資財與人力，但工程竣工之後，所建造的塔、閣、廟宇等拔起於山巔或平地，不僅爲地方增添了美麗風景，而且在人們（尤其在士人）心目中產生了積極作用，促使人們努力拼搏，奮發向上，並因此而得以科舉晉身，金榜題名，成爲國家、地方有用人才；所建築的

橋梁、城池又為人們的交通、安全帶來了實際效益，都是功不可沒的；然而，辯證法告訴我們，凡事總有利害兩方面。風水說有時候還破壞了粵西地區的城防建設，削弱了城市的防禦功能；風水說的盛行還養成了一些人的陋習；一些迷信風水之人，在親人去世之後，將靈柩停放於寺廟，等待時機尋覓到風水寶地後再下葬，但隨著時間推移，到了子孫後代，早已將先人靈柩置之腦後，不再過問，使先人遺骸不能入土為安。明清時期粵西地區風水說的盛行，還與一些「風水神話」的流傳有關。

關鍵詞：明清時期；粵西地區；「風水」思想

　　明清時期，風水學說在粵西地區知識階層中的影響廣泛。普通士人在刻苦攻讀，獵取功名利祿之餘而兼及「形家者言」（風水學說）的不乏其人。如志載：姜自駒，清代陽江縣人，「刻苦誦讀，未弱冠即受知於謝刺史玉漢，州試拔置案首，遂遊泮（入縣學讀書）。乙亥，舉於鄉，庚辰成進士，充翰林院庶吉士。邑（陽江縣）中數百年來入詞館（翰林院）者自（姜）自駒始。」姜自駒雖仕途順遂，平步青雲，由鄉間普通一民而入朝爲官，曾任刑部主事，但他「平生淡於仕進，家居不輕謁官府，惟以吟（詩）繪（畫）自娛，間研究醫術，旁及形家者言……」〔註1〕一些人家還將這種「形家言者」或「青鳥術」作爲家學，世代相傳。如清代陽江縣人「許紹中，報村頭人，先世（落）籍開平縣，祖（許）遠猷遊江西，習青鳥術，學成而歸，得吉壤於開平、鶴山葬其先（人遺）骸，旋覓地至陽江，卜居焉。晚（年）乃屬（囑）紹中曰：『相地（尋覓風水寶地）雖小，亦仁人孝子所有事。我生平論撰（所寫文字），爾其輯而存之。』紹中於是傳其祖之學。父歿，覓得一穴（葬處），或云青龍沙陷，不利長子，以紹中居長，止勿葬。紹中曰：『懷私見而棄牛眠，如不孝何（爲了自己的私利而放棄對於先輩而言良好的風水寶地，豈不是大不孝）？況我有弟三（人），苟福蔭及弟，我何慮？』卒葬之。未幾，以歲貢授吳川訓導。甫涖任，周覽學宮（縣學）形勢，弗協（覺得與風水之說不相合），即擇地，率紳士詳請（向上級請求）移建。時雍正五年（1727）也，並題讖云：『白馬去了狀元歸』。後吳川白沙壟沖塌，林召棠遂以第一人及第。邑（縣）人懷其德，立主（塑像或立牌位）祀之……許氏至今蕃盛，稱巨族云。」〔註2〕

　　由上述二例可見風水學說在明清時期粵西人心目中的重要性。本文擬對此時期風水學說對於粵西地區教育、城防、喪葬等方面的影響略作考察，並對其影響廣泛的原因試作探討，以就教於方家。

一、風水說與人文教育

　　雖說儒家學說「重人事，輕天命」，主張「不語怪力亂神」；然而，深受傳統文化思想影響的知識人士仍然很難完全擺脫在今天看來純屬迷信的一些思想、學說（包括風水學說在內）的影響。風水之說在士人群體中仍佔有重要地位。例如，書院本爲士人讀書仕進之所，而一旦被人說成不合風水規則，

〔註1〕《民國陽江縣志》卷30《人物志一·列傳》，第502頁。

〔註2〕《民國陽江縣志》卷30《人物志一·列傳》，第499頁。

則書院可能成爲眾士人爭欲搗毀的對象——畢竟，刻苦讀書就爲了仕進，而書院不合風水規則，等同於在前進之途上遭遇了難以逾越的障礙，此「障礙」不毀之更待何時！

據方志記載，明萬曆二年（1574），僉事李材建罨峰書院於陽江縣學之後，西向。堪輿家（風水師）以書院與縣學朝向相背，諸生爭欲毀之。七年（1579），同知蔡茂昭毀書院，建尊經閣。在風水先生看來，書院與縣學「相背」，不合風水規則，於教育於士人成才均不利，故「諸生爭欲毀之」——畢竟，「風水」說在諸生心目中佔有重要地位，書院既然不合風水規則，則必然防礙他們的讀書仕進，令他們的努力付諸流水，難怪「諸生爭欲毀之」了。

陽江縣儒學其實亦經歷過由不合風水學說而進行改造，使之符合風水學說的歷程。據方志記載，陽江縣儒學建於北宋慶曆四年（1044）：「縣學在罨山右麓，縣署之西，即按察司故址，宋隆慶（按：此誤，應爲「慶曆」）四年始創恩州學於城南二里，即今白沙寺右，而陽江縣學在城內西南隅，即今城隍後坊。紹聖四年（1097），知州丁璉以州學僻遠，徙州學於城內東南隅永泰坊。」其後，上級官員蒞臨，視察教育，認爲學校建設不符合風水規則，建議改遷以迎合風水學說，以期教育取得實效。《宋知州丁璉徙建南恩州學記》謂：

> ……恩平古郡，漢屬合浦，舊（州）學去（離）城南幾（近）三里，荒污弊廢，廊室不支，垣墉頹圮，士人患之。會漕使大夫傳公按部至此，偕漕判馮公登望海臺，周覽形勝，因指城隅之東曰：「此山川回合，風水之佳，宜徙（州）學以就焉。」僉（都）悅而從。乃命出泉（錢）於公（官府），僦力於民，鳩工掄材，徙舊增新，不日而就……〔註3〕

石城縣（今廉江市）於明萬曆年間（1573～1620）興建了一座鎮龍寺，亦是出於改良地方「風水」，振興地方教育之目的。當時知縣淩位撰有《鎮龍寺碑記》一文，敘述了事情的大致始末，謂：

> ……堪輿（風水學說）云：「關門固鎖則俗美文興」。迄今風氣，文運視昔不逮，咸以爲繫之山川關鎖未固。歲萬曆壬寅（1602）春，予奉命出宰是邦，受事以來，夙宿惟是（日夜勤於理政），無裨地方學校，滋懼（心懷憂慮），日與廣文鄧君、鄭君、張君清籍問俗（清查戶籍，瞭解風俗），釐奸救法（革除弊政，嚴肅法紀），課題修祠

〔註3〕《民國陽江縣志》卷17《學校志一·學宮》，第331頁。

（考課諸生，修葺祠廟），蘄以振起（期望振興教育）爲任，而士民
僉（都）咎（歸咎於）西關基傾水卸（堤崩水浸），謀以（於）古西
華地建寶刹（塔）爲祝釐（祈求福祐驅除邪惡）之所，以障其流，
具狀徵余（寫了申請，請求我批准）。余咨嗟重歎之曰：「是予治教
無狀也（是我振興教育無術啊），於地靈何尤（跟「地靈」之說有何
關係）？且福利未覯（見），徒費財勞民，果是禅乎（建寶塔眞的有
用嗎）？「亡何（不久），會一儒生具道（說起）」廣州明興（明朝
建立）二百年來再（兩次）建浮屠（寶塔）以鎮水口，一時丘（濬）、
梁（儲）、倫（文敘）、霍（韜）蔚然崛起，培地紀，發天綱以炳人
文，驗若左券（按，此指廣州於珠江與海相接處建寶塔以鎮水口，
添風水，果然人才輩出，立竿見影）。茲觀音閣之建無亦仿（廣州）
浮屠之遺意也？敢繳（同「邀」，招致）四君（指前述丘氏、梁氏、
倫氏及霍氏）之靈爲我侯請，豈直（豈只）一時百年將拜明德之賜，
不佞（儒生謙稱）自幸得身爲下邑（敝縣）（表）率，苟可爲斯文豎
前矛，敢愛尺寸不以慰爾多士！」首捐俸倡之，而耆老徐建綱、龍
貞等欣然義舉（慷慨解囊），醵金（籌集資金）有差。遂鳩工揄材，
鞭（鏨）石陶覽，興作（動工）於壬寅（1602）季春，落成於丙午
（1605）孟夏，題其匾曰「鎮龍寺」，蓋地勢之蜓（蜒）蜿屈服，遊
龍蟠焉，非鎮若厥居，則龍無所蟄（棲身），故曰：龍變無常，能幽
（隱）能章（同「彰」，顯）；君子臨之，放而霖雨；六合（天地及
四方）卷而莫施其勞，斯妙用所以不窮。茲寺鎮於西關，時偕博學
諸生眷然四顧，烺烺環拱，若幾若障（像几案，像屏障），扃鐍（鎖
住）西流，是不可儲富庶康寧之祐（福）、聚三臺六桂之英（才）乎？
乃進士民而告之曰：「若（你們）知人傑地靈乎？若知地利不如人事
乎？禮義廉恥，身之鎮也；廩盈瘝（贍）羨（豐衣足食），家之鎮也；
文章德業，國之鎮也。彼其繼丘（氏）、梁（氏）、倫（氏）、霍（氏）
而起者，非漫無鎮定，藉庇堪輿（風水）之勝，徒屈道而伸術，遠
人而聽神哉？則鎮龍者又石龍（化州）、高涼（高州）之西鎮、東粵
之雄鎮也，關係顧（豈，難道）不偉歟！後之君子幸嘉與保全愛護，
時修葺之，豈非士庶無疆之休（美事）哉！」〔註4〕

〔註4〕《民國石城縣志》卷9《紀述志上・金石・鎮龍寺碑記》，第572～573頁。

由上述資料可知，石城知縣淩位本來對於風水之說並不迷信，但在士民的一再請求之下，只得順應所請，出面籌集資金興建了鎮龍寺這一「風水工程」，期望這項工程能使士民心理得到滿足，對今後文教事業的發展有所助益，則鎮龍寺的興建，其意義就顯示出來了。

雖然從唯物主義的角度來說，鎮龍寺的興建在事實上沒有多少實際意義，然而，在風水迷信思想觀念極盛的古代石城縣人的心目中，卻是不可或缺的。天長日久，寺宇漸趨圮壞，就必須及時重修。於是，清康熙四十一年（1702），在當地民眾的強烈籲請之下，新任石城縣令孫繩祖對業已破損的鎮龍寺又作了一次修葺。他在《重修鎮龍寺碑記》中敘述道：

> 邑（縣）有鎮龍寺，創於（明）萬曆間，歲久傾圮。余未任前，有圖所以新之者（有人建議重建鎮龍寺，並繪圖進獻）。邑人以寺於羅城（按，南朝梁朝時在粵西置羅州，州治在石龍縣，即今化州市；隋大業初廢。唐武德五年（622）復置，武德六年移治石城縣（今廣東廉江市）東北，至宋開寶五年（972）廢）興廢實關災祥，一時釀錢（捐款）四百貫，貯於官。迨壬午（1702）歲，余承乏是邑（我來任石城縣令），邑（縣）人數以修寺請。及稽（查）前所捐者則已名有實亡矣。余不禁悄然曰：「四百貫非少也，一文（皆）民脂也，為民上者（官員）將昭德塞違（彰顯美德，順應民心）以照臨四境，猶懼或失，矧（何況）以好善樂施之物而概歸於烏有（按，此指民眾捐資而官員不能助民辦事），其可乎！吾民有罪，（縣）令且引為己愆（罪），慝（邪惡、差錯）由於上（官員），其咎更安諉（往哪裏推諉）耶！」於是擇日鳩工，捐俸重建，為之補罅塞實，不忍重勞吾民，且欲有利吾民也。雖然，修寺以完形勝（改善環境、風水），（縣）令之任也；而修德以迓天庥（符合天意）則邑人之自為任。夫父母之愛子也，詩書訓習之外有時私禱穆卜（悄悄求神保祐）為足恃，不忍雪案芸窗（寒窗苦讀）求所以達天德而履休徵，能折薪而弗克負荷，伊（這）誰之過歟！邑人士其思盡人合天，使民康物阜，科第聯翩，將遠邁前休（今勝於昔），庶此余不負邑人士，邑人士亦不負余矣……[註5]

在此，縣令孫繩祖順應民意，利用民眾及自己的捐俸，對已破損不堪的鎮龍寺作了修葺，使之面貌一新，並在紀事文章中以比喻方式對當地民眾寄以殷

〔註5〕《民國石城縣志》卷9《紀述志上・金石・重修鎮龍寺碑記》，第576～577頁。

切厚望：就像子弟讀書求仕一樣，有時候父母會求神拜佛保祐子弟科舉順遂，平步青雲，但關鍵還在子弟要寒窗苦讀，努力拼搏，不能完全寄希望於神靈助祐；同樣道理，民眾亦應該諸事努力，勤勉，不能以爲鎮龍寺修葺一新，「風水」好了，人就可以袖手貪圖安逸，不思進取，上天自然會賜福了。可見孫縣令對於「風水」之說是冷靜而清醒的：對迷信風水說的民眾，其強烈願望不能不順應；但又不得不提醒民眾：完全迷信風水而不付出努力，亦是毫無結果的！

鎮龍寺後來改名爲「回龍寺」。據清咸豐年間任石城知縣的聶爾康所撰《重修回龍寺碑記》所云：「石邑（石城縣）回龍寺由來舊已（矣），考所存兩碑記，（回龍寺）創自江右淩公（位），修自三韓孫公（繩祖）。堪輿家言護城河（水）勢汩汩西趨，寺以束之，庶（如此則）水聚風回，俾（使）居民秀而文，壽而富，理或然歟，姑不具論⋯⋯」又謂：「地爲合邑（全縣）風水攸關，不可不急謀所以鼎新之以爲邑之人（求）福，顧需費甚巨，締造爲艱⋯⋯」〔註6〕

除此項鎮龍寺的興建、修葺具有風水意義外，在石城縣，同樣興建於明萬曆年間的西關石橋亦是一項重要的「風水工程」。萬曆四十三年（1615），石城知縣俱夢驪重修了西關石橋。他認爲，此橋修繕好了，行人如履平地，河流不能成爲障礙，對於鄉民的生活、勞作、士人的科舉成名，都有重要意義。因此，橋的建成將有利於鄉民的「財貨」積累，還有利於士人「文風」的增長。他在碑記中寫道：

石城群山崒嵂，水從東北來，迤邐曲折，彙於縣南，轉而西北。山有小口突出百步，直射河頭村，與石相磯，又直回山口，始紆徐而西入（於）江。舊南天宮鎮龍寺東門外有徒槓（橋梁）三座。予到任，委縣尉徐選董其事，漸次修葺。西郭舊有石橋，南北橫跨，夏秋水漲，通邑（縣）藉以往來，年久不堪車輿。其下皆巉岩危石，崎嶇嵌透，蹲踞者如虎豹，森然欲搏人；偃仰者如蛟龍，潛藏於水底，或石瀨相蕩，錚然有聲（激流衝擊岩石，轟然作響）；或波濤縈回，幽然無際。行人失足，淪溺多不可救。（萬曆）四十三年（1615），天旱水落，予及時鳩工，堅其根柢，塞其蠭隙，鍬石橋上，砌爲鼉背，樹以革衣，周以邊欄，行者樂爲坦途焉。吾聞堪輿家（風水師）云，水之匯歸屬（有關）財貨，水之紆曲視（有關）文風。吾士吾

民，生長於斯，自茲以往，人傑地靈，民間蓋藏如坻（山坡，喻豐
衣足食），如京士子譽髦濟川，題柱（科舉及第，金榜題名）斷焉可
知也。〔註7〕

清朝嘉慶年間知石城縣事的鮑春藻亦善風水學說。他到石城縣來任職，
首先考察學校教育。他說：「予觀夫石城形勢，面海環山，周圍四百餘里，雙
澗（二水）繞於前，三臺（臺地、高地）擁於後，巒障倚其左，崎嶇鎮其右，
必有奇偉之士蔚爲國華者生於其間，惟修餼（縣學學生助學金）微薄，何以
延師而鼓勵之！」〔註8〕他認爲石城縣風水本來很好，只是由於書院經費投入
不足，未能調動教師及生員教學的積極性，因此未能使石城縣人才輩出。於
是，鮑縣令採取了 「捐銀一百兩，將官租撥出」、「酌定章程」、「延耆宿而增
其修（教師薪金），課俊髦而加其餼（學生助學金）」等措施，以振興松明書
院的教育。

總之，在石城縣，明清時期興建（修）的寺、廟（如文昌廟）、橋（如西
關石橋）等建築，這些建築多少都含有風水意味在內：石城縣官民之所以願
意耗費資財營建這些看似沒有多少實際意義的寺、廟、塔等項目，其中一個
共同的心願就是期望這些設施的興建能改善當地「風水」，能爲當地人帶來「好
運」。

《高州府志》卷 53《紀述六‧金石》收錄了明朝萬曆年間在吳川縣學任
教的周敦裕所寫的《新築聚奎山並（聚奎）臺記》的記事文章，從中可以看
出，信奉儒家學說的官員也罷，教官也罷，生徒鄉紳也罷，他們雖表面上或
許諱言風水，但事實上，風水觀念在他們的心目中其實佔有極重要的地位。
他們都深信，教育事業的發展，雖然主要依靠人爲的努力，如教師認眞教，
生徒勤懇學，官員從行政上給予支持，諸如修建破敗的學宮，想方設法給學
校師生教學增添經濟收益等等，但從風水方面創造有利形勢以助興教育，亦
是不可忽視的，爲此而付出一定的代價亦是值得的。文云：

萬曆七載（1579）春，裕（作者周敦裕自稱）自天曹承乏（職
務遷轉）來司訓事（來高州吳川縣學任訓導）。秋八月念（廿）九日
蒞任。時都山王公實掌教事。公諱誠心，祁門（今安徽祁門縣）人
也，教嚴而課勤，諸士翕然宗（敬）之。余至，都山（王誠心）即

〔註7〕《民國石城縣志》卷9《紀述志上‧金石》，第573頁。
〔註8〕《民國石城縣志》卷9《紀述志上‧金石‧松明書院碑記》，第580頁。

知（信賴）余，以心相期，共濯磨多士，曰：「公必煥然新，勃然興也（你來了，相信縣學教育面貌會煥然一新，人才輩出）！」未幾（不久），都山奉檄署恩平篆（調任恩平縣代縣令），遽爾長往（突然去世），余慟悼（悲痛）甚焉。余就年（當年）十月授理《學記》，見學宮（縣學）各□□傾圮，次年春呈縣尹（縣令）陳公修葺之。每課士暇則推究科名（科舉考試）興廢（之）故，竊（私下）怪夫學宮後座空缺，且當北門大街之衝也，□□諸生議培益（改善）之。逮後五月，家長兄欽庵仁歸養（退職回鄉），自饒平（縣）過裕（來拜訪我），與之登（高），一覽廢址而觀焉。兄曰：「吳庠（吳川縣學）風水實少（缺少風水），此培補後山之急乎（應在後山建築些什麼以彌補不足）！」余意遂決，乃倡（捐），諸生中義舉者得七十七人，輸錢（捐款）自三十文以上至一百五十文，合得錢五千二百七十七文，余捐薄俸三千文，共得錢八千二百七十七文，商於陳尹（縣令），就冬十一月八日募工，□□而肇事（動工）焉。時署所備倭張千兵中翔助工（派士兵參與工程建設）實計五十人，署印范千兵光祿助工實計三十人，總旗要熙、小旗余尚德者亦使義助（亦派兵士協助工程建設）。余供一餉，諸生則次第襄（助）。余董其役，邑（縣）少尹董公至即助錢四百文爲築垣（牆）費，而□莊王公還自省，又助工二十人，共覆土而山遂成矣。（萬曆）九年（1581）夏六月，分守道大參張公按部（按察、視察）至吳（川），諸士呈請封山，名公（張公）欣然曰：「該（縣）學後山之築於風水大有所繫，其名曰『聚奎』，以期諸生科第之迭興也！」又於一覽廢址築爲『聚奎臺』以稱（配合）山勢，臺有扁，大參張公所題，縣尹陳公所制。陳致仕，本通府傅公理縣事，敕少尹董公建亭懸之，奉守道意也。亭棟樑磚石取諸書院之遺（剩餘）橡桷，灰釘出之少尹，增築臺基，周圍結石，臺前中大築階梯，連□堂辟之，後臺東偏前後又兩築階梯以達於山，則裁自□見。自經始迄成功（竣工），餉工人余也（由我提供工匠膳食），而少尹實助之。山（人工築成的「聚奎山」）周圍一十七丈一尺，高三丈有奇，形曰（據其形命名爲）『席帽山』，後垣（牆）自少尹衙後牆直東轉南，至民人羅三宅，三十一丈餘，又直南九丈七尺餘，新築也；（聚奎）臺周圍十七丈一尺，高七尺五寸，增故爲

新也。亭一間（座），高一丈三尺五寸，深一丈五尺二寸，廣二丈八
尺二寸，中懸「聚奎臺」扁，下祀魁星與聚奎山之神。亭前後創（建）
小軒，深八尺，勢亦峻□，山之後植羅木若干株，榕若干株，山前
左右行植柳若干株，□若干株，龍眼、荔枝若干枝，欲其鬱然成林
而鍾靈毓秀也。而（縣）學之後座於是乎其永有庇蔭矣。雖然，風
水□（末？）也，學行（學業、行為）首焉。士之經明行修，文可
入彀矣而不遇（作文符合規範而未被錄取），咎之風水可也；經不明
行不修，文不可入彀而曰風水云乎哉（作文不符合規範能責怪風水
不好嗎）！先正（先賢）謂「地靈人固傑」，然必人傑乃見地之靈。
信斯言也！諸士子其思奮然毋忽，若夫隨敝而葺，以維風氣於有永
（永久），而俾人文之顯盛，以無負大參公命名之意，則深有望於後
之君子云。〔註9〕

由上文記述可知，此項「風水工程」得到了上自地方行政官員、地方軍隊以
至縣學師生的廣泛支持，或踴躍捐資，或出工出力，終使「風水山」、「風水
亭」得以建成，不僅改良了學校的環境，更重要的是激勵了生員刻苦勤學，
增添了他們科舉晉身的堅定信心！

　　清同治五年丙寅（1866）春三月，吳川縣移建文場（科舉考試場所）。這
次移建，與「形家」者言有關。據方志記載：「初，議建文（考）場於城北隅，
形家言其不利。董其事者力執成見，事遂舉。既而越二十七年，邑（縣）中
無儁（同「俊」；出類拔萃）省闈（鄉試）者。士林憤毀之。明年壬戌（1862），
陳廷秀、楊鰲東中正、副榜各一人。至是，遂改建於縣治左，鄉舉（試）乃
頗利。」〔註10〕由此看來，似乎科舉考試狀況如何，不僅與士人是否刻苦攻
讀有關，更與考場所建位置是否符合風水規則相關。不相符合，則士人努力
必然付諸東流；若相符合，則自然心想事成，功名順遂。

　　明清時期，粵西人（尤其是士人）深信教育可以出人才，「風水」亦可以
出人才；若教育與風水相結合，則人才之出必如夜空中群星燦爛一般。因此，
他們對於建塔以添「風水」之事孜孜以求。在雷州，地方官與眾士人、鄉紳
合資合力創建了九級啓秀塔，在粵西茂名縣，亦建起了一座旨在「培植風氣」
的文光塔，在縣東鎮頭嶺，高七層，清嘉慶二十一年（1816）高州郡人合力

〔註 9〕《光緒高州府志》卷53《紀述六·金石》，第797～798頁。
〔註10〕《光緒吳川縣志》卷10《紀述·事略》，第386頁。

共建。邑人招元傅《創建東嶺文光塔記碑》記錄了此項「風水工程」的興建
經過：

> 吾茂（名）甲科之盛莫過於明永樂間。景泰（1450～1456）、
> 天啓（1621～1627）後克（能）延其美。我朝（清朝）百餘年來，
> 鄉書不替（地方教育並未衰廢），而第春官（科舉及第）者落落如晨
> 星之相望，亦未見以顯宦著者。匪獨（不僅）茂（名縣）也，即五
> 州邑（按，指高州府所轄屬的化州、電白縣、茂名縣、石城縣及信
> 宜縣）亦然。論者每歸咎於郡治（時茂名爲高州府治所）風水之不
> 修，即振興之未善。前乙亥（1755）歲，有以形家（風水先生）言
> 白當道（告知地方當局），議（請求於）東嶺巽位增建文塔，俾（使）
> 府、縣兩學收其旺氣。邑侯（茂名縣令）王公爲之勘度圖卜，申詳
> 報可（申請上級，獲得批准）。旋（不久）以六屬（高州所屬六縣）
> 人心稍渙，事將合（成）而復寢。同人每（常）慨之。夫士苟有志，
> 豈必有待而興（士人假如眞有大志，憑自身努力即可實現理想，而
> 無需依靠其它條件）；然「地靈人傑」之說從古有之。會丁丑（1757）
> 秋，邑（縣）有重修縣學之舉。比（及）冬，余與齊年（同年科舉
> 及第者）邱君應魁歸自京師，急謀於首事（最早提議建塔者）梁君
> 應元、周君振英、梁君益琦、容君煥方，曰：「佛經云：佛滅度後一
> 日，夜役鬼神造八萬四千塔，今託聖人之靈以役吾徒，豈一塔之成
> 而不得？盍（何不）因學官方興土木之時，兼申前歲建塔之議？吾
> 邑爲首治，附府而郭（茂名縣爲府治所在地），即獨肩其力，何如？」
> （按，指建塔以添風水之事，如六縣人心不齊，則茂名一縣之人合
> 資興建，如何？）（皆）曰：「善！」猶竊竊然（私下悄悄議論）慮
> 公用之不敷也。時邑（縣）人士聞風鼓舞，多有願輸金（捐款）者。
> 乃定議，於學宮派題（攤派）外另募（建）塔費；又得譚君嘉謨先
> 允貸金（借款），剋日鳩工（擇日興工）。古君來泰督其役，堆石累
> 磚，凡五閱月（五月左右）而七層（之塔）告成，計用白金（銀）
> 一千兩。（適）値院試，□（士？）人雲會，登高覽勝，恰與寶光塔
> 東西對峙，以學宮臨之，如雙竿比玉，上臨雲霄，中構筆架，秀氣
> 排闥（衝門）而來，莫不嘖嘖歎美。而予與首事（創議建塔）諸君
> 亦深幸前數年闔（全）郡願成之事謀之未濟，今一邑（縣）舉之如

反覆（易如反掌）乎，不益信聖人之爲靈昭昭耶！夫造塔者由趾跡（奠基）以至合尖（竣工），如（築土）爲山者，由一簣以至九仞，功必層累而日上，故夫子（孔子）以爲山喻學（以人工造山比喻學問的道理），務積累，尚自強也。今學人積其宵旦（早晚）誦讀之勤，出里塾而升庠序（由鄉學而升縣府之學），咸有青雲之望，始基之矣。從此賓興書賢獻名，天子從此而南宮擢秀，對策大廷（朝廷），又從此而或爲侍從，或爲臺諫，或爲守牧；又從此而居侍從以文學顯，居臺諫以忠讜（忠直）稱，居守牧以循良著，匡贊聖治，黼黻（輔助君主而致）太平，殫其力於不能已，循其等以底於極（喻盡心盡力，循序漸進，奮鬥不止），如塔之合尖然。夫如是，上有以應國家昌期之運，下即以追桑梓先哲之蹤，則此塔之建豈非不朽盛事哉！」

〔註11〕

可見，爲了建塔以添「風水」，粤西人士付出了何等熱心；他們慷慨解囊，獻智獻力，終於將七層之塔建成。地方官亦期望寶塔建成之後，郡的「風水」可以大爲改善，使粤西地區人才輩出，可謂一塔之興建牽動了千萬粤西人之心，人人對之滿懷期望！

與文光塔相類似，在茂名縣還另建了一座艮塔（俗呼鎮龍樓），其興建之目的仍然在於振興地方科舉、人文。此塔在縣城之北，上帝樓東二百步，道光元年（1821），高州知府戴錫倫倡建。署知府鄧存泳在《艮塔記碑》一文中記述了此塔興建的大致歷程。文謂：

前郡守、東塘（今江蘇揚州市東）戴公（錫綸）周覽高（州環）境大勢，府龍自艮（八卦之一）入城，環城皆山也，青巷秀拔，而艮鋒低小，據形家者（風水師）言，謂主山較弱，宜豎層樓以壯郡脈，爰（於是）議建塔，率茂邑（茂名縣）孝廉吳徽敍、何準等勸捐，合郡剋日鳩工（定期動工）。經始趾跡（啓土動工），功三層而貲用告匱。余於丁亥（1827）秋來攝郡篆（代理高州郡守），詢悉顛末（瞭解了事情的始末），將欲蹱成盛舉，旋以瓜代晉省（不久即以職務任免進省候命），有志未逮。戊子（1828）冬，奉檄（命）仍權郡事（仍任高州代郡守），乃倡首捐廉（率先捐獻俸錢以爲民眾表率），偕茂（名）令王勳臣暨地方紳士題金（捐款）有差，擇吉（於）

〔註11〕《光緒茂名縣志》卷8《紀述‧古跡》，第331～332頁。

十一月十七日續興土工，計□□有日矣。郡人請予爲記（撰寫記事
文章）勒石。余竊自維焉（我想），浮屠釋教也，青烏之術（風水學
說）儒者弗道也。斯一舉而惑於是說（建塔之事爲風水之說所迷惑），
其何以教郡人而示來茲（將來）？然韋肇題名，未嘗不願此塔而稱
羨也；人文蔚起，由科第而登顯宦者或亦基於此歟！……〔註12〕

地方官對於風水之說，內心是頗矛盾的：一方面，「青烏之術，儒者弗道也」，
風水之說與儒家重人事輕天命，主張奮發有爲的宗旨不相符合；另一方面，
風水之說在社會上畢竟有著廣泛的影響，信眾甚多；且風水能助人取得成功
亦可找到許多「例證」，因此，地方官亦不能不爲之心動。與其疑之，不如且
信之。最終還是由官員「倡首捐廉」，發動眾人集資，興建起了艮塔一座。但
願從此以後，茂名縣「人文蔚起，由科第而登顯宦者或亦基於此歟！」

明清時期，府、縣儒學中一般都建有魁星閣。此閣其實亦是蘊含著培植
「風水」意義的一項設施。如《高州府志》就有如此記載：

郡治西隔鑒水有觀山焉，爲城之右護，宜（異）常蔚茂青蔥。
昔年知府戴錫綸創建魁星閣於山頂，培風水也。邇來西南角林樹蕭
條矣。光緒十四年（1888）正月，署巡道王之春補種數百株，使秀
氣凝聚，歌（作詩歌）以紀之，並刻諸石：「古來樹人如樹木，百年
十年分遲速。即今樹木仿樹人，敏（努力、勤勉）政敏樹皆精神。
觀山山上何青蔥，一時著手都成春，疏疏密密有條理，生意盎然竟
如此。天南對插文筆峰，魁星傑閣矗雲起。循環四麓致周綴，蜿蟺
（屈曲盤旋）縈拂鑒江水。來龍去脈眇遙深，眞氣蟠互爭崎崟（山
石高峻奇特）。釀化帡幪（庇護）雲崗重，一草一木皆鬱森。形勝家
（風水師）言至足據，濟濟多士應如林。繞閣輪糾三百樹，轉眼駃
蔓（茁壯成長）當成蔭。綠陰十畝人畫裏，攢柯交葉紛纚纚。扛天
索地（頂天立地）將有人，豈異公門種桃李。若詢手植伊何人，爲
道清泉王氏子（王之春）！」〔註13〕

由此詩可見，不僅是山上魁星閣有風水意義，補種的樹林同樣具有風水意義：
魁星閣意味著「扛天縈地將有人」；而郁郁蔥蔥的叢林則寓意著「濟濟多士應
如林」！

〔註12〕《光緒茂名縣志》卷8《紀述·古跡》，第332頁。
〔註13〕《光緒高州府志》卷54《紀述七·雜錄》，第816～817頁。

　　陽春縣爲了振興當地教育，爲國家多栽培人才，在清代，地方官亦於縣學之後建了一座「接雲樓」。此樓之建亦是爲了改善風水，以助教育之振興。據方志記載：

> 自昔建學（校）設宇（師生住處），寧獨（難道僅僅）以崇教化哉，亦期（望）定吉奠勝，毓（育）粹鍾英（培育人才）以爲學校光也。春邑（陽春縣）儒學肇建已久，顧自崔、莫三君（崔暐、莫尚俊、莫璵）科第以後，寥寥無聞，豈地脈興隆直有待耶（難道是風水的道理還未被人們認識和利用嗎）？抑培而植之者無其人也？說者謂學宮（之旁）玄武山逶迤而下，地脈空虛，宜培之，故建樓於學宮後垣以豎大觀，扁曰「接雲樓」（寓意平步青雲）。多士登斯樓也，其有舉頭日近，回首雲低之想也耶！」〔註14〕

地方官鑒於陽春縣自「崔、莫三君」科舉及第之後，縣學教育便「一蹶不振」，再無人科舉及第，認爲這是風水欠缺阻滯了教育的發展，人才難出，所謂「地脈興隆直有待耶」。這種想法不僅僅是官員所特有，陽春縣民眾亦如是看：「說者謂學宮玄武山逶迤而下，地脈空虛，宜培之」。於是籌資建樓於學宮之後，取名「接雲樓」，一來可以籍此改善學宮「風水」；二來可以讓學士們刻苦攻讀之餘，可以登高遠眺，心胸開闊，從而產生遠大之志向。

　　陽江、陽春兩縣原屬肇慶府，參加科舉考試的士人需要千里迢迢的赴肇慶府應試。「計由陽春至肇（慶），中隔黃泥灣，陸程四十里，連前後水程約五百里，道遠費巨，士子咸以爲苦。迨（陽江縣）改廳後，同治壬申（1872），何學使廷謙按臨，應試者人（數）至二千，幾視平時（即遠赴肇慶府應試時）四倍，盛矣！」當陽江縣建起考棚（試院）之時，何地山侍郎正在陽江視察。「吾邑（陽江縣）試院落成最先，蒞止（光臨）者爲何地山侍郎。時（試院）輪奐一新，侍郎周覽之餘，頗爲色喜，因特撰楹聯以紀其事，並爲邑（縣）人勖（激勵）焉，有云……侍郎精於形家者言（風水學說），按臨吾邑，時謂宜於試院東南方建一文塔，科名（科舉考試）之盛當可（穩）操（勝）券。邑人姑（且）如其教，構木爲之。未幾，乙亥（1575），恩榜南闈報捷者四，北闈報捷者一，其言果驗。後遂設甃磚石，或謂移建城外，仕途當更有顯者。」善於風水的何地山侍郎主張建文塔以改善風水，可以振興科舉，陽江士民起初半信半疑，「姑如其教，構木爲之」。文塔建好後，科舉果然「豐收」，南

〔註14〕《康熙陽春縣志》卷5《學校志》，第55頁。

闈、北闈共有五人科舉及第！〔註15〕

　　與前述吳川縣建文場事例相比可知，在吳川，建文場之初，有「形家」言其不利，而「董事者力執成見」，不信風水「邪說」，結果是近三十年科舉無人及第；反之，陽江縣建文場，官員是善風水術的，按風水規則興建文場，功效立即顯現出來了。似乎風水之說是「不到你不信」的！

　　有些官員對風水可以輔助教育深信不疑，將此視為自己行政工作義不容辭的職責之一。如程文德，浙江永康人，「由翰林院編修，謫信宜典史。至（信宜），曰：『余謫吏也，然世（代）讀書，興起斯文（培育人才）與有責焉！』遂遷學宮，建書院，凡四境有關風水者皆培植之。」〔註16〕

二、風水說與喪葬、築城等其它社會活動

　　明清時期，許多粵西士民在埋葬先人遺骸時，都講究尋覓「風水寶地」，認為尋覓到風水寶地以葬先人，不僅先人可以安息，更重要的是能為後人帶來福祐。為此，不少人將先人靈柩停放於家中或寺廟，遲遲而不下葬者。

　　例如，在陽江縣，民間「擇地而葬必請堪輿（風水先生）諏（選擇）吉日」。方志記載陽江一縣存在「溺信風水之弊，致有久停（先人靈柩）不葬者。」〔註17〕陽春縣亦是「葬信風水，至有槁殯（臨時殯殮）而停（柩）及數年者。」〔註18〕吳川縣「葬信青烏家言，有遲之又久始葬者」。〔註19〕又如，羅廷卓，清代石城縣陀村人，「迨父卒，哀毀終制，遍歷山谷，得吉地（葬父），故後嗣多貴顯者。」謝廷文，石城縣木侯村人，「溺冠，舉茂才，以母骸未葬，棄舉業，習青烏家言，遍歷山隴，卒得吉窆（墓穴）。」〔註20〕由此看來，喪葬講究尋覓「風水寶地」在明清時期的粵西地區是一種較普遍的現象。

　　明清時期，有不少閩人來粵西任官或經商。其中有部分閩人因而落籍粵西，不再回歸原籍。他們把喪葬重風水這一文化特色傳到了粵西。這或許是明清時期粵西地區風水觀念盛行的一個原因。如《光緒吳川縣志》卷 10《紀述·雜錄》記載：「吳川巨族吳、林、陳、李幾家而已。吳曰上郭（吳姓居於

〔註15〕　《民國陽江縣志》卷 38《雜志下》，第 587～588 頁。
〔註16〕　《光緒高州府志》卷 27《職官十·謫官》，第 385 頁。
〔註17〕　《民國陽江縣志》卷 7《地理志七·風俗》，第 238 頁。
〔註18〕　《康熙陽春縣志》卷 2《風俗》，第 26 頁。
〔註19〕　《光緒吳川縣志》卷 2《地輿·風俗》，第 52 頁。
〔註20〕　《民國石城縣志》卷 7《人物下·列傳》，第 519 頁、第 523 頁。

吳川上郭村），自閩入粤，士農爲本，好善力孝。如稟純公，親柩（親人靈柩）在家，聞倭寇至，夫婦移棺階下，擔潮泥塗之。（後）屋焚，親柩獲免。迨任感恩（今海南省東方市感城東）教諭，中午買粽代飯，辰酉（早晚）饘粥，矢志不求人情。儉積俸薪，遺子僅二百金，卒於官。子（吳）紹鄒、紹洛扶梓（棺材）入宅。人謂冷骨不宜二子。（二子）曰：「吾父生則內住，死則外停，有是理哉？三年乃擇吉出殯。後於此四都斗門得表兄顏氏馬食之所葬焉。迄今（吳）鼎泰、（吳）鼎元、（吳）鼎和、（吳）士望諸公科名繼世，皆厚德有以召之耳。」〔註21〕吳家父親去世，並不及時入土爲安，而是停柩於家中多年，最後要選擇吉日，並選擇「吉地」（風水寶地）——北四都斗門鄉馬食之所下葬。其後，吳家子孫多人科舉及第，「科名繼世」，「皆厚德有以召之耳」。這「厚德」是什麼？就是兒子「擇吉」（包括擇取吉日、吉地）葬親！其實，吳家「士農爲本」，對科舉事業頗重視，其子弟通過刻苦攻讀而中舉本是自然之事，未必是「擇吉」葬親的結果，但吳氏族人卻對此深信不疑。

再如吳川縣有三柏鄉，爲李姓所居。據方志記載，李姓祖籍福建漳州龍溪縣小欖村，宋末爲吳川縣令，曾於文翁嶺登高，知嶺下有「吉穴」，心嚮往之。任期屆滿，乘船歸閩，卻一次再次遭遇風雨之阻，於是卜居吳川縣治西面之傍潭村，手植三株柏樹，說：「此柏若茂，吾後必興！」李縣令去世後即葬於文翁嶺山麓。其後，李氏子孫相繼「登仕版（任官職），丁口蕃衍，財產豐饒」，成爲當地一個顯赫家族。〔註22〕似乎李氏家族的顯赫完全是因爲重視「風水」的結果而非人爲努力的結果。與此相類似還有一例：吳川縣北六都有陳氏人家，其始祖爲進士，號「三山」，宋南度後由羅源（今福建羅源縣）出仕粤西，任高涼（州）刺史，興學校，廣教化，甚得民心。後「卜居」（通過占卜方式求得好風水之地以世代居住）於吳川縣博棹村，「謹厚成族，如（陳）瑘、（陳）鵬、（陳）瑷諸公科名不替，迄今紹顏聯第，繼軌前修，未有艾也。」〔註23〕

明清時期風水說在粤西地區影響之廣泛，其體現之一是重要社會活動（如學校興建、修葺、考場的設置等）多有風水師的置喙；其體現之二是許多官員小善風水術，其政治活動中常常有風水意識的滲透；其體現之三則是一些

〔註21〕《光緒吳川縣志》卷10《紀述・雜錄》，第390頁。
〔註22〕《光緒吳川縣志》卷10《紀述・雜錄》，第390～391頁。
〔註23〕《光緒吳川縣志》卷10《紀述・雜錄》，第390頁。

社會底層的平凡人物亦熱衷並擅長風水術。如《民國陽江縣志》卷 38《雜誌下》就有記載：「贊勤者，不知何許人，亦不自言其姓名。明末傭於邑人莫簡生家。簡生奇其貌，厚遇之，委以家政，積產至數千金。及簡生歿，母老，二孫俱幼。贊勤養老撫孤，引爲己責。久之，莫家益裕，而贊勤終無私蓄。生平無他嗜，暇輒讀書，尤精青烏術（風水說），爲主營葬，數處皆稱吉壤，而蓮花地虎山最著。簡生（後）遷於茶村，今子姓蕃衍，亦其所卜也。」〔註24〕

風水思想除了與民間喪葬密切相關外，還與城防建設有密切聯繫。

城防設施關係到一城官員、民眾的安危，故常常受到官員的高度重視，一再修築、鞏固。然而，令人關注的是，地方官在城牆修築過程中，對於城門的修築又格外重視，多從風水的角度進行考慮。隨著不同官員不同的風水觀念，時而開關，時而又封閉堵塞，爲此而耗費了不少民力財力。

以明代茂名縣城的修築爲例。茂名縣城最早於唐時築土城。宋元因之。明洪武十四年（1381），千戶陳富於舊城之外重築新城。三十一年（1398），千戶張眞始砌以磚，周長六百一十四丈，高一丈四尺，爲城門五：東曰「迎陽」，南曰「廣濟」，西曰「通川」，北曰「北門」，另在西面又開一小門，稱「小西門」。嘉靖十一年（1532），署府事、肇慶府同知林春澤大約出於風水的考量，將小西門堵塞。十三年（1534），高州知府石簡又將原南門堵塞，另開新南門，改名「高明」。二十五年（1546），知府歐陽烈復啓小西門，取名「高辛」。萬曆年間（1573～1620），知府熊廷相又開舊南門，塞新南門。萬曆三十七年（1609），知府李甫文又塞新南門，「改如石簡制」（重開舊南門）。三十九年（1611），知府蔣希禹「復塞如熊廷相」。四十三年（1615），知府曹志遇「將新南門遺址鏟去，悉復舊制」。……新舊兩座城門，時而塞此開彼，時而又塞彼開此。啓閉因由全由行政長官的風水觀念不同所致，眞可謂勞民傷財矣！其實，不僅僅是南門如此，其它城門亦存在此類情況。如志載：「天啓間（1621～1627），參議蘇宇庶以古東門利於「離明」，新北門偏於「龍背」，遂復舊東門，塞新東門。」既有「古東門」，必有「今東門」；既有「新北門」，必有「舊北門」。可見，其它城門同樣存在因爲各官員的風水觀念不同而或開此而塞彼，或開彼而塞此的現象，耗費的是民財民力，換得的是官員們的「心安理得」。〔註25〕

〔註24〕《民國陽江縣志》卷 38《雜志下》，第 583 頁。
〔註25〕《光緒茂名縣志》卷 2《建置志第一‧城池》，第 52～53 頁。

在明清時期的一些粵西人看來，不僅學校建築符合風水規則可以大大促進當地教育事業的發展，有利於人才輩出；即使是城門建設，若符合風水規則，不僅可使城內官員、居民安全得到保障，還可以爲當地教育平添「風水」，間接推動、促進當地教育事業的發展。例如，在風水先生（所謂「青鳥家」者）看來，陽江縣從大環境來看，風水是挺不錯的，所謂「陽江爲嶺南濱海之邑，位屬南離，文明之區，青華孕毓（育），宜乎（本應是）英才輩出，科第濟濟，可以頡頏名邦」的；然而，「目前未睹其盛」，根源何在？風水先生的意見是：縣學宮坐向不對，文昌閣、土地祠等建築的位置亦存在問題，都應該按照風水學說重新加以改造。但由於工程浩大，費用不菲，難以同時興工，只能率先改造與人們安全密切相關的城門，其它工程待後再議。城南門按風水學說改造完成後，人們似乎可以看到陽江縣文教事業興盛之局面不久將變爲現實：「將見瑰偉絕特之士應運而興，而簪組之盛（作官人才輩出）、竹帛之光（文化人才輩出）駸駸乎抗名都而儷奇甸矣（可以與名城、與京師相比美了）！」不僅僅是人們如是期望，而且，城門改造工程完成後，「是科文武獲雋（取得良好成績）」，似乎「風水工程」眞的是「立竿見影」了！如此間接的風水工程尚且對當地教育促動作用這樣顯著，一旦學校按風水規則改造完成之後，其前景更是「不可限量」了！

此項城門改造工程時在清乾隆六年（1741）。城門的改造並非因爲原城門日久損壞，故需於原址重修；而是因爲在風水先生看來，「南門偏左離明」；不合風水學原理，故需塞之重建。換言之，改造城門完全是出於風水的考量。《教諭李德元改建南門城樓碑記》爲我們揭示了此項改造工程的來龍去脈。文云：

> 易曰：「重門擊柝（舊時巡夜之人敲擊以報更的木梆），以待暴客（強盜）」。城之有門也，以禦暴（亂）也。然考之《周禮》，惟王建國，辨方正位，則門之方位亦綦（極）重焉。陽江爲嶺南濱海之邑，位屬南離，文明之區，菁華孕毓（育），宜乎英才輩出，科第濟濟，可以頡頏名邦，而目前未睹其盛，豈地氣使然與（歟）？然昔人有「滄海何嘗斷地脈」之語，是豪傑又非山川所能限也。青鳥家（風水先生）遂謂邑（縣）之學宮坐向非宜，文廟不得其地，文昌閣、土地祠均宜移置；其最當速改者則城之南門，名爲南（門）而偏於東，致正南之位堙塞離光，無以通文明之氣，且南樓（南門城

樓）規制卑隘，於百雉則不稱，於四方則獨偏，非所以光盛治，布
風聲也。此雖據形勢（風水）而立論，而於《周禮》辨方正位之義
亦有合焉者。於是，邑之耆老紳士詢謀僉同（詢問、謀劃、統一意
見），告於（縣）令以達之（於）大府（郡守），先移建城之南門。
凡鳩工庀材，諏日（擇取吉日）興役，並不煩當事籌畫而鼓舞從事，
不數月而方位既正，重門洞開，譙樓壯觀，周道砥矢，煥然為之一
新焉⋯⋯

作者在文章最後，將城門改造與學校教育之興衰扯在一起談論，云：

⋯⋯夫撤南離之豐蔀，啟海國之文明，崇城闕之岑樓，壯聖廟
之規制，將見瑰偉絕特之士應運而興，而簪組之盛、竹帛之光駸駸
乎抗名都而儷奇甸矣，則今日之翕然樂助以襄厥舉者，其績不可泯
也⋯⋯〔註26〕

不僅是城防建設與風水有關，不合風水規則者需要加以改造；即使是自
然界的山林川澤，不合風水規則的同樣需要加以改造，如此方可使人們的生
活吉祥如意。如明萬曆庚戌（1610），贛州府（今江西贛州市）石城縣人陳即
登由歲貢知陽江縣事。任職期間，倡捐構築北閣三楹配以二樓，就是一項為
了改善當地「風水」的工程。志載：陽江「金雞廟向岐北郭，為江邑（陽江
縣）後障。（陳即登）顧謂諸生曰：「鼉山高並翠巖，而北郭平疇十里，古人
（所謂）『金雞立廟』，豈無意邪？惜培樓不稱耳！遂倡捐，構北閣，配以二
樓，恍若屏障。」〔註27〕「恍若屏障」的北閣兼二樓似乎可以將自然的災害、
災難統統擋住，能保陽江一縣民眾過上平安順意的生活。

三、明清時期粵西地區風水觀念盛行的局限及其原因

許多時候，風水工程的興建，雖然耗費了民眾的資財與人力，但工程竣
工之後，所建造的塔、閣、廟宇等拔起於山巔或平地，不僅為地方增添了美
麗風景，而且在人們（尤其在士人）心目中產生了積極作用，促使人們努力
拼搏，奮發向上，並因此而得以科舉晉身，金榜題名，成為國家、地方有用
人才；所建築的橋梁、城池又為人們的交通、安全帶來了實際效益，都是功
不可沒的；然而，辯證法告訴我們，凡事總有利害兩方面。同樣，「風水」思

〔註26〕《民國陽江縣志》卷8《建置一・城池》，第245頁。
〔註27〕《民國陽江縣志》卷25《職官志五・宦績》，第440頁。

想及行為有時候又會顯示其愚昧性及荒謬性。例如，在鄉村，為著發展經濟，便利人們的生活，挖井、修渠實為必要措施，而一些迷信觀念強烈者則以破壞「風水」為由加以反對並阻撓；又如書院為士人讀書場所，而一旦長時間無人科舉及第或及第者稀少，有人歸咎於書院建築不合風水規則，則眾士人憤憤然爭欲毀之，何其愚也！一些為地方經濟發展帶來利益的水利工程，一旦有人指為破壞了地方風水，亦難免遭遇停廢之厄運。如《光緒茂名縣志·紀述志·補遺訂訛·雜錄》就有如下記載：

> 光緒六年（1880），邑（縣）人公呈城北山脈自艮塔之側落平入城，西有金罳大塘，被人在來脈束細處挖開水溝一道，引水東流，並開小塘一口；水溝之北有小井二口，深二三丈；水溝之南有大塘一口，該處名柑子園；再南有品字形大塘三口，均屬有傷地脈，宜設法培補云云。當經署巡道齊世熙、署知府崇暉批准並拔出罰款，邑人楊蘭芳督工，將四塘並小井概行填塞，金罳塘水道改由周溪菴舊道作大水渠，旁用磚灰礱砌，面用石條橫敷，引水西流，共費工料錢一千三百貫有奇。旋經邑（縣）人楊頤、梁文龍等聯請示禁，永不得從舊處開塘濬井及東山來脈山腳平坦處挖掘取泥，致傷山（龍）脈云。〔註28〕

田地有井有塘有渠，引水灌溉，便利於農業生產，本為大好事；一些人卻以井、渠、塘破壞了地方「風水」為由，強制將這些農田水利設施填塞淤廢，而另從其它地方開渠，耗資不菲。這完全是勞民傷財，愚昧至極，為的僅僅是滿足某些人的風水觀念！

風水說有時候還破壞了粵西地區的城防建設，削弱了城市的防禦功能。明清時期，粵西地區動亂較多，築城防禦實為必要措施之一。然而，在修築城防之時，設置城門或開鑿護城河，本屬必不可少，卻可能遭到一些人，甚至可能遭到大權在握的地方官的干預而無法修建。以石城縣為例。清順治十三年（1656），對石城防禦設施進行加固，除增高城牆，易平頭為垛子外，「又建二大銃（炮臺）於東北隅」。然而，「康熙二十四年（1685），知縣白玠以二銃臺不利風水，詳准（向上級申請，獲得批准）毀拆（炮臺），以其磚砌學宮照牆並縣衙城上角樓、窩鋪等。」古代城市的防禦設施無非為城牆與壕溝，然而，在一些講究「風水」的人士看來，開挖壕溝有傷「風水」，會招來災難，

〔註28〕《光緒茂名縣志·紀述志·補遺訂訛·雜錄》，第 352 頁。

要求填埋。石城縣城原來開挖有壕溝，「乾隆四十年（1775），知縣喻寶忠允士民之請，始將北濠填塞。」「北（面）闕（缺）其門並闕其池（護城河），亦因其形勢恐傷害地脈耳。」石城縣之所以在北邊不開城門，不挖壕溝，是因爲「恐傷地脈」，有傷風水。這既給城市之民出行造成不便，亦不利於石城的防禦。之所以眾人要求填塞北邊城池，是因爲眾人將一些縣官員的去世以及「人文不興」歸咎於開壕破壞了「風水」。所謂「濬城隍，鑿池北嶺，相傳傷殘地脈。知縣王訓，典史吳斌相繼而卒，或亦形家（風水先生）所忌矣。後百餘年人文不興，議者咸歸咎之。乾隆乙末（1775）秋，邑侯（縣令）喻寶忠蒞任，士民以填塞此池（壕溝）請。爰（於是）召工備土填之，即所傳修復龍頭是也。」〔註29〕

　　風水說的盛行還養成了一些人的陋習。一些迷信風水之人，在親人去世之後，將靈柩停放於寺廟，說是等待時機尋覓到風水寶地後再下葬。但隨著時間推移，到了子孫後代，早已將先人靈柩置之腦後，不再過問，使先人遺骸不能入土爲安。如方志記載：陳岳，福州人，「嘉定戊寅（1218）知南恩州（今陽江市）。時（南恩）州人困敝，（陳）岳撫綏勞來，推以至城，民賴存息。先是，州俗惑於風水，先（人靈）柩多寄廟寺，年深（年長日久），子孫衰絕，有委置草莽者。（陳）岳斅二石冢於東山馮將軍墓側，別男女而瘞之。」〔註30〕此條史料所反映的雖是宋代的粵西陋習，但從方志記載看，至明清時期，隨著風水觀念的強化，人們對於「擇吉」的趨之若鶩，將先人靈柩停放數年以至更長時間而不下葬的現象仍然存在。

　　迎合人們對於風水術的熱衷與追求，一些擅長風水術的人士不僅以其知識爲粵西地區的各項建設（如校舍修建、橋梁建造、城防修築等）指指點點，出謀劃策，期望以符合風水規則的各項建設爲人們謀取「福利」或避免「災難」；其中一些人還將自己的風水學識付諸著述，籍以對人們的生產、生活有所貢獻。如清代陽江縣人梁庭楷著有《地理辨正疏集注》七卷，他在「自序」中說：

　　　　地理（風水）之說由來久矣。今世擇地葬親，必延師訪友，求吉壤以安宅兆，此皆仁人孝子之用心，不盡爲邀福計也。杜陵蔣公平階得地學之正傳，取青囊天玉玉照諸經而傳注之，以地理辨正名

〔註29〕《民國石城縣志》卷3《建置志·城池》，第406頁。
〔註30〕《民國陽江縣志》卷25《職官志五·宦績》，第436頁。

篇，而玉尺僞書辨之尤力。厥（其）後橫山張公綺石復即是書而疏
注之，附以圖說，使人咸知地理之學不外《易經》方圓兩圖，然其
中語意微妙，時或引而不發，窮思苦索，難得解人。僕中年失怙（喪
父），從事斯道（鑽研風水學說），得楚南何公雲門之傳，僅知梗概，
因而遍考遺蹤，證驗得失，歲星十易（歷經十年），始會其道，覺是
書之說妙說元（玄），無非卦象，因即其中隱約之語，間以直注釋之，
俾凡擇地葬親者皆知地理（風水）之正學在是而不復爲邪說所惑，
或亦仁人孝子之所不棄也夫。〔註31〕

　　明清時期粵西地區風水說的盛行，還與一些「風水神話」的流傳有關。
這些神話助長了風水思想的盛行。例如，風水說認爲，親人去世，如能選擇
風水好的「吉壤」埋葬，後人將可得到「風水」的「資助」，可以獲益無窮，
甚至可以大發橫財。《民國陽江縣志》卷38《雜誌下》記載了這樣一則有關風
水的事例，其眞假難以辨別，但其在粵西鄉間有廣泛影響則應爲不虛。傳說
云：

　　　　鍾德惠者，康熙間（陽江縣）人，年六十餘，偕其妻田（耕種）
於豐村嶺下。一日，方叱犢耕耘（犁地），耘忽中斷，觸處若甚堅者，
察之，下有石板，亟呼其妻曰：「來！來！」相與掀起之（石板），
則白金（銀）累累數十萬，不禁狂喜。即以牛車運歸。未幾，所畜
母彘（豬）揾（掘）庭前地深尺餘，微露一寶。（鍾德惠）吒曰：「得
毋亦有藏鏹（錢）耶？」探之，果然。遍發（掘）之，得甕三，遂
益富。然猶未敢自襮（向人表明）也。久之，傭耕者漸聞其事。或
戲謂其妻曰：「德惠洵（實在是）福人哉！吾聞福至者鬼神不敢侮。
今夕汝敢往楊、林兩村行一市（趟）者，當釀（籌集）錢二百壽汝
（爲你祝壽）。」其妻笑應曰：「可。」先是，豐村爲蕭國隆所據，
及大兵剿洗，並及楊、林兩村，廬舍爲墟。每日落時鬼聲即鳴鳴起。
行人相誡絕跡。至是，其妻入村，頗惴惴，焚香默祝，覬（期望）
勿爲己祟。繼見無他怪異，膽漸壯。瞥睹火光熊熊，疑爲寶氣，（標）
識其處。旦（次日天亮）與德惠往，掘得巨罐十二，中儲白物，數
略與初次埒（相等）。蓋（大約）前後所獲逾百萬矣。由是經營田宅，
娶妾築樓以居。其妻年近五旬（五十），竟生一子，妾復生一子，人

〔註31〕《民國陽江縣志》卷35《藝文志一》，第554頁。

丁蕃衍，遂成巨族。今樓巋然尚存。或曰是必隱（陰）德所致；或
曰有客暮止（住）其家，母雞方孵育，竟烹以進，客感其意，爲指
吉壤葬母，不數日遂暴富。今士人咸呼其葬地爲雞墟山云。〔註32〕
一般而言，虛構之事皆隱瞞具體地址及具體人名，而此則記載，不僅涉及具
體地名──豐村、楊村、林村，涉及具體人名──鍾德惠，而且「今樓巋然
尚存」，似乎又不全是虛構之事。看來，鍾德惠掘地偶得意外之財或許爲眞，
這對於鄉村貧窮而渴望「暴富」之人頗有吸引力，於是，人們便試圖爲其「暴
富」尋找合理依據：「或曰是必隱德所致，或曰有客暮止其家，母雞方孵育，
竟烹以進，客感其意，爲指吉壤葬母，不數日遂暴富。」有人說是「積德（隱
德）」所致，有人說是母親葬地風水好的結果。這對於渴望改變窮困境地的鄉
村人而言，確實頗有吸引力。於是，不少鄉村人便熱衷於尋找「風水寶地」
以葬親人，期盼日後能遇上好運。

〔註32〕《民國陽江縣志》卷38《雜志下》，第 583 頁。

十四、明清時期粵西地區的天災人禍及慈善事業

摘　要

　　粵西地區近海，受海洋性氣候的影響，颶風、水災、旱災等自然災害爲害甚烈；又因爲地屬邊陲，動亂較多，戰爭不止。每當自然災害或社會動亂發生，民眾生活條件大受摧殘，維生艱難，掙扎在死亡線上。因此，每當嚴重的自然災害或戰亂發生，對災民及時進行救濟是封建官府唯一明智的選擇。在粵西方志中，災後救濟活動或君主頒詔蠲免災民所欠錢糧等的記載觸目可見。官方還建立了若干慈善救濟機構，以幫助災民度過難關。這些機構及活動，主要有普濟堂、養濟院、育嬰堂、義冢等。官府、官員常於此時開倉賑濟，捐資助賑，助民渡過難關，亦可藉此預防變亂發生。在官府、官員對遭災民眾進行救濟的同時，民間組織或義士也盡自己的能力積極參與救災活動。明清時期粵西地區民間之所以湧現出眾多對遭災（包括天災以及人禍）民眾富有同情心，竭力從物質上給予遭災遇難者以賑助救濟者，究其原因，一是官府對民間好行慈善義舉者的嘉獎表彰，爲人們樹立了學習的榜樣；二是熱衷扶貧濟困慈善事業的民間義士大多家境較殷實，有財力、物力支持對鄉親民眾的賑濟；同時，這些經濟上較富裕者亦深明：災荒戰亂之年，「慷慨施賑」不僅可以獲得良好名聲，給官方留下良好印象，或許有利於日後仕途的暢順，同時亦是保有自家私有財產的一種有效辦法。

關鍵詞：明清時期；粵西地區；天災人禍；慈善事業

粵西地區近海，受海洋性氣候的影響，颱風爲害甚烈。颱風不僅拔木、毀屋、沉船，破壞了粵西人生存的條件；而且還使大面積的農作物毀於一旦，對粵西地區的農業、漁業、畜牧業造成嚴重摧殘。除颱風外，旱災、水災以及其它自然災害也對古代粵西地區民衆的生產、生活造成了嚴重危害。自然災害發生之後，深受創傷的粵西民衆難以依靠自身力量從災傷中復原、重振，於是，官方及民間的慈善救濟事業便藉此展開，協助災民從自然災害中站起，重振家園，重拾生活，亦使封建統治得以持續下去。本文試對明清時期粵西地區發生的較大的自然災害略作疏理、回顧，並對地方政府及民間力量針對自然及社會災害的發生而採取的各種救濟措施進行概要敘述，以期爲當今社會救濟事業提供若干可資借鑒的經驗與教訓。正因爲面對自然災害及戰亂對社會造成的嚴重創傷，官府以及官員給予了高度重視，處置相對得宜，使受災民衆不致流離失所，橫屍溝壑。明清時期，在粵西民間，爲了應對不時發生的自然災害及戰亂之禍，由鄉紳牽頭組織發動，衆人齊心合力，亦建立了一些旨在助民度過天災人禍難關的機構或設施。

一、明清時期粵西地區天災人禍概述

明清時期，對粵西地區造成嚴重破壞的自然災害之一是風災。

粵西地區近海，颱風（古稱「颶風」或「大風」）成爲致災重要因素之一。因此，在方志「事記」之中，「颶風」、「疾風暴雨」、「颶風大作」之類記載觸目可見。颱風來勢兇猛，破壞性極強，不僅摧毀農作物、房屋，還常常令衆多缺乏堅固防禦設施的民衆死於非命。如，僅以近海的吳川縣爲例，據《光緒吳川縣志》卷 10《紀述‧事略》記載：

明代宏治十六年辛巳（1503），「颶風大雨傷稼」；嘉靖二十一年壬寅（1542）秋七月，「颶風大作，壞牆屋」；萬曆十七年己丑（1589）夏四月，「颶風壞屋傷稼」；萬曆四十五年丁巳（1617）秋七月十四日，「颶風大作，傾屋拔木，有舟飛屋上，禾盡淹」；崇禎十二年己卯（1639）大旱；六月，「颶風破商船八十餘艘，自正月不雨，至於五月，艚船集限門者數百艘，晦日（夏曆每月的末一天）出港，陡發颶風，無一存者，未出止（只）五十艘，猶破其半。」數百艘船隻出港，陡發颶風，無一存者，不僅船隻不保，船上人員亦未能幸免，只有少數因故未出海者得以幸免；清朝康熙元年壬寅（1662）「八月初六

至十六，颶風大作者三，禾稼盡淹，歲大饑」；康熙「十一年壬子（1672）秋九月，颶風壞城垣、民舍、營房」。乾隆「四十八年癸卯（1783）夏，颶風。六月二十四日，颶風大雨，房屋、（官）署、廟（宇）盡壞，邑（吳川縣）人失所（房屋）者無算。城（牆）亦傾圮」。乾隆「五十四年己酉（1789）秋七月，颶風。十七日，颶風急雨，海船溺水甚多，死者無算，早禾歉收」。嘉慶「二十五年庚辰（1820）秋九月颶風。十八夜，颶風大雷雨，下地水深數尺，壞房屋舟楫，溺死人畜無算」。道光「二十六年丙午（1846）夏閏五月七日，大風拔樹破屋，連日霪雨，平地湧泉大水，江堤盡陷，壞民居無算，潮田（近海之田）粒穀不收」。……

乾隆年間，吳川知縣沈峻在目睹了一場颶風造成的嚴重災害之後，寫了一首《颶風詩》，云：

> 聲鏗訇，勢飄忽，自東西，自南北。屋瓦飛，大木折。江海立（波濤洶湧），卷崩雪。心觳觫（因恐懼而發抖），目昏眩。不得食，坐達旦。妻兒啼，當奈何。君勿啼，苦者多。率僚吏，察比戶。悲蕩析，淚如雨。巨艦碎，屍蔽江。幸不死，護還鄉。颶風息，閻胥來。雞犬走，云禳災（胥吏以禳災為名向災民索取錢財）。天降怒，人則那（奈何）。風猶可，公（貪官污吏）殺我。〔註1〕

詩歌反映了颶風的巨大危害；然而，在颶風過後，舉目斷垣敗瓦，民不聊生，官吏不僅不想方設法進行救災，反而乘機巧立名目向災民索取錢財，其危害遠甚於自然災害，故云「風猶可，公殺我！」

需要說明的是，一場自然災害，受災的並非某一縣，而常常是粵西諸縣均受其害。例如，清順治五年戊子（1648），吳川縣是「時大荒，（每）石穀銀一兩；電白以人換米，人僅值二三斗，饑死（者）無算」〔註2〕；而在陽春縣，則是「春、夏間大饑。三、四、五月穀價騰貴，斗米銀七錢，民多饑死。」〔註3〕在陽江縣，則是「大饑，斗穀銀三錢，斗米可易一子，老稚流離，（勸）捐富戶之穀，糴吳川之米，皆不足濟，茹竹實而活者甚眾。」〔註4〕此即所謂「滴水可以見太陽，管中可以窺豹」。

〔註1〕《光緒吳川縣志》卷10《記述·事略》，第382頁。
〔註2〕《光緒吳川縣志》卷10《紀述·事略》，第372頁。
〔註3〕《康熙陽春縣志》卷15《祥異紀事》，第160頁。
〔註4〕《康熙陽江縣志》卷3《縣事紀》，第64頁。

　　風災之外，對粵西地區社會民生造成嚴重危害的還有旱災。明萬曆四十六年戊午（1618）夏大旱。明化州知縣陳鑑寫作了《吳陽道詩》一首，述其見聞。詩云：

> 驅車下吳陽（川），沿途無林木（林木已枯死）。大火酷且蒸，
> 飛禽爭避宿。一望黃如金，疑是田禾熟。按彎近爲看，黃苗蕉已秃。
> 道旁遇老農，未語吞聲哭。去年連苦風，飄揚發我屋。今年連苦旱，
> 處處皆枵腹。草根與木皮，饑來當饘粥。官胥日填門，稱貸償未足。
> 我聞老農言，不禁兩眉蹙。安得用爲霖，乘風噓霡霂（小雨）。潤回
> 四野春，頓止萬家哭。哀哉不能言，持此問司牧。〔註5〕

　　事實上，明清時期粵西地區的自然災害常常並非一種災害單獨肆虐，而往往是多種災害或先後，或同時（如風災與水災）發生。民眾在未擺脫一種災害摧殘之際，又要面臨新一輪災害的「掃蕩」。這就是所謂「福無雙至，禍不單行」，更令粵西人民不聊生。如明朝嘉靖「二十七年戊申（1548），大疫；夏四月，不雨；秋七月，大水傷稼；九月，繁霜不實」，結果是「穀價高，民艱食」；次年，二十八年己酉（1549），又是「大水傷稼」。萬曆「二十二年甲午（1594），旱潦不時，五穀不登，歲大饑」；次年，「二十三年乙未（1595），米價騰貴，民大饑，多流亡。夏六月，大旱，無禾，通省皆旱；高（州）、雷（州）爲甚」；又次年，「二十四年丙申（1596），又饑。時有『隻鵝只換三升穀，斗米能求八歲兒』之謠。」「四十五年丁巳（1617）秋，七月十四日，颶風大作，傾屋拔木，有舟飛屋上，禾盡淹。八月十五日，又風」。「四十六年戊午（1618）夏，旱。」崇禎五年壬申（1632），「六月，大水，壞民居無算。六月十五日雨，至廿（二十）夜大潦，船至縣署照牆，淹死禾苗、人畜，流櫬（棺材）滿河。」〔註6〕

　　清代，水災、風災、旱災仍然是危害粵西社會的重要自然災害。仍以吳川縣爲例。如，康熙「二年癸卯（1663）水災，民饑，詔蠲本年錢糧十分之三。」康熙「六年丁未（1667），自六月雨至九月禾稼盡淹。」「十一年壬子（1672）秋九月，颶風壞城垣、民舍、營房。」「四十六年丁亥（1707）秋九月，大雨。自九月十八夜大雨，至二十二日傾壞民房無數。晚禾歉收。」「四十八年己丑（1709）七月十三日、十四日，鹹潮泛湧，城西俱被淹。」乾隆

〔註5〕《光緒吳川縣志》卷10《紀述·事略》，第372頁。
〔註6〕《光緒吳川縣志》卷10《紀述·事略》，第369～370頁。

「二十二年丁丑（1757）夏六月，颶風壞屋拔樹；二十三年戊寅（1758）大旱，穀價騰貴。」「三十八癸巳（1773）夏，大水，三江堤崩。六月十二日，大水浸入城門至縣署照牆內，民居多淹。貧者流離失所，滿道悲號。是日縣令李本元支（供給）粥濟饑。晚禾大被水患。」「四十三年戊戌（1778）歲大饑，穀價騰貴」；「四十八年癸卯（1783）夏，颶風。六月二十四日颶風大雨，房屋署廟盡壞。邑人失所者無算。城（牆）亦傾壞。」「五十四年己酉（1789）秋七月，颶風。十七日，颶風急雨，海船溺水（沉沒）甚多，死者無算。旱禾歉收。」道光「十年庚寅（1830）春夏大旱，穀價昂」；「二十二年壬寅（1842）秋大旱，颶風，山田盡歉（收）。」「二十六年丙午（1846）夏，閏五月七日，大風拔木破屋，連日霪雨，平地湧泉，大水，江堤盡陷，壞民居無算。潮田粒穀不收。」咸豐「五年乙卯（1855）春夏旱，穀價昂。」「六年丙辰（1856）夏六月，霪雨大水，三江堤潰」；「七年丁巳（1857）春大旱，穀價昂，每石價錢三千餘。發倉穀（賑濟）。」「九年己未（1859）秋八月望（夏曆每月十五日），颶風潮溢。九月二十四日大水，三江堤潰，鹹潮泛漲，潮田無收。」「三年甲子（1864）春旱，穀價昂。」光緒「八年壬午（1882）夏，大旱，稻歉收；十一年乙酉（1885）「秋，大水巨浸四十日。」〔註7〕

以上僅爲明清兩代吳川一縣之例。事實上，明清時期，在粵西地區，這種多種自然災害接連發生的情況很常見，令粵西廣大民眾陷入嚴重的生存危機之中。

除了上述常常導致嚴重饑荒的水災、旱災、風災之外，還有其它一些非常見，但同樣可以導致民不聊生的自然災害。如明清時期，粵西地區曾多次發生「地震」甚至「地大震」，使原本並不堅固的民居遭受嚴重破壞，使廣大民眾無家可歸；另外是與氣候（乾旱）密切相關的蝗災或蟲災。這些災害可使田地莊稼大面積受損，影響了收成，亦可使民眾遭受饑荒之虞。故有時候需動用軍隊滅蝗蟲，如清道光十四年甲午（1834）「秋，飛蝗至，（吳川）知縣崔國政率兵捕之。」再就是疾疫，短時間內可令眾多人口邁疾死亡，甚至多有「戶絕」者。如吳川縣在康熙「十九年庚申（1680）夏四月，疫」；二十年辛酉（1681）「又疫。疫更烈，邑人多死，戶絕者幾半。」〔註8〕

除上述天災之外，有時候，江海堤岸年久失修，爲風雨侵蝕而致崩潰，

〔註7〕《光緒吳川縣志》卷10《紀述・事略》，第374～388頁。
〔註8〕《光緒吳川縣志》卷10《紀述・事略》，第376～377頁。

亦可造成嚴重災害。如明末崇禎七年甲戌（1634）八月，「三江堤崩。三江佛塔堤崩，（吳川縣）北三都一帶田禾淹沒；又蝗。收成僅三分之一。民苦甚，以瓜荣活命。自此北三都田大被潦患。」〔註9〕

每當自然災害發生，民眾生活條件大受摧殘，維生艱難，掙扎在死亡線上。如陽春縣在明嘉靖「十五年丙申（1536），大旱，復饑，民食草實，餓死甚眾」；隆慶「六年壬申（1572）大饑，斗穀八十文，死者無算，城外尤甚」；萬曆「二十四年丙申（1596）春大饑，斗米銀二錢，餓殍滿道。」〔註10〕清順治「五年戊子（1648）春夏間大饑，斗米銀五錢，民多流亡，有以斗米易（換）一子者。」

此時，若官府坐視災黎遍地而無動於衷，無所作為，其結果，或是災民因得不到及時救助而死亡流徙，田地將失去勞動力，官府亦將失去剝削對象；或是災民在面臨絕境的背景下無所畏懼，一呼百應，揭竿而起，攻官府，殺官吏，搶糧食，嚴重危及封建統治。

例如，清道光「十年（1833）春旱，穀價翔貴，奸民乘機掠西門外船穀。（茂名縣令安）遇享跨馬當先，立拿不法者痛懲之，荷校河干（枷鎖於河岸示眾），眾股栗，不然劫掠紛起矣。」〔註11〕「光緒八年壬午（1882）夏大旱，稻歉收。秋疫。冬十一月，雪又殺薯。……十二月，茂名土匪莫毓林謀亂，邑境戒嚴。」〔註12〕光緒十三年（1887）署茂名縣事的鄭業崇在《重修茂名縣志序》中敘述到自己的經歷時說：「余下車（蒞任）之始，歲值洊饑，米價湧貴，（民眾）嘯聚結會之風復熾。（吾）與邑君子（縣鄉紳義士）採運洋米以資接濟，行保甲，別良莠，親詣四鄉稽查以清奸宄，復埋頭積牘，極力清釐，前後（審）訊結案三百餘起……今者五穀順成，宵小斂跡……」〔註13〕可見，「歲值洊饑，米價湧貴」是民眾「嘯聚結會之風復熾」，動亂將起的根源。對饑民而言，面臨絕境，與其束手待斃，不如揭竿而起，闖出一條生路！鄭業崇縣令深明饑荒的嚴重後果，故一刻不敢鬆懈，一方面從海外購米回來救濟饑民；另一方面則企圖澄清政治，清理冤案，化解矛盾，維持天下太平；再就是嚴保甲，並「親詣四鄉稽查以清奸宄」，可見其神經已繃得很緊，因為

〔註9〕 《光緒吳川縣志》卷10《紀述・事略》，第370～371頁。

〔註10〕 《民國陽春縣志》卷13《事紀》，第429～431頁。

〔註11〕 《光緒茂名縣志》卷4《職官・宦跡傳》，第175頁。

〔註12〕 《光緒吳川縣志》卷10《紀述・事略》，第388頁。

〔註13〕 《光緒茂名縣志序》，第1頁。

變亂隨時可能發生！

　　此外，自然災害、生活貧困，還滋生了粵西地區特有的一些「陋俗」：每當饑荒之年，饑民得不到救濟，無以爲生，起而攘奪又被官府指斥爲「反叛」，堅決鎮壓，格殺勿論；於是，一些人便以「要賴」方式圖存。這在粵西陽江縣尤爲顯然。志載：「歲偶不登，（陽江縣）貧而悍者率男婦千百爲群，沿門告（求）助，以分饑荒爲名，不知始自何時，而習爲固然，肆擾之害無異強梁（盜）」；「值歲饑則不免坐受其困……米貴即聚集貧民沿門托缽（乞討），不遂其欲輒肆（意）攫取，不勝其害。富者多分寄家資，扃門匿避，無所措其手足，甚則有家僅中資而並罹慘禍者。」這被視爲陽江縣「陋俗」之一。有地方官曾對此現象嚴厲打擊鎮壓：「（李）沄甫蒞茲土（任陽江縣令），其時斗米三四百文，此風爲熾。（李沄）每捕其爲首之桀驁者重治之，餘亦必分別懲創（懲治），因議爲鐵窗禁錮之法。」「自知縣李沄勒石垂禁（禁饑荒之年剩機攘奪），其風稍戢；然三十年前猶時有所聞。邇者（近年來）民智日開（開），貧民自計與其終日咆哮，所獲不過百十錢，不如略作苦工已逾其數。故雖頻年飢饉，無有倡爲此舉（訛詐勒索）者，固由各商販運洋米及書年社隨時平糶之力也。」〔註14〕可見，陽江縣於明清時期一度「流行」的訛詐勒索之「惡習」與災荒發生，人民生活艱難而未能得到及時救濟有關。通過「勒石垂禁」只能使「其風稍戢」，難以使其根絕；對災民實行及時救濟，並發展經濟，使民眾豐衣足食，這才是剷除「陋俗」的根本之道。

　　各種各樣的天災只是危害粵西民眾生存的一個方面；另一方面則是「人禍」。明、清時期推行「海禁」政策，嚴禁國內商人及漁民下海。商人及漁民被迫以武裝反抗，被稱爲「海盜」。「海盜」爲求生存，與倭寇相結合，屢屢侵擾擄掠粵西，肆行殺戮，對粵西社會民生造成了嚴重的摧殘。另外，明、清改朝換代之際，粵西又成爲新舊勢力激烈爭奪的地盤。這些「人禍」亦像自然災害一樣，令粵西社會民不聊生，需要得到官府的及時救濟。

二、明清時期粵西地區官辦慈善事業

　　因此，每當嚴重的自然災害發生，及時進行救濟是封建官府唯一明智的選擇。在粵西方志中，災後救濟活動或君主頒詔蠲免災民所欠錢糧等的記載觸目可見。官方還建立了若干慈善救濟機構，以幫助災民度過難關。

〔註14〕《民國陽江縣志》卷7《地理志七‧風俗》，第236頁。

（一）官辦慈善機構及設施

　　為應對包括自然災害及戰爭在內的各種因素造成的民眾的流離失所、掙扎於死亡線上，官府設立了多種慈善機構，舉行了多種慈善活動，以協助災民或受困者渡過難關，避免陷於絕境者揭竿而起，成為危及封建統治的社會力量。這些機構及活動，主要有普濟堂、養濟院、育嬰堂、義冢等。

1、養濟院、普濟堂

　　對因各種因素而淪為弱勢群體者進行救助，使其免致陷入絕境的官辦慈善機構。

　　如陽春縣「養濟院在城西，（明）嘉靖十三年（1534）知縣江鎬奉文建立，正廳一座三間，左右廂房各三間，門樓一座，久壞。國朝康熙九年（1670），知縣張含瑾修葺，左右廂房日久圮壞。二十六年（1687）知縣康善述捐俸修理完固，孤貧始棲止。」〔註15〕

　　茂名縣「普濟堂，在（茂名縣城）北門外，雍正十一年（1733）知縣虞金銘建，議敘州同陳式韶捐銀三百兩督修。道光三年（1823）高（州）、廉（州）道葉申萬、知縣王勳臣重修。（後遇）水災坍塌。同治十年（1871）巡道許道身捐廉修復。」另外，「養濟院在府城（按，茂名縣曾為高州府治所在）北門外。」〔註16〕

　　陽江縣「養濟院在書院街，西向橫巷，道光十七年（1837）知縣盛潤修。二十七年（1847）知縣朱庭桂、光緒二十五年（1899）同知田明曜先後重修。二十六年（1900）失火，焚屋四間，勘明修葺。宣統元年（1908），州判趙咸韺撥銀一百元交紳士發商生息，年終分給瞽目人度歲。」〔註17〕

　　石城縣「養濟院在（縣城）東關外，（明）萬曆二十年（1592）知縣謝璿建，收養孤老，每月給米三升，冬夏給衣帛銀，夏一錢二分，冬一錢八分。清同治十二年（1873）知縣奎成捐錢二百千（緡）。光緒四年（1878）加捐錢三百千（緡）交當店生息，添支額外口糧。」〔註18〕可見養濟院由官員主持興建，經費亦出自官帑，官員捐資只是其中一部分，只「添支額外口糧」。

〔註15〕《康熙陽春縣志》卷3《城池志·廨署》，第33頁。
〔註16〕《光緒茂名縣志》卷2《建置志第二·廨署》，第56頁。
〔註17〕《民國陽江縣志》卷12《建置五·善舉》，第288～289頁。
〔註18〕《民國石城縣志》卷4《經政志·義舉》，第465頁。

2、育嬰堂

這是專職救助因各種原因（包括自然災害及戰亂等）而失去父母親人的嬰幼兒的慈善機構。

如茂名縣「育嬰堂在府城北門外，道光三年（1823），高、廉道葉申萬箚飭議建。道光七年（1827），署高州府金蘭原、署茂名縣孫有恒建堂一所，並籌經費銀二千兩，（發）當商生息一千五百兩，（發）博茂（貿）場生息五百兩，常年起息一分外，高州府每年捐銀一百二十兩，電茂（貿）場每年捐銀一百二十兩；博茂（貿）場每年捐銀六十兩。堂中雇乳母、奶母，外設司事管門，水夫聽差，醫生皆歸府經歷司管理，其詳細章程另刻板堂內以垂永久。同治十年（1871），巡道許道身捐廉修理，設法養恤。」〔註19〕

電白縣育嬰堂建於光緒九年（1883）或十年（1884）〔註20〕。其實，早在同治五年（1866）、六年（1867），電白縣令馮某就已提議創建育嬰堂，但不久即解任去官，此事遂寢，所籌得款項旋因他事蕩盡。光緒四年（1878），錢塘人許某到電白縣來主持鹽政，對當地學校教育及科舉考試事業頗為關注，有志於「培賓興，賑窮困」，而且關注及於當地慈善事業建設，「復慨然捐金二千以為育嬰經費」，並已請示上級批准；後因所餘錢不足以支持一所育嬰堂的興建及持續，「亦以用繁，未敢舉辦」。光緒九年「癸未（1883）之夏，裘公（伯玉）來宰是區（電白縣），甫下車，他務未遑，輒引是（指創建育嬰堂）為己任」。「議者初亦難之，乃經畫兩閱月而事遽集，又不意若是其易且速者。」電白縣育嬰堂之興建，馮氏、許氏兩官員皆有其志，然而皆未能成功，或因官員職務遷轉，或因籌集經費不足。裘伯玉新官上任後，終將育嬰堂興建起來，這是辦法不同所致：許氏官員只依靠一己之力，故力微而不能逞功；裘伯玉則依靠眾人合力，集腋成裘，終將此事辦成。《邑舉人嚴其藻記》中，作者深有感觸地說：

> ……噫！是豈斯舉之成亦必有時歟！顧吾謂事無難易，惟視其心
> 之果欲為與否耳。夫許公非不欲為者也，第（只是）以貲（資）出於

〔註19〕《光緒茂名縣志》卷2《建置志第二·廨署》，第56頁；《光緒高州府志》卷17《政經五·義舉》，第251頁。

〔註20〕《光緒重修電白縣志》卷5《建置一·廨署》云：「育嬰堂在（電白縣）西郊，光緒九年1883），知縣裘伯玉建」；而所附《邑舉人嚴其藻記》則云：「歲甲申（1884）冬十有一月，邑侯（縣令）光澤裘公（伯玉）始築育嬰堂於邑（縣）城之西門外」（第48頁）。估計前者為興建之期，後者為竣工之期。

己則力有限而事難成，貲集於眾則力常贏而事易舉，且非得不費貲（鉅資）亦難望其行之經久而不墮也。吾於是歎二公（馮公、許公）之願為甚睽（難得）而裴公（伯玉）之智尤不可及也。夫我邑貧瘠，而兩場（博茂、電茂）鹽課攸司（所產）頗稱饒裕，公（裴伯玉）乃熟商諸紳董，牒兩場官諭勸曬商每兌引一包各出一文，歲收可得數百金，所捐無幾而所裨者甚大，遂捐廉（款）千緡為倡，不足復募諸邑中之好善者。計官紳伙助，合許公遺款，歲收息又可得數百金。如是而堂中工食以及一切應用之費稍撙節（節約）焉，不患其不敷矣。〔註21〕

電白縣另有與「育嬰堂」名稱不同而性質卻同的「保生堂」：「在水東，嘉慶十八年（1813）博茂場大使蔣厚傳建，仿育嬰堂收養幼孩，捐捧（俸）銀五百兩貯支。」〔註22〕

3、社倉、義倉

「洪武明初，令天下縣分立預備四倉，官貯穀備賑，擇本地年高篤實人管理。」〔註23〕這是設於城中的防災設施。在各地鄉村，則建立了不少社倉或義倉。社倉是設於鄉社的預備災荒的糧倉，由地方行政官員出面倡議組織，由鄉村民眾捐獻糧食儲存其中，以便災害或饑荒發生時可以開倉賑濟，助民眾渡過難關。

如電白縣「原無社倉。雍正二年（1724），邑侯（縣令）秦公始集紳耆議立。初猶卻顧不前。有耆民暨可及者首捐租穀一千石，富民以次樂捐，共得穀一萬石，遂於電城、金鞍、馬踏、水東、三橋、獅子堡各處建六倉分屯其穀。每倉立社正、（社）副各一人董其事。饑（荒）則貸之於民，每丁穀三斗，平頭散出，豐年取償，尖峰收回，越一年而後成。秦邑侯申詳各憲（上司），以為社正暨可及首倡義舉，撫部院年公獎以『好義可風』匾旌其門。後遵守成法，行之數十年而無弊，其得穀一萬二千五百石。」社倉採取自願捐糧入儲為原則，遇災荒之年，民眾艱食，則開倉借貸，出則「平頭」，還則「尖峰」，既不至虧損，又不至使民眾負擔過重，故「行之數十年而無弊」。但物盛則衰，至乾隆五十年（1785）以後，由於管理出現漏洞，社倉所存糧穀逐漸虧缺，須行「攤捐彌補」之法，但仍難挽頹勢。〔註24〕

〔註21〕《光緒電白縣志》卷5《建置一‧廨署》，第48頁。
〔註22〕《光緒高州府志》卷17《經政五‧義舉》，第251頁。
〔註23〕《民國石城縣志》卷4《經政志‧積儲》，第459頁。
〔註24〕《光緒重修電白縣志》卷30《紀述六‧雜錄》，第312～313頁。

此外，還有一些名目不同的同類設施，如陽春縣有「預備倉」和「際留倉」：「預備倉原在縣治儀門外之右，知縣黃潤仍舊建廠一座。嘉靖四年（1525）知縣黃寬移置東北，在縣（署）背，深一丈，廣四丈。後以地卑穀朽兼際留倉久頹，知縣謝復生申請移就際留倉並作一處。」〔註25〕還有「新倉」及「社倉」。「新倉」是清雍正六年（1728）署知縣喬振先捐俸建立，設廠（糧倉）三，其後不斷擴建。「社倉」於「清雍正二年（1724）奉旨設立，原捐民屯社穀共一千七百三十二石零五升。各鄉置社長二人司之，以便賑濟。」各村各處還設有不少糧倉，有些地方還有「上倉」、「下倉」或「內倉」、「外倉」，貯穀數百石至千石不等。

管中可以窺豹。僅以上二縣之例已可概見明清時期粵西各地城鄉對於設倉積糧以防災害意識的強化，倉廠遍佈，有備無患。

4、義冢

此為掩埋因水災、疾疫、戰亂而死者的慈善設施。

清朝末年，天災人禍，戰亂時起，野外時有因為飢餓、疾病或戰爭而死亡者。這些屍骸無人掩埋，遺臭散發，不僅影響了人們生存的環境，而且處處可見骸骨，亦非傳統「仁義」、「慈善」社會所應有。於是，官員、鄉紳、義士便捐資購地，置「義冢」而掩埋無主遺骸。

據方志記載：陽江縣「義冢在東門外里許，（清）嘉慶間（1796～1820）知縣李（某）諭紳士創辦。光緒元年（1875），同知施紹文設清釐恤葬局，再擇（地建）義冢，與舊（義）冢毗連。光緒九年（1883），縣丞王熙陽捐資購地一所，橫闊四十餘丈，直十二丈，新添義冢，仍與舊冢相近，每歲清明，新舊義冢俱同祭掃。光緒三十四年（1908），復設恤骸局附育嬰堂。」〔註26〕

茂名縣「義冢在縣南五里山廣仁菴後，康熙五年（1666）知縣孫士傑建。嘉慶癸酉（1813），僧博聞募資並請知縣全再榮重修。」〔註27〕

5、其它慈善機構或設施

如麻瘋院、方便公所等。麻瘋院為收治麻瘋病人的機構，一來使媾疾者得以醫治，二來亦可防止疾病的傳播擴散。如陽江縣麻瘋院「在（縣城）東

〔註25〕《康熙陽春縣志》卷3《屬署》，第33頁。
〔註26〕《民國陽江縣志》卷12《建置志五‧善舉》，第288頁。
〔註27〕《光緒高州府志》卷17《經政五‧義舉》，第251頁。

門外王母岡，中建王母殿，道光十七年（1837）知縣盛潤修，二十七年（1847），知縣朱庭桂、光緒二十一年（1895）同知劉忱先後重修。」〔註28〕

方便公所爲供過往旅客遭疾醫治或死亡殯殮之機構。如陽江縣方便公所「在南門外，光緒二年（1876），同知施紹文、游擊黃增勝創建，爲遠方人等寄醫殯殮之所，有鋪產三間，每年收租銀五十四元，附育嬰堂管理，間由各殷（富）戶捐助並施棺木。」〔註29〕

（二）官員救災恤難慈善義舉

1、災後賑濟

每遇嚴重自然災害發生，民眾深受其殃，維生無計，掙扎於死亡線上。官府常於此時開倉賑濟，助民渡過難關，亦可藉此預防變亂發生。

如錢以塏，「康熙三十六年（1697）二月任茂名（縣令），前歲秋歉不給，以塏即開倉平糶，全活甚眾。」康熙四十九年（1710）任茂名縣令的孫士傑，「壬、癸（壬辰、癸巳，1712、1713）歲歉，（開倉）平糶施粥，自城而鄉，民沾實惠。」〔註30〕光緒十一年（1885）秋，吳川縣「大水巨浸四十日……年饑，茂暉場大使李熾菜賑之，設廠於附城、黃坡、南三、梅麓（菉），凡四所，每窮民給米一斗。」「（光緒）十二年丙戌（1886）夏四月，旱。開局（倉）平糶。秋大旱，歲饑。冬，穀價昂，禁燒鍋，運洋米濟（饑）荒。」「十六年庚寅（1890）春，穀價昂，開倉平糶。」〔註31〕又如，乾隆「十八年癸酉（1753）四月，大水，穀不熟。（陽春縣）知縣葉世度開倉平糶，民賴以安」；乾隆「二十三年（1758）春不雨，穀貴，知縣姜山開倉平糶。」光緒「二十八年壬寅（1902）大饑，石穀漲至錢十千文。（陽春）知縣楊自明開倉平糶。」〔註32〕這是官員利用官資、官物救濟災黎。開倉平糶對於本地居民而言尙不失爲有效辦法之一；但對於流徙而來，連基本的生活設施亦不具備的災黎而言，米、穀畢竟不能爲食，煮粥以賑則更爲便捷之法。如清康熙「三十六年丁丑（1697）大旱，斗粟銀二錢，知縣李敬修煮粥以賑。」〔註33〕

〔註28〕《民國陽江縣志》卷12《建置志五‧善舉》，第288～289頁。
〔註29〕《民國陽江縣志》卷12《建置志五‧善舉》，第289頁。
〔註30〕《光緒茂名縣志》卷4《職官‧宦績傳》，第173~174頁。
〔註31〕《光緒吳川縣志》卷10《紀述‧事略》，第388～389頁。
〔註32〕《民國陽春縣志》卷13《事記》，第432、438頁。
〔註33〕《民國陽春縣志》卷13《事紀》，第431頁。

有時候遭遇自然災害，官府將救災濟饑與災後恢復生產一併兼顧扶助。畢竟，官府物資有限，恢復生產才是救災的根本大計！如乾隆四十三年戊戌（1778）歲大饑，高州府穀價騰貴。三月，開倉平糶，按照戶籍冊，丁口多者准買穀一斗；次者五升；又次者三升，至五月止。貧生不願領賑者，牒學（校）開報名數，各給穀一石。社倉發給籽種助耕。租多者給種二石，少者給種一石或數斗不等。六月早禾熟，糧價漸平，勸諭各鄉借助耕牛、稻種，俾春間未種荒田補種秋禾。〔註34〕

然而，由於封建時代國家對於倉儲控制嚴格，動用倉糧一般需要請示朝廷批准方可實施，否則，官員可能要面臨朝廷責罰，甚至可能因此而丟官，因此不可能成為地方救災常用的有效辦法。在明清時期地方救災活動中，另一種由地方官員主持的救災辦法是轉穀（運米）平糶。米穀購自海外或鄰區。

如清同治十年辛未（1871）夏四月，颶風；冬十月又颶，損稼；十二月朔，雨雪。十一年壬申（1872）春，「米價昂，邑人、總兵彭玉以火輪船運米平糶」；光緒三年（1877），水災、蟲災、北風霰雪接連發生；次年（1878）春夏穀價高昂，「彭玉，復以火輪船運洋米，吳川營都司林藹羌，往雷州轉穀平糶。」〔註35〕

面對自然災害對社會、民生造成的嚴重災害，上述開倉賑濟及運米賑濟雖然救災功能顯著，畢竟受到制度及時間等因素的限制，難以成為賑災的常用手段。在救災活動中，最常見的則是官員帶頭捐俸首倡，為士民樹立榜樣，通過發動眾人捐款、捐資以救災，是最為及時且較有效的救災辦法。此類賑災活動，雖有眾多平民參與，但因其為官員率領、號召，故仍歸入「官辦慈善」類。

以陽春縣為例。如，清乾隆二十二年丁丑（1757）四月，驟雨水漲，穀貴，知縣姜山開倉平糶，復「捐俸賑恤之」；次年春，不雨，穀貴，知縣姜山「復捐俸倡賑，城鄉紳士劉世槐、楊祖燾等七十四人並捐米接濟，董事者生員柯日旦、容士逑、貢生柯爾常、監生梁文海。」四十三年戊戌（1778）穀貴，斗米錢四百六十文，知縣袁嘉德勸賑。潭水墟施粥七日。五十一年丙午（1786），斗米錢四百二十文，知縣方元賑粥。潭水墟施粥。五十二年丁未（1787）穀貴人饑，知縣郎煜奎倡題（議）賑濟。嘉慶八年癸亥（1803）大

〔註34〕《光緒吳川縣志》卷10《紀述‧事略》，第381頁。
〔註35〕《光緒吳川縣志》卷10《紀述‧事略》，第387頁。

饑，四月，斗粟五百六十文，知縣彭昭麟倡題施粥。譚水墟歲貢生李家翰、弟家裕及諸士商捐米賑濟二十餘日，全活者眾。〔註36〕

再以茂名縣為例。康熙四十八年（1709），「大水城淹四尺，民居漂沒。（高州）知府吳柯、知縣孫士傑煮粥給食，施錢築室。」次年，「四十九年，郡城鎮前火（災），知府吳柯、知縣孫士傑施粥給錢。」雍正「元年（1723）春正月，城東火（災）、知府黃文煒給錢被災（之）家為築室費。」雍正「七年（1729）秋八月二十五日，（茂名縣）北城火燒兵民房草屋六十餘間；臘月十日又火（燒）北城外草屋十二間；十九日城西樓上藥局又火（燒）瓦屋五間，草屋百八十三間，延及大陵驛署草屋三間，兵丁死者九人。原舊縣、府志（記）：冬十八日，城西樓藥局火（災），延燒居民（房屋）二百餘間，知府張兆鳳、知縣虞金銘捐俸恤之。」乾隆「二十年（1755）春三月，郡城（按，時高州郡城即茂名縣城）火（災）；夏五月，又火。（茂名）城逼山臨水，編茅以居，水、火二災迭見，民甚苦之。巡道王概任後每遇災（即）捐俸賑之，復率屬（下）及紳士捐銀一千一百一十七兩四錢九分；命城居耆老擇人營運（重建），呈官核實，以贍災黎。繼（而）又貸（錢予）民築室，易（草為）瓦，分歲償還，俾永賴焉。」「四十三年（1778），大饑，賑濟。總督楊景素、巡撫李質穎以高（州）、廉（州）兩郡饑，捐發賑銀六千兩。布政司姚成烈、本道李廷揚、知府殷長立暨各州縣官各捐廉銀買米助賑。地方紳士亦各捐輸。本道李（廷揚）又請動（用）倉穀碾米，於秋後定價五錢一石買穀還倉……」其後，每遇重大災害發生，府、縣各官都「捐廉賑恤」。如道光二年（1822）夏六月，大水。邑（縣）中水高出地丈餘，房屋坍塌四百五十一間，南關及曹江淹沒（死）男女十三口。府縣捐撫恤銀五百餘兩。咸豐六年（1856）夏六月，大水，官廨傾圮，民房漂沒無算。道、府、縣各官捐廉（俸）賑恤。七年（1857）夏四月，大饑，斗米千錢。巡道蔡徵藩捐錢運米平糶。各鄉紳領倉穀賑濟。〔註37〕

此外，在方志「名宦志」或「職官志」、「宦績傳」中，還記錄了許多官員積極參與救災恤難的事跡。如伊紹鑒，福建寧化縣拔貢，舉人。清同治年間（1862～1874）兩知石城縣事，「戊辰（1868），大水壞民廬舍，城廂尤甚。（伊紹鑒）割俸施粥，按戶給貲（資）修葺。去任日，士民郊餞十餘里，羅

〔註36〕《民國陽春縣志》卷13《事紀》，第432頁。
〔註37〕《光緒茂名縣志》卷8《紀述‧災祥》，第311～312頁。

拜道旁，絡繹不絕。」〔註38〕張恂，雲南趙州人，乾隆丁卯（1747）舉人，二十八年（1763）任吳川縣令，「丁酉（1777）、戊戌（1778）連年亢旱，竭力救荒，設廠平糶；又親歷各鄉勸諭富室賑濟，全活甚眾。」〔註39〕李敬修，「山東博興人，由拔貢教習，康熙三十一年（1692）知（陽春）縣事，宅心寬恕，居官嚴介……丁丑（1697）歲捐俸糜粥賑饑，又力勸富家出粟，全活萬計。」〔註40〕閻督蒲，四川舉人，乾隆三十八年（1773）知茂名縣，在災荒之年「親詣各鄉設法募賑，殷戶感動，捐資設廠施食，杜絕吏胥舞弊，民賴以蘇。」〔註41〕

積極參與救災義賑活動的，除了行政官員外，還有教官。如蒙昌奕，封川人，康熙甲寅（1674）歲薦，三十七年（1689）選授吳川縣儒學訓導，「癸巳（1713），吳邑（川）饑，捐俸設粥於黃坡墟賑濟，存活甚眾，士民頌之。」〔註42〕還有軍官，如姚文英，直隸宣化人，康熙丁丑（1697）武進士，任電白營守備，「大饑（之年）買穀煮粥賑濟，數月存活者甚眾，又施藥物以療病人，捨棺木以葬饑殍。」〔註43〕地方官身先士民的捐獻義舉可以帶動眾人捐資，對救災助困起到積極作用。

「蠲民租」、「蠲錢糧」、「免逋賦」等亦是封建王朝應對地方自然災害一種常見的舉措。這無疑有助於減輕民眾負擔。蠲免災黎應繳錢糧，理論上等同於以官資救災；但當災民一貧如洗，則蠲免錢糧無異於畫餅充饑，對救災沒有多少實際意義，頂多表示了統治者對於災民的一點「同情心」而已；再說，封建時代地方官吏的考績以能否完成徵收賦稅任務為首要條件，在官吏千方百計的催逼之下，過期未繳納賦稅者少之又少。正如白居易詩《杜陵叟》所云：「昨日里胥方到門，手持敕牒牓鄉村。十家租稅九家畢，虛受吾君蠲免恩。」

2、戰（亂）後賑濟

古代社會，對民生造成嚴重摧殘的，除了自然災害之外，還有戰爭。統治階級為了爭奪政權而展開的戰爭，以及民眾或少數民族出於反封鎖，反壓

〔註38〕《民國石城縣志》卷5《職官志‧官跡錄》，第485頁。

〔註39〕《光緒吳川縣志》卷5《職官‧傳》，第204頁。

〔註40〕《民國陽春縣志》卷9《宦績》，第374頁。

〔註41〕《光緒茂名縣志》卷4《職官‧官跡傳》，第175頁。

〔註42〕《光緒吳川縣志》卷5《職官傳》，第206頁。

〔註43〕《光緒重修電白縣志》卷15《職官五‧官跡》，第144頁。

迫剝削而發動的搔亂、「寇掠」，都可以嚴重摧殘民眾的生存、生產條件，使民房被焚毀，民眾遭擄殺姦淫，田地丟荒，屍骸暴露。亂後回歸的民眾極需要得到撫恤救濟，以恢復創傷，重建家園。因此，戰（亂）後賑濟亦成為封建時代朝廷或地方政府不得不面對的一個社會問題。

對戰亂之後災民的賑濟亦可分為官府賑濟及官員個人捐資助賑兩個方面。

明清易代之際，新舊兩股勢力曾在粵西地區激烈爭奪。戰爭令社會凋敝，民不聊生。這時，不論是明朝殘餘勢力還是清朝新興勢力，都常將賑濟民眾作為爭取人心歸附的一種手段。如，順治四年（1647）「六月，土人倡亂，城陷，（清）知縣陳培亨被殺。游擊汪齊龍收復之。」這次明清兩種勢力對吳川縣城的爭奪，先是傾嚮明朝的「土人」得勝，攻入城內，將清朝守備、同知、知縣、縣丞、典史、教諭等政官、教官都殺了。戰亂中被殺者還不少，「死者無算」。後高州府派清軍奪回吳川縣城，「郡兵（攻）下（吳川）縣，會明兵攻高州急，撤兵還郡，留汪游擊（齊龍）招撫吳川。」其「招撫吳川」的措施之一就是「開倉賑濟」。「汪齊龍以（高、雷、廉）三鎮兵來，亂民散，乃委司獄班五奎署縣（代理縣令之職）招撫，開倉賑濟；委守備鮑起代理吳川營事。」〔註44〕

次年，清順治五年戊子（1648），明守道黃兆穰打敗吳川縣清軍，奪據吳川縣。原來，在前一年八月，清總兵黃海如叛，歸順明朝，殺清軍守將汪齊龍。五年「春，黃海如還兵雷州，故明守道黃兆穰招集山水營寨畫守吳川。兆穰委知縣賴此存任事。時大（饑）荒，石穀銀一兩，電白以人換米，人僅值二三斗，饑死者無算。黃道（兆穰）招兵守芷芀，通商貿易，且有艖船販米。黃道出銀萬餘（兩）糴賑（買米賑濟），故無饑死者。」〔註45〕從其出銀數目之巨，可知並非個人出資。

清初，康熙年間（1662～1722），推行「遷海」政策。為了切斷沿海地區民眾對於海上抗清力量的援助，清朝廷要求沿海居民必須內遷，「遷沿海居民於內地，賑之。」〔註46〕被迫遷移的沿海居民失去了土地、財產，生活困苦，只能依靠清政府的賑濟以維持生活，否則可能是餓殍載道甚或官逼民反！

〔註44〕《光緒吳川縣志》卷10《紀述・事略》，第371～372頁。
〔註45〕《光緒吳川縣志》卷10《紀述・事略》，第372頁。
〔註46〕《光緒吳川縣志》卷10《紀述・事略》，第374頁。

　　造成粵西地區社會殘破的因素，除了明清改朝換代之際的爭奪戰爭外，還有「海寇」的侵擾掠奪。為了防禦「倭寇」的侵擾，防禦海上抗清力量得到內地民眾的援助，明清兩朝都曾嚴厲實行「海禁」。「海禁」使海商及沿海居民失去了生存的條件，他們被迫拿起武器與明清政府力量展開鬥爭，被官方稱為「海盜」。「海盜」為求生存，亦常常登陸擄掠，殺人放火，無惡不作，對沿海地區民生造成了嚴重的摧殘。對動亂之後沿海地區受災民眾的賑濟是官府對災民救助的重要舉措之一。

　　如，明朝隆慶初年，粵西地區社會動盪不安：「海寇（盜）」、「山賊」、「兵叛」、「倭寇」先後作難。例如，據方志記載：隆慶二年（1568），「流寇掠吳川」；「山賊黎汝誠掠電白，官軍與戰，弗勝」；「三年（1569）春正月，電白參將府兵叛」；「七月，山賊黎汝誠劫電白……賊紮教場，大掠附郭鄉村，盡日而去」；「四年（1570）秋八月，倭合山寇大掠電白鄉村，都指揮白翰紀禦之，不克。」「冬十一月，倭陷電白城，知縣蔣曉、指揮范震、李日喬、千戶王朝相棄城走。指揮張韜死之」……連年的戰亂使粵西地區的吳川、電白、化州等數縣深受其害，民不聊生，屍骸遍地。因此，隆慶「六年（1572）春正月，巡道李材督兵至自肇慶，撫殘民，瘞遺骸。李材至電白，見殘民寥落，遺骸被地，室廬煨燼，流涕大慟，捐俸二十金命典史王策收斂為大冢瘞之，名曰『義冢』，勒銘垂戒……知府吳國倫請帑金二千兩賑濟電白殘民。」〔註47〕

　　又據《高州府志》卷26《職官九・宦績傳》載：蔣伊，「康熙癸丑（1673）進士，選庶吉士，授監察御史，出為廣東糧儲參議。……康熙十九年（1680），海寇蹂躪吳川，民不聊生。嶺西道時國棟發穀二百石，發牛二十頭以賑濟。（蔣）伊代納本年倉米三千餘石，闔邑（全縣）殘黎得生。明年，廣東署布政司耿文明捐俸銀七百兩代買牛種給發難民，荒田賴以開墾。（蔣）伊又代納倉米三千餘石，恩同再造。」〔註48〕

　　正因為面對自然災害及戰亂對社會造成的嚴重創傷，官府以及官員給予了高度重視，處置相對得宜，使受災民眾不致流離失所，橫屍溝壑，因此，「雖年穀荒歉，訛言不興，四境帖帖也。」〔註49〕

〔註47〕《光緒高州府志》卷48《紀述一・事紀》，第703～705頁。
〔註48〕《光緒高州府志》卷26《職官九・宦績傳》，第372頁。
〔註49〕《光緒高州府志・楊霽序》，第8頁。

三、明清時期粵西地區民間慈善事業

在官府、官員對遭災民眾進行救濟的同時，民間組織或義士也盡自己的能力積極參與救災活動。

（一）民間救災恤難的慈善機構、設施

明清時期，在粵西民間，為了應對不時發生的自然災害及戰亂之禍，由鄉紳牽頭組織發動，眾人齊心合力，亦建立了一些旨在助民度過天災人禍難關的機構或設施。

1、義倉、社倉

儲糧以備災為其主要功能。可分官辦、民辦兩類性質。官辦類前文已有涉及；民辦類如清代陽春縣三甲鄉設立的昭義堡義倉。劉承肇《三甲昭義堡義倉記》對此有具體記述，謂：

> 凡事有備則無患。堯舜有九年之水，（商）湯有七年之旱，而國無捐瘠（死亡貧困）者，有備也。神農之教曰：有石城十仞，湯池百步，無粟不能守者，無備故也。國家軫念民依，綢繆未雨，凡一州一縣無不額設倉儲，法良意美。我三甲堡在陽春縣中一鄉落耳，自咸豐元年（1851）以來屢遭寇亂，民艱於食。迨同治三年（1864），始議築昭義堡，逾年告成。堡之廣橫袤三百七十丈半，邑城勢足捍禦；然守堡在於結人心，結人心在於儲倉粟。昔朱子（朱熹）知南康（郡），請常平倉米六百石立社倉，隨年之上下（豐歉）斂散，以故一鄉四十五里間雖遇歉年，民不缺食，復下其法於諸民，咸稱便。今三甲堡大兵之後，幸連歲豐稔，歲丙寅，余胞侄（劉）顯楣有見及此，首捐穀百石為倡，而族叔祖（劉）士鉞捐穀六十石，房叔（劉）葦捐穀五十石，邀集五姓紳耆好義者同出粟若干，儲堡廒（糧倉）內，議（選舉）公正紳士董其事，仿朱子社倉（之制），春耕時稱貸於倉，夏冬兩熟量取息以償，數年後蓄積充裕，為有饑歲則減價平糶，遇寇警則權宜給量守禦而無官司督促勒抑侵虧諸弊，一舉而眾善具，洵（實在是）有備無患之要術也。」〔註50〕

陽春縣各村各處還設有不少糧倉，如，「咸（豐）同（治）以後民不聊生，（陽春縣）三甲紳士、歲貢劉顯楣於同治五年（1866）倡議仿社倉法創立三

甲、昭義、堡義倉，首捐穀一百石，邀集劉、王、藍、袁、陳五姓紳富量力各捐義粟，共捐穀六百餘石存貯倉廠，擇公正紳士董其事。饑年則減價糴出，豐年則平價糴回，並呈縣詳請立案，歸地方紳士自行管理，免官司督催，勒抑、侵蝕諸弊。」〔註51〕

吳川縣亦有梅菉社倉。志載：李高梓，三柏人，居梅菉，「國學生，質直尚義，（家）饒於財，樂施與，捐金倡建梅菉社倉，儲穀防饑。」〔註52〕

石城縣義倉在救災中亦起了重要作用。如志載光緒「十二年（1886）春三月，地震。夏饑，穀價騰貴，邑紳發義倉穀並採買洋米，分設本城、安鋪、良垌、石嶺、太平店、塘蓬、青平七廠平糴賑濟。」光緒二十一年（1895）冬大旱，穀價騰貴，邑紳亦發義倉穀並採買洋米分七廠平糴賑濟。〔註53〕

2、書年社

陽江縣本是「魚米之鄉」，但由於近海，牟利商人常將陽江縣所產之稻米運出海外牟利，造成陽江縣糧米缺乏，一旦遭遇災荒，陽江人民便失去生活的條件。民窮盜起，不少人為圖生存，不得不肆行搶奪。因此，地方紳商一方面為了維持地方穩定，使民眾不致於倒懸，另一方面亦是為了保持自身利益，不致因饑荒而遭搶掠，他們集資，發商生息；一旦遭遇饑荒歲月，即購糧平糴備荒，以防變亂發生。這是「書年社」創辦的宗旨所在。

方志記載，清光緒十一年（1885），陽江縣紳士姜自驥、梁廷楷、黃慎基、譚錫年等倡立，集股一千二百二十份，創立了書年社。姜自驥在《書年社序》中云：

> 自古救荒之策權輿（開始）於《周禮》，至（南）宋朱子（熹）創為社倉，糴舊糴新，法良意美，而議者猶謂紳董不得其人，即與青苗〔註54〕無異。顧今日時局大非昔比，苟有金錢，東南洋各島之

〔註51〕《民國陽春縣志》卷24《建置·倉廠》，第285～286頁。
〔註52〕《光緒吳川縣志》卷7《人物·列傳》，第276頁。
〔註53〕《民國石城縣志》卷10《紀述志下·事略》，第605～606頁。
〔註54〕按，此指北宋王安石變法實行的「青苗」法：即在夏秋穀物未熟前，由官府以低息向農民貸款，以防止高利貸剝削和兼併，亦稱「常平斂散法」。貸出的錢稱「常平錢」，民間叫「青苗錢」。借貸的農戶由五戶或十戶結成一保，互相檢察。借貸的數額分五等：一等戶每次借十五貫，二等戶十貫，三等戶六貫，四等戶三貫，五等戶一貫五百文，每期付息二分，在收穫後將本息和夏秋兩稅同時繳納。由於按戶分等，往往是貧困戶借得少，地主富戶反而借得多。青苗法先在河北、京東、淮南三路實施，隨後在諸路推行。由於遭到保守派的竭力反對，元祐元年1086）廢止。

粟（糧食）可計日而待，則與其貧利於民，不如借力於商，倘重勞
商力，又不如合眾人之力為可持久而易行也。陽江素稱「魚米（之
鄉）」，然地瀕大海，外埠（物價）騰貴，販穀（出洋）者連檣運載
而去，月不下數萬石，頻年屯積往往一空所有。歲一（旦）不登，
鄰境無可乞糴，而米戶居奇，高抬市價，甚且懸春停斛，使窮民典
衣鬻子，日走百里求購升斗而不可得。共強有力者又結黨橫行，借
分饑荒之名肆為攘奪，富室岌岌自危，朝不保夕。嗚呼！數十萬哀
鴻任其流離凍餒而不為之所，已非仁人君子之用心，萬一因饑釀亂，
至生他變，即地方亦將不利也，則曷（何）若先事圖之為得哉！茲
擬創立書年社，各湊股份，分年彙繳，發商生息。所有餘存留為荒
年辦米接濟之用，務使合眾力而成善舉，其法可以持久，易於舉行，
而又得善與人同之意。伏望君子踊躍從事，共佽（助）餘資，實力
實心，矢公矢正，務使因時制宜，足以補社倉之不及，則功德無量
矣！〔註55〕

據方志記載：陽江縣書年社「前後共置圍田租一千八百餘石，瓦鋪二間，由
當商輪理（經營管理）；復建公所於大埠街，遇荒年即辦米平糶，為邑（縣）
中第一善舉。」

3、其它民間慈善事業

除上述民間興辦的慈善救災機構外，還有其它一些旨在扶貧濟困的組織
和舉措。如陽春縣有「義濟善堂」：「在黃泥灣墟。光緒二十八年（1902），拔
貢蘇培桂、附貢陳炳霖等倡建，凡兩座，各三間，兩廊，以後座為方便公所。」
又有「康壽善堂」，從名目看大約是既療疾又養老的慈善機構：「在潭水墟。
光緒三十一年（1905）附生張汝才倡建，並有方便公所一間。」〔註56〕

石城縣有「平坦育嬰社」：「光緒末年邑舉人陳炳章創辦以收養遺棄之嬰
兒為宗旨。陳汝霖、江國鏞、陸樹滋、陳永春等協同勸捐，得款千餘元，交
殷戶生息為經常費。」〔註57〕從陳炳章（石城縣東木埇人）「於鄉黨中發起育
嬰社，擬推廣之，尤為好生之德」〔註58〕看來，石城縣民辦育嬰社應不只一
處。

〔註55〕《民國陽江縣志》卷12《建置志五·善舉》，第288頁。
〔註56〕《民國陽江縣志》卷2《建置·附》，第295頁。
〔註57〕《民國石城縣志》卷4《經政志·義舉》，第465頁。
〔註58〕《民國石城縣志》卷7《人物志下·列傳》，第526頁。

化州縣有旨在掩埋屍骸的「百家墳」:「在壺洞壚西鐵屎嶺,同治元年（1862）正月,揭三股匪滋擾,附近各族男婦避亂聚隆當,外築木柵自固。（股匪）經旬攻破,擄婦女數百,殺人千餘,棄屍壚邊、井中。及賊敗,好善者撿骨合埋於此,累土成墳,飾灰志（書寫）之曰『百家墳』。」〔註59〕電白人鄧際雍在賑災及掩埋死者方面亦有感人事跡。志載:「康熙間西師（明朝殘餘勢力）李明忠兵擾（粵西）,際雍出貲賑救,多所存活。郊原積骨成丘,（鄧際雍）埋爲義冢。海濱有覆溺二十餘人,買棺殮葬。時巡按張純熙至電（白）,以善人匾表其門,知縣強兆統舉充賓筵。」〔註60〕

民辦慈善事業雖然主要由地方較具經濟實力的富裕人家所倡議舉行,其財力難免有限,然而,有時候,其作用卻不可小覷。如梁炤,清代吳川縣庠生,「授州同職銜,多財樂施,遇歲荒每（常）減價以糶。邑中義舉必捐貲倡首。戊寅大旱,縣發常平（倉賑濟）。時（梁）炤僑居博立,目睹時艱,特請邑侯（縣令）楊公運米至莊,並代爲輸發,處置得宜,南一、二都賴以全活者皆其力。」〔註61〕乾隆四十四年（1779）大饑,人多失食。（茂名縣）廩生陳鴻徽請各鄉紳士開具該鄉人數,酌賑以穀;不足,又向知縣曾重登稟請,申詳大憲（上級官員）,發倉穀給領。藩司深嘉之,獎以『爲善必昌』扁。〔註62〕陳鴻徽是茂名縣南椰子村富翁,其對災民「酌賑以穀」應是以私有財產;不足之時,「申詳大憲發倉穀給額」應是先借後還,否則,官府不會「深嘉之,獎以『爲善必昌』扁」。此類事例還有,如清代茂名縣人梁執中,「歲戊戌大饑,同族叔、諸生（梁）駕屛請縣貸廩（向官倉借糧）,按丁以賑,餓殍獲蘇。及秋熟,捐粟還廩（官倉）,公私咸賴。知縣閻睿蒲扁旌以『公平惠直』。」〔註63〕又如文夢熊,清代石城縣大車村人,郡庠生,「生平排難解紛,見義勇爲。乾隆戊戌（1778）歲饑,出粟賑濟,知縣喻寶忠贈匾曰『助我牧民』。府教授楊（某）贈匾曰『德邵蘭香』。」謝廷文,石城縣木侯村人,「建宗祠,積嘗產,賑饑埋骸,貸逋（借錢給交不起賦稅者）助婚。」江應元,石城縣岐嶺村人,「助婚喪,賑饑恤困,施醫贈藥,和睦鄉鄰,凡屬義舉惟恐或後。」〔註64〕林祖

〔註59〕《光緒高州府志》卷17《經政五・義舉》,第252頁。
〔註60〕《光緒高州府志》卷38《人物十一・列傳》,第535頁。
〔註61〕《光緒吳川縣志》卷7《人物・列傳》,第276頁。
〔註62〕《光緒茂名縣志》卷8《紀述・雜錄》,第343頁。
〔註63〕《光緒茂名縣志》卷6《人物中・列傳》,第237頁。
〔註64〕《民國石城縣志》卷7《人物志下・列傳》,第522頁。

德，清代吳川縣下街人，增生，「歲饑平糶，親族貧乏者尤加意賑恤。」楊舒泗，「監生，賦性溫厚，恬靜自持，雍容樂易，與物無忤……置學田，設義學，屢行賑濟，尤懿行之表見者。」易若思，「乾隆十二年丁卯（1747）科副榜……生平輕財重義，樂施予。」李石城，郡庠生，「歲荒，傾囊賑濟。每年延師，族黨中貧乏子弟必資之入塾。」〔註65〕「隆慶六年壬申（1572）大饑，斗穀八十錢，死者不計，城外餓殍尤甚。時邑（陽春縣）人賴秋揚捐米煮粥，救活甚眾……生員陳五教捐金收埋死人，道無遺骨。」〔註66〕此類民間人士（以郡、縣學庠生為多）在災荒之年慷慨解囊助鄉民度過難關的事例，在粵西各縣方志中可謂俯拾即是。雖說個人力量有限，但涓涓細流可以彙成江河，民間這樣的義士多了，其救災作用就不可小覷了。

值得注意的是，明清時期一些經濟條件稍好或較好的女性（多是寡婦）也加入了濟困行義的行列，以其節衣縮食積累起來的錢財用於災荒年月的救濟事業，助眾人度過難關，其事跡亦頗為感人，精神極為可嘉。如清代陽江縣婦女姚氏，「性喜周恤貧家，告糴必以大斗量之（即大斗出，小斗入）。歲饑，稱貸者接踵（而至）。積久，族黨逋負累累，空奓盈篋。」家產稍豐，富有同情之心，對身處困境者慷慨施予的女性還有陽江縣石鼓田村許珠圓妻關氏，「自奉甚儉，而施予則無所吝。」上洋都轉姚嘉驥妻陳氏，「尤好施濟」；任氏，塘邊村曾光選妻，「性雖儉嗇自持，遇施予獨無吝色，戚黨多受其惠。」飛鵝里黃文苕妻金氏，「性樂施予，凡解衣推食贈棺等事皆慷慨行之，無稍吝。」〔註67〕這僅是陽江一縣之事例。此類事例在粵西其它縣的方志「列女」傳中也可找到不少。

此外，一些自外地來粵西經商的商人，本著慈善為懷之念。在大饑之年亦不惜或捐資，或平糶以救濟饑民，其事跡亦頗感人。如「邑（電白縣）西濱海之水東墟，商舶往來，百貨鱗萃。嘉（慶）、道（光）間，順德何應志、（何）應念兄弟隨父（何）懋遷來此。同治二年（1863），高（州）、雷（州）兩郡大饑。（同治）十年，高郡（州）復饑。應志、應念前後備資本由海道運米平糶。光緒十二三年（1886、1887），高郡又饑，應念復倡（議）運洋米接濟，郡人多賴全活。有司具綽楔（古時官府樹於人家正門兩旁，用以表彰孝

〔註65〕《光緒吳川縣志》卷7《人物・列傳》，第276～284頁。
〔註66〕《康熙陽春縣志》卷15《祥異紀事》，第159頁。
〔註67〕《民國陽江縣志》卷33《人物志・列傳・列女》，第536～541頁。

義的木柱）旌其閭，且親詣（登門拜訪）焉。（何氏兄弟）辭不受。其行善不伐（誇耀）如此。」〔註68〕

一些人士的好義行爲作風還影響及於其後代，使其子孫亦以好義濟困而著稱，成爲「好義世家」。如清代吳川縣李存性，不僅對父母以孝聞，「歲饑，賑濟又其餘事耳。」李存性有兩子：李自蘇、李自暢。「（李）自蘇，國學生，侯選縣丞，慷慨丈義，和睦鄉鄰，（加）冠（成）婚喪祭，凡有不足者必爲之資助。」李自蘇之子李元果受父祖的影響亦很深，亦以孝親及好義而著稱：「（自）蘇子元果，例貢生，性醇厚，事父母能孝，待兄弟以和，尤好施與。乾隆戊戌四十三年（1778）歲饑，發粟賑濟。臬司（按察使）顏其門曰：『爲善必昌』。次（子）元森，亦例貢生，喜吟詠，善醫孝友，好施如其兄。戊戌（1778）、己亥（1779）繼其兄以賑。黃邑（縣）令宋傑顏其門曰『克敦梓誼』。」〔註69〕

明清時期粵西地區民間之所以湧現出眾多對遭災（包括天災以及人禍）民眾富有同情心，竭力從物質上給予遭災遇難者以賑助救濟者，究其原因，一是官府對民間好行慈善義舉者的嘉獎表彰，爲人們樹立了學習的榜樣。如清代吳川縣人陳而兆，「國學生，厚樸簡靜，戊戌歲饑，捐囊周濟。李巡撫顏其門曰『任恤可風』。」〔註70〕黃吉士，清代「諸生，讀書而性俠。歲荒，罄資爲粥於通衢以食饑著。邑令孫士傑旌以扁曰『仁能推食』。」〔註71〕此類事例在方志「人物志」中可以找到很多。二是熱衷扶貧濟困慈善事業的民間義士大多家境較殷實，有財力、物力支持對鄉親民眾的賑濟；同時，這些經濟上較富裕者亦深明：災荒戰亂之年，「慷慨施賑」不僅可以獲得良好名聲，給官方留下良好印象，或許有利於日後仕途的暢順，同時亦是保有自家私有財產的一種有效辦法：畢竟，災荒年月，處於死亡邊緣的民眾已然不再看重道德、法典，爲求生存，只要有人首倡，饑民可能瞬間聚合，將富裕之家哄搶一空；而捐出部分錢財用於施賑，「好義」形象形成，「慈善」名聲傳開，民眾亦得以暫度危機，此時，即使有人揭竿而起，號召「劫富濟貧」，恐怕響應者亦不多。

〔註68〕 《光緒重修電白縣志》卷30《紀述六‧雜錄》，第315頁。
〔註69〕 《光緒吳川縣志》卷7《人物‧列傳》，第284頁。
〔註70〕 《光緒吳川縣志》卷7《人物‧列傳》，第276頁。
〔註71〕 《光緒茂名縣志》卷6《人物中‧列傳》，第233頁。

十五、明清時期雷州地區士民義舉述論

摘　要

　　明清時期，雷州士民的義舉表現在資助族人渡過難關、對身陷困境的鄉鄰施以援手、讓利施惠於人、為人申冤化解鄰里矛盾糾紛、災後義賑、捐資興教助學、為民請命除害等方面。明清時期雷州地區經濟的發展、儒學教育的深入普及、雷州地方官及本地義士義舉的示範影響、官府對義舉的表彰及民間對義士的推崇，都助長了明清時期雷州地區義舉成風。明清時期雷州地區士民的義舉對地方社會民生有著積極意義。

關鍵詞：明清時期；雷州地區；士民；義舉

　　義舉，指仗義疏財的行爲，包括濟人之急，解人之困，爲人排難解紛，爲不幸遇難者善後，爲公益事業盡力，等等。當他人（尤其是非親非故者）處於困難境地，毫不猶豫地割捨個人錢財利益以助他人渡過難關，這不僅在生產力水平低下，人們生活多不富裕的古代社會爲難事，即使在人們物質利益較豐厚的現代社會，亦非易爲之事。然而，筆者在披閱地方志，研究地方歷史文化的過程中，卻發現，在古代，尤其是明清時期，雷州地區卻好義成風，「義舉」二字於方志中處處可見。明清時期雷州人的義舉表現在哪些方面？雷州人好義成風的成因是什麼？雷州人的義舉有何社會意義？對我們今天社會慈善事業的發展有何啓迪意義？筆者在本文中試圖對這些問題略作初步探討。

一、明清時期雷州士民義舉之表現

1、資助族人渡過難關

　　古代，雷州人口多從外地遷徙而來。他們原來或是中原之人，或是江西、福建等鄰區之人，因避戰亂或繁重賦役，或因原居地人多地少，爲謀生計，不得已而南遷，落籍於雷州。在雷州，這些遷民保持著聚族而居的生活方式。一些村莊就由一個族群組成，如清初海康縣有太平村與新橋村，相隔半里許，分別爲譚族與馮族所居〔註1〕。故明清時期雷州地區宗族觀念較強盛。隨著宗族人口的繁衍，同族之人又分出許多獨立家庭。由於各種原因，同族各家庭在獨立發展中貧富日趨分化。這時，一些富有義心的家庭或人士便自覺肩負起資助族人的義務。如明代海康人莫天然，「家富有，好施與，其及於族則有祭田四十石以供祠祀、義田一百石以俟族之不任舉煬（斷炊）者、不掩脛（缺衣）者與不任委禽而結褵（無力婚娶）者、襚（死而乏衣被）者、槥（劣質棺材）者、不能具贏博（經商）者、習舉子業而不能自振者，給（讚助）各有差。」〔註2〕徐聞人吳守經，亦以「性好施」著稱。他有一族侄，名自強，其父貧困，將自強賣給一遠道而來的商人。商人將攜自強離去，吳守經聞訊，「急索鏹（錢）償其直（值）而歸之，仍割產以給」。族中有女子貧困不能辦理嫁妝，吳守經「具奩遣之，成其伉儷」〔註3〕。陳文彬也是徐聞人，明嘉靖

〔註1〕《嘉慶雷州府志》卷16，《人物志》，第425頁。
〔註2〕《嘉慶雷州府志》卷16，《人物志》，第422頁。
〔註3〕《嘉慶雷州府志》卷17，《鄉賢志》，第418頁。

年間知（任職於）隨州，「歸，橐俸悉均之親族」〔註4〕。清代海康監生蔡錫極，「篤於內行（家居操行）。嫂蘇氏一門三喪，不能葬，（蔡錫極）鬻產助之。履中、維權皆族侄也，履中幼孤，母嫁，家無立錐（無田地），（蔡錫極）收撫長成，為之娶婦置產；維權少孤，自鬻遠鄉，（蔡錫極）憐而贖之，時時周贍，俾無失所；族弟彭孤貧，並得廢疾，不能娶，亦無有（願）嫁者，（蔡錫極）乃出金求女以婚之……繼而又建本支小祠，集兄弟子侄於其中，延師訓督之」〔註5〕；林碩亦為清代海康人，附貢生，他「獨喜為義舉，建祠置產，設立規條，凡勸學、助喪、救荒皆有法。族之貧者常沾其惠，人號古風先生。」〔註6〕捐資捐田「以濟族之貧者」，使「族黨貧乏者藉焉」的明清雷州義士還有明代徐聞人鍾世盛、鄧士元等。此類事例在方志「人物傳」或「鄉賢志」中俯拾即是，不勝枚舉。

　　值得注意的是，為了使對宗族成員的救助形成一種具有長久性的制度，一些義士還設立了義田、義莊等，使對族人的慈善救助有專門的經費資財可以支用。義莊據說創始於北宋名相范仲淹，他置田產，設「義莊」以贍養同宗族之人；此後，許多封建士大夫紛紛仿傚，蔚成風尚。至明清以後，富有之家設置義莊更成為一種社會風習，遍行於大江南北，成為民間慈善活動一道獨特的風景線。明清時期的雷州，這樣具有慈善性質的義莊、義田、祠田也有不少。如明代徐聞人駱效忠，「增置義田，以贍宗族之貧者。」〔註7〕清代海康人、例貢生蕭國相，「其父（蕭）顯祖嘗捐田十一石為本支祠堂祭祀、教讀之需。國相繼而行之，期於合族被其澤。將舊捐田經理生息，增置田七石，又捐己田二十八石置諸族祠，每歲除祭祀修祠外，餘租均為二十等，養老、宗子、族正、周困之穀各一，大學之穀六，小學之穀二，科資（科舉資費）之穀三、倉儲之穀五，倣古義田之制，立為規條勒石，族之人多賴之。」〔註8〕

　　這顯然是受儒家「施由親始」宗法血緣觀念影響的結果，受益者僅為同族之人。儘管有些局限，但這些義舉、義士仍受到當時官府及民眾的肯定和好評、尊敬，「時高其義」，其中一些義士因為富有義心而被古代雷州人祀於

〔註4〕《嘉慶雷州府志》卷16，《人物志》，第421頁。
〔註5〕《嘉慶雷州府志》卷16，《人物志》，第429～430頁。
〔註6〕《嘉慶雷州府志》卷16，《人物志》，第430頁。
〔註7〕《嘉慶雷州府志》卷16，《人物志》，第421頁。
〔註8〕《嘉慶雷州府志》卷16，《人物志》，第429頁。

鄉賢祠中，敬之如神明。正如一些學者所言：「他們在鄉間皆有較好的口碑，向有『善士』或『善人』之美譽。因此，他們創建義莊，即使出於宗法觀念等方面的因素考量，其對於同族貧困者的救濟幫助，也是屬於民間慈善事業的重要組成部分」。〔註9〕

2、對身陷困境的鄉鄰施以援手

明清時期，雷州不少義士施與的對象並不限於宗族成員，而是及於鄉鄰他族。義舉內容涉及在生活上資助他人；在學業上資助他人子弟入學就讀以及施棺為死難鄉人營葬。如清代海康人程世則，「晚年家漸饒裕。有同姓數家居其村，不事生產，（程世則）割己田十數畝以贍之，數家之子孫至今猶賴以存活」〔註10〕。

程世則周濟的僅是同姓人家，並非自己族人。明代海康人、庠生莫天然，「樂義好施，曩（過去，以往）雷（州）民饑甚，君（莫天然）周（濟）之，捐金三百八十兩，生者哺（養育），死者瘞（掩埋），合郡均受其惠。」〔註11〕一些外出任官的雷州人，自身生活儉樸，所得俸祿除事親外，其餘則用於資助同鄉的貧困者。清代雷州籍清官陳瑸，出仕之前，家庭貧困，就曾得到多位海康義士的無私援助。吳馬期及譚宏略即為其中二人。吳馬期，清初海康人，「尤宏獎士類，為諸生時，設帳於家，一時學者從之」，「陳瑸其高足也，瑸故貧，馬期教而兼養，迄于大成」〔註12〕。譚宏略亦海康人，貢生，「生平輕財樂施」，「陳瑸微時，一切讀書應試之資皆其佽助（幫助）」〔註13〕。可以說，沒有這些義士的慷慨援助，家貧的陳瑸不可能得到良好的教育，自然也不可能通過科舉考試進士及第，成為有清一代著名的封疆大吏。

3、讓利施惠於人

古話說：「天下熙熙，皆為利來；天下攘攘，皆為利往」，說明了趨利是人的重要本性。因此，面臨利益而不爭，甚至對於自己應得的利益而不取，主動讓人，就是一種難得的義舉。此類義舉在明清時期的雷州地區屢見不鮮。如明代雷州人駱廷用，「暗然好修，恬於聲利，二次讓貢與同門黃玹、陳端」

〔註 9〕周秋光，曾桂林：《中國慈善簡史》，北京：人民出版社，2006 年，第 190～191 頁。
〔註10〕《嘉慶雷州府志》卷 16，《人物志》，第 432 頁。
〔註11〕《嘉慶雷州府志》卷 18，《藝文志》，第 532 頁。
〔註12〕《嘉慶雷州府志》卷 16，《人物志》，第 423 頁。
〔註13〕《嘉慶雷州府志》卷 16，《人物志》，第 432 頁。

〔註 14〕。貢生是明清兩代科舉制度中，由府、州、縣推薦品學兼優的生員到京師國子監學習。獲得貢生身份（資格）不僅是莫大的榮耀，而且對於本人仕途也大有影響，而駱廷用兩次將這樣的機遇讓與同窗學友！

有借有還本為天經地義之事；借而不還常常成為人際間矛盾糾紛的緣起。現實生活中，因借而不還遂使朋友、兄弟、親戚反目成仇，甚至由此而引發的刑事案件並不罕見。然而，明清時期，雷州人中借貸而不責償還的義士卻並不少見。如明代徐聞人鄧植，「鄉有貧者貸不取償」〔註 15〕；明代遂溪人洪化龍，「鄰鄉有借貸者，與之，不問其償」〔註 16〕；林棐，海康人，「慕義好施，週知鄰族貧乏……築江濱館，每年就學者四五十人，不責修贄。門人赴京，乏資者，（林）棐將己田質於人，取銀以贈門人，宦歸不償，竟不取」〔註 17〕；徐聞人陳奇貴，「生平好周人急，重義舉，有告貸者輒與之，久不能償，即焚其券」〔註 18〕。借貸而不責（索）償等同於捐資助人，雖然其中有主動與被動之差別。借而不償通常是因為貧困，無力償還；借貸而不責人償還，則體現了借貸者的富於義心。

在醫療條件還很落後的明清時期，有一些善醫者，不是利用醫術騙人錢財，而是施醫給藥而不取值，救人命於病痛之中，也是一種可貴的義舉。如清代遂溪人周文珍，曾任遂良書院山長，治學授徒之餘，「兼精醫（術），有病者予以（藥）方，往往見效，然從無受謝」〔註 19〕；徐聞監生林魁春也「素習醫，自備藥材在家，鄰有疾，處方給藥不取值」〔註 20〕。

4、為人申冤，化解鄰里矛盾糾紛

鄰里之間在生活、生產過程中，常會因為各種原因產生矛盾。這種矛盾，當事人雙方往往都不易解決；矛盾不解決，怨隙難免越來越深，以致整族整村持械相鬥，長年不息，成為一方治安隱患。此時，如有義士從中調解斡旋，或許可以使劍拔弩張的雙方趨於和解，化干戈為玉帛，長年糾紛一朝化解。

〔註 14〕 《萬曆雷州府志》卷 17，《鄉賢志》，第 416 頁。
〔註 15〕 《萬曆雷州府志》卷 17，《鄉賢志》，第 417 頁。
〔註 16〕 《嘉慶雷州府志》卷 16，《人物志》第 419 頁。
〔註 17〕 《萬曆雷州府志》卷 17，《鄉賢志》，第 414 頁。
〔註 18〕 《嘉慶雷州府志》卷 16，《人物志》，第 432 頁。
〔註 19〕 《道光遂溪縣志》卷 9，《列傳》，第 649 頁。
〔註 20〕 《嘉慶雷州府志》卷 16，《人物志》，第 432～433 頁。

清前期海康就有這樣一位義士——陳士奇。據載,「陳士奇,字英相,海康人,原籍瓊山,康熙初以海外多寇,避地來雷(州),於南田村居焉。去村半里許,有太平村,譚族居之;又半里許,有新橋村,馮族所居也。時雷(州)亦多土寇。二族並饒於訾(資),各募丁壯備攘奪。然故有隙,動輒聚眾械鬥。(陳)士奇周旋兩姓間,曲為譬解,卒歸於好。」「士奇既釋兩姓之爭,自是鄰里或有齟齬,輒相與質之。(陳士奇)數言調處,亦無不相悅以解者」,成為眾人信賴的矛盾糾紛調解人〔註21〕。

這樣居中調解,使民眾糾紛得以平息,社會得以安寧的義士還有不少。如清代海康人丁騰章,「嘗(曾)有兄弟鬩牆,勢將成訟。(丁騰章)極力理諭,卒使(兄弟)如初」〔註22〕;清代徐聞人吳昭亶,為村民「排難解紛,凡所當為,抱公憤,竭囊資,悉無吝悔」〔註23〕;林棋華,官授兵部職方司主事,致仕歸鄉後,「鄉里有不平事,善排解,人服其公明」〔註24〕;鍾震國,「居家周濟族鄰,鄉人有不平事善為排解,闔(合)邑欽之」;陳文彬,「錦囊兵變,賴(陳文)彬調之得解」〔註25〕。

5、災後義賑

明清時期,雷州地區多有災害發生。災害來臨,不僅破壞了雷州人的生產條件,也使許多雷州人陷於貧困飢餓之中,掙扎在死亡線上。這當兒,應由官府進行賑災。然而,由於官府財政困難,我們發現,災後官賑很罕見,而多見的卻是民間義士進行的義賑,使不少災民得以渡過災荒。此類記載於方志中也屢屢可見。如:柯時復,海康人,明萬曆丙申(1596)年,「荒疫並作,(柯時復)罄產買穀以賑,更煮粥通衢以食饑民,作義冢以掩殍(餓死的人)胔(腐爛的屍體)」〔註26〕;鄧宋濂,海康人,「性慷慨好施予。康熙壬辰(1712)、癸巳(1713),連年饑荒,(鄧宋濂)出谷以濟,並設飯於門,俟饑者過輒與之食」;海康人宋仕偉,「樂善好施,每以歲饑賑粟,鄉里間稱善人」〔註27〕;徐聞監生彭宗英亦樂善好施,不僅無償資助貧困人家子弟入學,

〔註21〕《嘉慶雷州府志》卷16,《人物志》,第424~425頁。
〔註22〕《嘉慶雷州府志》卷16,《人物志》,第430頁。
〔註23〕《宣統徐聞縣志》卷13,《人物志》,第549頁。
〔註24〕《宣統徐聞縣志》卷13,《人物志》,第549頁。
〔註25〕《宣統徐聞縣志》卷13,《人物志》,第550頁。
〔註26〕《萬曆雷州府志》卷17,《鄉賢志》,第415頁。
〔註27〕《嘉慶雷州府志》卷16,《人物志》,第432頁。

延師教之，「而救荒解難亦往往竭力周恤」〔註28〕；遂溪人楊翯，「生平好義舉，每遇歲歉輒竭力出賑」；海康人陳餘備，「每遇歲饑輒出谷以濟貧，一時好義之名聞於當道」；徐聞人林魁春，「篤於行善。乾隆戊寅（1758）己卯（1759）歲大荒，徐（聞）民逃亡甚眾。魁春屬（囑）其里之老而慰安之，每年捐穀百餘石以資接濟，里人得以保存」〔註29〕。

更感人的是，一些雷州義士不僅在本土雷民遭災時及時捐資賑濟，即使是聞知鄰近地區遇災，也急於施與救濟。如徐聞附生、義士陳炳機，「乾隆年歲荒，載穀三百餘石渡瓊州（今海南），稟請道憲賑濟窮民」〔註30〕。

6、捐資興教助學

雷州地區學校教育的興起較遲，地方志中有明確記載者始於北宋。然而，自學校教育興起，雷州地區即迅速形成了重學重教的良好的社會氛圍。至明清時期，不僅府學、縣學、書院等官辦教育並興，社學、義學等基礎教育及私人教授也都同時並存，並且教育成效顯著，人才輩出，移風易俗，已有「海濱鄒魯」的美譽。這其中，雷州地區義士的捐資助學是功不可沒的。

雷州由於近海，風雨多且猛烈，房屋（尤其是草木結構的房屋）易受摧毀。故學校數年或十數年即需修葺。修葺支費龐大，官府撥款極有限，因此，每遇府學、縣學修葺或興建，常常是由官員帶頭捐俸，然後士民紛紛慷慨解囊，使工程得以順利完成。這是規模較大、參與士民眾多的義舉。此外，民間義士個人行為的捐資助學，事例還有許多。

有不僅重視自家子弟教育，見他人子弟有堪造就而因家貧不能延師受教，而慷慨資助之，使他們得受教育者。如彭宗英、清代徐聞監生，「性純厚，樂於成就人才，見族黨鄰里子弟有堪裁成而貧不能讀者，則與之膏火，延師教之」〔註31〕；吳世璉亦為清代徐聞監生，「性敦篤，仗義疏財，尤好引獎士類。邑（縣）有蔡如璧、程書成，少穎悟，力不能讀，世璉延師教子，招之同學，仍時時周恤其家，二人卒成歲貢。其餘類此者不一而足。」〔註32〕年青學子學成以後，最大的願望是通過科舉考試晉身入仕。而科舉考試得赴省城甚至京城應試，這需要一筆不菲的費用，「苟非家有贏餘，未易束裝就道」

〔註28〕《嘉慶雷州府志》卷16，《人物志》，第428頁。
〔註29〕《嘉慶雷州府志》卷16，《人物志》，第432頁。
〔註30〕《宣統徐聞縣志》卷13，《人物志》，第551頁。
〔註31〕《嘉慶雷州府志》卷16，《人物志》，第428頁。
〔註32〕《嘉慶雷州府志》卷16，《人物志》，第433頁。

〔註33〕。這成了學優而貧窮人家子弟的最大心病。一些義士的捐資相助，爲這些學子的成才鋪平了道路。

7、為民請命除害

民眾遭遇迫害，無處申冤，這時候，有人挺身而出，爲民鳴冤，解民疾苦，便被民眾視爲義士、義舉。這樣的義士在造福於民的同時，可能自己會受到迫害或暗算，但義士常常將此置之度外。如明弘治年間（1488～1505），徐聞遭遇動亂，縣治被迫遷至海安所，藉軍隊以維持治安。當時軍強民弱，民眾常受兵弁欺凌，敢怒不敢言。士人勞文盛認爲要擺脫兵弁欺凌，惟有將縣治回遷賓樸，「乃倡義呈覆賓樸」。縣治回遷有損兵弁既得利益，「武弁有中傷之者，以知幾（機）獲免」〔註34〕。王錫扁，清乾隆時遂溪舉人，「錫扁爲諸生時，稔知東場鹽戶竈丁久爲商人所苦。乾隆二十二年，乃具疾苦狀聞之府縣並省垣，大吏令本場鹽聽民自煮自賣，照例完納課餉」。志家讚譽這是「錫扁之惠也」〔註35〕。可謂一人而造福一方了。

明代，海康人陳時雍只是一名士人，「時內宦（宦官）趙蘭鎮守珠池，恣行剽掠，民苦之。（陳時）雍率士類抗言於當路，（趙）蘭竟革去，大爲雷（州）、廉（州）造福」，後被「祀鄉賢」〔註36〕。趙蘭是明朝正德年間被派到雷州來負責爲朝廷採珠的宦官，倚恃著皇帝的撐腰，目空一切，爲所欲爲，毫無顧忌。當時，雷州知府王秉良，是一位有所作爲，深受雷州人民愛戴的好官。面對趙蘭在雷州的胡作非爲，他義憤塡膺，想將趙蘭板倒。然而，事與願違。最終被板倒的不是趙蘭，反而是王秉良自己！他被逮捕至京師，投入牢獄。地方志記載：「時守珠內宦趙蘭氣焰甚熾，公（王秉良）每與之（趙蘭）抗，民恃以安。（趙）蘭因銜公，誣構以私（以權謀私），逮至京下獄。蘭勢益張，奪富民產，捕無辜民陳應魁樸殺之。眾民激變，訟於當路，竟無如（趙）蘭何。」〔註37〕堂堂一知府尚且鬥不過宦官，陳時雍以區區一士人而敢挺身而出與之抗爭，其結果將如何，相信陳時雍是深明的；但他還是義無反顧，爲民除害，將個人一切置之度外！

〔註33〕《道光遂溪縣志》卷11，《藝文志》，第726頁。
〔註34〕《宣統徐聞縣志》卷13，《人物志》，第548頁。
〔註35〕《道光遂溪縣志》卷9，《列傳》，第649頁。
〔註36〕《萬曆雷州府志》卷17，《鄉賢志》，第412頁。
〔註37〕《萬曆雷州府志》卷15，《名宦志》，第378頁。

明清時期雷州地區義士眾多，義舉盛行，不僅內容涉及面廣，受惠人眾，還有幾點值得一提的：一是「好施與」者並非全是知書識禮且富有的人士，不少本身生活貧困者也加入了義舉的行列。如勞文盛，徐聞人，「生平好施與，雖囊篋蕭然，而有求輒強應之，人深銜其德」〔註38〕；彭翰魁，「家貧不具饘粥，欣如也，以舌耕（授徒）餬口，終歲所得修金，遇窮不能自瞻者，推以與之，無吝色」〔註39〕。甚至一些地位低下的僕人也富有義心，有義舉。方志中「人物志」後附設「義僕」傳，即為其例。二是義士的義舉是經常性而非偶而為之的，而且涉及面廣，醫治病人，救濟困窮，為人排難解紛，只要他們認為是義舉，都義無反顧地投身其中。「性倜儻，好義舉，每遇公益，捐貲（資）首倡」，「尤潛心歧黃術（醫術），嘗設醫館濟人，四方活者不計數。……處鄉里，排紛解難，人咸怙服，稱明決焉」〔註40〕。這是志書對清代徐聞義士吳仁達的述評。事實上，這樣好義舉的義士在明清時期的雷州地區處處可見。三是許多出仕在外的雷州士大夫將雷州人樂善好施的精神品格帶到了異地他鄉，以自己微薄的俸祿作為「慈善基金」，對異地他鄉的貧困者、遇難者進行周濟、善後或資助貧困學生；或對水災遇溺者捐俸治棺瘞之；而當他們致仕回鄉時，許多人都是「囊橐蕭然」！這樣的事例在地方志「鄉賢志」中有案可稽。這些雷州籍官員在他鄉的義舉，不僅贏得了他鄉人的好評，對他們的為官行政也大有助益；一些人還被當地民眾祀於名宦祠中。

二、明清時期雷州地區義舉盛行的原因及其社會意義

筆者認為，明清時期雷州地區民間義士眾多，義舉盛行，並非偶然現象，而是由多方面因素共同促成的。

首先是明清時期雷州地區經濟的發展，為義舉的盛行奠定了物質基礎。

經濟基礎決定上層建築，對某種社會思潮、社會現象有深刻甚至是決定性的影響，這是唯物史觀的基本內容之一。具有樸素唯物主義思想的偉大史學家司馬遷曾說：「君子富，好行其德」；「人富而仁義附焉」（《史記·貨殖列傳》）。通過對明清時期雷州地區義士身份地位及家庭境況進行考察，我們可以發現，熱衷於義舉的義士中，家境殷實富有者佔了多數。如，以「鄉有貧

〔註38〕 《萬曆雷州府志》卷17，《鄉賢志》，第417頁。
〔註39〕 《道光遂溪縣志》卷9，《列傳》，第649頁。
〔註40〕 《宣統徐聞縣志》卷13，《人物志》，第551頁。

者貸不取償」而受人敬重的徐聞人鄧植「爲徐邑（聞）望族」。一方「望族」
自然是富有之家；「性好施與」，曾「捐田以濟族之貧者」，又「割田以資」學
校課業的徐聞義士鄧士元，可知也是殷實人家；以「好施與」而著稱的明代
海康義士莫天然、莫天賦，之所以能設「祭田」、「義田」以助族人，又設「科
資田」以助邑（縣）人士之赴舉者，除了富於愛心、義心外，還因爲其「家
富有」；以「好周人急」、「義在能與（施與）」的海康義士陳其瑋，亦是「家
素裕」〔註41〕。雖然明清時期好行義舉者中也有貧困者的身影，但這樣的義
士畢竟數量少，其義舉受益者也有限。這是經濟條件的制約所致。

　　其次是儒學教育的深入普及。

　　從宋代以來，封建統治者對於地方教育事業的發展都極重視。在雷州，府
學及遂溪、徐聞兩縣儒學都興建於宋代；海康縣儒學也於元代興辦。除府、縣
儒學外，還有幾所書院及散佈各縣城鄉的義學（社學）。這些層次有別的學校教
育，其主要內容都是儒學。儒學宣揚的是孝、悌、仁、義等道德規範，其中，
儒學對於「義」又特別重視。《論語》中就有許多論述、倡導「義」的說教，如
《爲政篇》的「見義不爲，無勇也」；《子張篇》的「士見危致命，見得思義」；
《憲問篇》的「見利思義，見危授命」；《里仁篇》的「君子喻於義，小人喻於
利」，等；此外，儒學典籍《春秋》、《荀子》、《孟子》等也都大力鼓動人們重義
輕利，使「錢財如糞土，仁義值千金」的觀念深入人心。此外，儒學宣揚的孝、
悌、仁等倫理美德又與「義」密不可分：孝者敬老，悌者愛幼，仁者愛人，所
有這一切都是「義」。換言之，儒學教導人們要富於愛心，當他人遭遇困難、不
幸時，應力所能及地施以援手，助人渡過難關，營造和諧社會，這樣的人才堪
稱仁人義士。明清時期，雷州地區學校教育普及，儒學理念深入雷州士民人心。
如白若金在明嘉靖年間任遂溪縣儒學教諭，他「以師道教士，士皆修飾名節，
以禮義篤行爲先」〔註42〕。這就使雷州地區眾多士人養成了「守儒素，遠勢利」
的品格。如清代徐聞士人蘇其章，自少刻苦求學，以科名自期，由副榜而舉人
而官翰林檢討，「雖受祿漸積，富有家訾（資），猶甘淡泊，守儒素風特。邑（縣）
有義舉，修文廟，建義學，不惜重貲襄厥成」〔註43〕。正如學者所言：「秦漢以
後，中國社會逐漸形成了以儒家爲主流，釋、道等爲支流的傳統文化，它們是

〔註41〕　《嘉慶雷州府志》卷16，《人物志》，第419～425頁。
〔註42〕　《嘉慶雷州府志》卷10，《名宦志》，第314頁。
〔註43〕　《宣統徐聞縣志》卷13，《人物志》，第547頁。

中國慈善思想主要的來源。」﹝註44﹞這就是明清時期好行義舉者大多受過良好的教育，其身份多為「監生」、「庠生」、「貢生」、「增生」的原因所在。通過這些士人的義舉，又對普通民眾造成影響，帶動更多的雷州人熱衷義舉，形成了一種較普遍的社會良好風氣。

再次是雷州地方官及本地義士義舉的示範影響。

自宋以來，大批異地籍官員到雷州府、縣來任官。期間，每遇雷州發生自然災害，雷民生活艱難，或公益事業需要振興，而政府又財政困難，難以動用公帑進行賑濟或支持時，不少官員（包括一些暫時委任代理的「居攝」官員）就慷慨解囊，捐俸相助。這樣的事例在地方志「名宦志」中可謂俯拾即是，不勝枚舉。

這些官員的義舉，從內容上說，涉及賑濟饑民、修飾學宮、資助士人中的貧困者，自購牛種以佐貧窘之民，還有「葬死恤生」、「捐金考課」、「置學田以助科舉」等等。這些官員的慷慨捐俸行義，深受雷州士民敬仰，在方志中，「雷人思之不置」、「士頌民懷」、「士民立碑誌思」之類用語觸目皆是。這無疑為雷州士民，尤其是以官員為學習模範的士人樹立了良好的榜樣，促使雷州士民「見賢思齊」，起而仿傚之。例如，明代海康赤嶺村莫天然等士人的義舉，就顯然受到該縣知縣沈汝梁捐俸助學義舉的影響。據方志記載，明萬曆十年，海康知縣沈汝梁捐俸金一百七十金（兩）為縣儒學置學田；萬曆二十八年，莫天然「捐金一百兩，欲置學田，歲收租入官以資科舉費」；「已而林生鳳起、周生彪以東井邁特田二號進（捐獻）」；莫天然「聞之益以己置安攬西廳田二號，計值一百兩入來，添前兩項田中」。此外，莫天然還捐資「聿修祠寢，仿文正公（南宋雷州知府薛直夫）立義莊（貢士莊），計畝不啻（止）數百頃，為之追報，為之養賢贍貧」，其仿傚名宦義舉（薛直夫曾捐俸立二蘇祠以紀念祭祀蘇軾、蘇轍二賢士，又捐俸置田立貢士莊以資助雷州士人應科舉試）的事實更是昭然若揭﹝註45﹞。

其它雷州士民的義舉，同樣不可避免地受到這些名宦義舉直接或間接的影響。

義舉似乎還具有「傳染性」。其表現之一是：不少義舉的受益者或義士的受業者也成為義舉的奉行者。陳瑸即為典型之一例。前述，陳瑸出自貧窮

﹝註44﹞周秋光，曾桂林：《中國慈善簡史》，第8頁。
﹝註45﹞《嘉慶雷州府志》卷18，《藝文志》，第531～532頁。

人家，在接受基礎教育階段曾得到義士吳馬期、譚宏略等義士的資助；當他通過科舉考試進士及第，出任福建巡撫時，陳璸作出了一項偉大的義舉：「疏請撥巡撫公用銀充兵餉，（朝廷）不允，仍請並所積俸銀解粵，為郡東洋修築海堤工費」。東洋海堤是雷州人民生命及生產的安全保障，由於受海潮及颱風衝擊，常築常圮，而修復又耗費巨大，官帑難以支持。陳璸此一義舉得到康熙帝批准，「因舉其事，堤工鞏固，此大有造於桑梓者也」。曾受業於陳璸的陳其瑋，又以「好周人急」而著稱。其表現之二是，父祖行善，子、孫亦熱衷於義舉。「蕭國相，例貢生，海康人，其父顯祖嘗（曾）捐田十一石為本支祠堂祭祀、教讀之需；（蕭）國相繼而行之，期於合族被其澤」；徐聞人鄧士元，「性好施與，嘗捐田以濟族之貧者，念學校課業無需（無經濟來源），割田以資之。其子孫恪守遺訓，可謂不忝箕裘矣」〔註46〕，都是其中之例。

官府對義舉的表彰及民間對義士的推崇，也助長了明清時期雷州地區義舉成風。

為鼓勵士民熱心公益慈善事業，協助遭遇困境者渡過難關，明清兩代地方官府對於士民的各種義舉給予表彰，以樹立榜樣，使之在民眾中起風化作用。如顧汝鐸，雷州衛人，性孝且義，「三世之喪躬自襄（辦理）之，更以及親族之未葬者，屢為督學所獎賞，由選貢入太學」；遂溪人洪化龍，「鄰鄉有借貸者，與之，不問其償。崇禎壬申歲，闔邑製錦表其世德。癸未歲，縣尹朱盛淐辟薦優行。知府王允康特嘉獎勵」；海康人莫天然「好施與」，設祭田、義田資助族人，還設「科資田」以資助同邑人士之赴科舉者。莫天然受到鄉里人的嘉譽及官府的表彰，「令譽播於一時。萬曆間，屬使者行部，廉（察訪）得善狀，為請孝弟（悌）茂才爵一級以示旌獎」；海康人黃憲，「與兄分產多年。兄卒後，生事零落，諸侄男女十餘人不能自存。（黃）憲仍撫養之，秀者命之讀，魯者命之耕，一切婚嫁視若己子；又人各分田數畝，命其各自治生。或歲荒不給，仍周贍不吝。巡撫王安國旌其門，曰：『誼（義）周一本』（義及一族）」〔註47〕。地方在向高一層次學校（國子監、太學）選舉生員時，生員的義舉也成為考察條件之一。志家在編纂志書時，對這些好行義舉的義士也多加頌揚，還常將他們的後裔在學業、仕途上的順遂說成是義士「積德」

〔註46〕《嘉慶雷州府志》卷16，《人物志》，第420～429頁。
〔註47〕《嘉慶雷州府志》卷16，《人物志》，第416～429頁。

的結果。這頗有「善有善報」、「積善之家必有餘慶」的意味。對於相信「報應」說的士民是頗有激勵作用的。

除官府的表彰旌獎外，還有鄉里的輿論推崇、鄉民的敬仰。其方式多種多樣，或是義士卒後將他們置於「鄉賢祠」或「忠義孝弟（悌）祠」中拜祭，視之為神明；或是口碑頌揚，所謂「令譽播於一時」、「邑人仰其高風」、「聞者莫不多（頌揚）其義」；或是賦詩作文、刻石勒碑，使其義舉事跡傳之久遠，如「樂善好施，每以歲饑賑粟」的義士宋仕偉，「省大吏錫（賜）區旌（表彰）之，孝廉丁兆啓誌其事於墓碣」〔註48〕。

官府的表彰以及民間的頌揚推崇，對於行義者是一種莫大的榮耀；對於普通士民又是一種激勵，使之「見賢思齊」、「擇善而從」。

第四，義舉是富有人家保護其私有財產的唯一有效的辦法。災荒時期，民眾生命危在旦夕。在面臨絕境之時，盜竊乃至搶掠之事便難以遏止。當眾人群起而攻之，對見死不救、「為富不仁」的富有人家實施公開的搶劫甚至縱火，不僅富有之家徒喚奈何，即使官方出兵彈壓，亦未必有效。因此，危機時刻捨得捐出部分錢財，對罹難鄉民進行救濟，既能博得「行義」的好名譽，又能保護部分私有財產，可謂一舉兩得。清雍正七年（1729），雍正帝曾發佈一道《諭富戶》的勸諭文告，謂：「從來遇歉荒之時，貧民肆行搶奪，先眾人而受其害者，皆為富不仁之家也。迨富家被害之後，官法究擬，必將搶奪之貧民置之重典，是富戶以斂財而傾其家，貧民以貪利而喪其命，豈非兩失之道，大可憫惻者乎！朕為此勸導各富戶等，平時當以體恤貧民為念，凡鄉里佃戶中之窮乏者，或遇年穀歉收，或值青黃不接，皆宜平情通融，切勿坐視其困苦而不為之援手。如此，則富戶濟貧戶之急，貧戶感富戶之情，居常能緩急相周（濟），有事可守望相助，忮（嫉妒）求之念既忘，親睦之心必篤，豈非富戶保家之善道乎？從來家國一理，若富戶能自保其身家，貧民知其衛夫富戶，一鄉如此，則一鄉永靖；一邑（縣）如此，則一邑長寧。是富戶之自保其家，尤富戶之宣力於國也。」「是以特頒諭旨告誡爾等富戶：為富戶者當知己之得於天者甚厚，當存濟人利物之心，行救困扶危之事，敦睦宗族，周恤鄉鄰，下逮佃戶傭工，皆加惠養，則人人感其德意，即可消患於未萌。況積善之家必有餘慶，種福果於天地之間，子孫必常享豐厚，豈不美歟！」要求「各省督撫將朕此旨通行該屬之鄉紳士民人等共知之，料朕赤子良民必

〔註48〕《嘉慶雷州府志》卷16，《人物》，第432頁。

不負朕期望之誠意也。」〔註49〕可見，危機時刻從事「義舉」，不僅可使罹難鄉民得以渡過難關，同時也可以使富戶保住部分財富，還可使國家免除大動亂之發生，一舉多得。

民間義士及其義舉，是我國傳統慈善事業的重要組成內容之一。儘管存在著諸如資金少及受益者有限等種種局限，但由於從事義舉者人數眾多，歷時長久，其對社會對民生的積極意義還是不可少覷的。

首先是有利於階級矛盾的緩和，社會秩序的維穩。

封建社會是建立於階級對立基礎之上的。統治階級利用其掌握的國家機器和權力，對被統治階級進行壓迫、剝削，使被統治者處於貧困境地，生活艱難。這是階級矛盾的根源，也是農民階級奮起反抗鬥爭的重要原因之一。尤其是一旦遭遇天災或人禍（動亂），更使勞動人民處於死亡線上。這時候，勿謂官府財政困難不能開倉賑濟，即便有能力施賑，由於報災、勘災等種種制度的限制，災民也難以得到及時有效的救濟〔註50〕。而民間的義賑，卻不受此限制，可以及時展開，對災民無異於雪中送炭，有利於地方安集流散，協助災民渡過難關。例如，海康人丁鴻猷是清初一位義士，「康熙初年，土盜楊二、張彪等肆虐，宗族逃散。鴻猷多方安集，無產者給之田，不能娶者助之財，俾（使）奠厥（其）居。壬辰、癸巳歲饑，視族里之困者量口而與之穀，所全活甚眾」〔註51〕；丁騰章，「乾隆己酉年（1789）饑，鄉人大困。（丁騰章）乃儉食出谷以倡（賑），力勸有穀之家酌量共濟之。不能舉火者賴以存活。閭里稱善人焉。」〔註52〕又如清代海康義士陳其瑋，「家素裕，好周人急，以社務紛擾，差役叫囂，自捐貲抵補，不使爲鄉里累。壬辰、癸巳歲凶，傾困（糧倉）出粟以濟之」；徐聞義士林魁春在災荒之年也捐穀百餘石以接濟饑民〔註53〕。這些義舉，「既起著安老

〔註49〕 《嘉慶雷州府志》首卷，《典謨志》，第49〜50頁。
〔註50〕 明清時期，地方發生災害以後，朝廷即通過從縣州到府、府到省，再到朝廷，自下而上的逐級報災機制，以瞭解各地的災情。接到災報之後，如遇重大災害，朝廷還要遴選委員會同地方官員親赴災區，深入田間地頭，逐村、莊、區實地勘查災情，並要求受災戶填寫「災單」，最後將各村落情況匯總，以確定該區域的「被災分數」。以上事務完畢，才可以傳令地方放賑。由於官賑手續繁瑣，頗費時日，常常未能及時有效地救災民於危機，於是，一些富有義心並具備一定經濟實力者便自行賑濟災民。
〔註51〕 《嘉慶雷州府志》卷16，《人物志》，第424頁。
〔註52〕 《嘉慶海康縣志》卷6，《人物志》，第153頁。
〔註53〕 《嘉慶雷州府志》卷16，《人物志》，第425、第432頁。

助孤、扶貧濟困的作用；同時又起著梳理社會人際關係、緩和社會矛盾、穩定社會秩序的作用。」〔註54〕

　　義士的善行義舉還使一些原來不利於社會治安的無賴偷盜作惡之徒受到感化而浪子回頭，棄惡從良。以下數例可見一斑：海康人程名儒，「尤勤勤於宗族之際」，致力於周濟宗族，「族中有無賴子浪蕩不務生產，（程名儒）時切戒之。（無賴子）久悟。名儒卒，（無賴子）捶胸號泣曰：『天不欲使人遷善耶，何爲奪此與人爲善之人也！』百日內不離喪次，若孝子焉」；上述丁鴻猷義舉多多，「嘗（曾）有盜夜竊，（丁鴻猷）覺而謝（謂）之曰：『爾（你）飢寒，何不告我而爲此？』予錢一千，戒以改行。盜謝（道歉）而去，後果從善」；徐聞監生彭宗英，樂善好施，「鄉鄰有穢行者，一生未嘗敢見其面也」〔註55〕。

　　其次是推動了雷州地區教育事業的發展，人才的輩出。

　　在古代，官學是主要的教育機構。官學的興建、修葺及教學的維持，當然離不開官帑的支持。但雷州爲邊郡，相對於內地富裕郡縣，財政相對困難；而雷州濱海多風雨，學校設施易於損壞，故而屢興屢廢，屢廢屢興，支費浩大，官帑無力支付，唯有依靠士民的慷慨解囊，捐資助學。地方志「學校志」、「建置志」中，就有大量自宋以來包括明清時期雷州士民踴躍捐資襄助府、縣儒學興建、修葺的記載。可以說，沒有這些士民的捐獻義舉，雷州地區的學校教育是難以維持的，人才輩出更難以設想。

　　此外，府、縣儒學生徒在就讀及應舉過程中，還常常遇到各種障礙，尤以家庭貧困，生活艱苦爲「瓶頸」。當時人就曾說：「巧婦不能以無米炊。從公（按，指拜師求學）而困柝腹（喻飢餓），筆耕而嗟鮮飽，誰能堪此？是以學田膏火亦在所必需。」〔註56〕另外，學成之士要赴省城、京師應考，千里迢迢，鉅額的盤纏（路費）也使不少士人不得不放棄赴考。爲解決雷州士人這些難題，不少雷州義士（包括官員）或爲學校捐資購置學田以供學士膏火之資，或爲貧困生徒捐俸捐資，以助其學，甚至助其完婚，使之安心於學業。如何文振，清代徐聞人，「武舉人，慷慨好義，通邑（縣）嚮（過去）無科資（科舉經費），（何文）振始置鄉、會試賓興（按，「賓興」本義指赴科舉考試的一種禮儀，此指科舉應試基金），先自醵金（籌錢）多數，首倡勸捐，集眾

〔註54〕《中國慈善簡史》，第7頁。
〔註55〕《嘉慶雷州府志》卷16，《人物志》，第424～430頁。
〔註56〕《宣統徐聞縣志》卷5，《學校志》，第484頁。

腋裘充之。士之乏資者咸藉以興（成才），至今食德未艾。」〔註57〕這僅是眾多義舉助學之一例。

私學的興辦及造就人才亦體現了義舉襄助的意義。在清代，徐聞有一位感人的助學義士，他就是吳昭萱。志載，「國（清）初，徐地（聞）未靖，知學者少。（吳昭萱）乃建校延師，招徠多士。凡有艱（於）膏火者皆力為任。其猶（尤）德之者如歲貢黃方中、廩生吳國棟、庠士王國宗，少好學，貧無資，（吳昭萱）因供膏火，給衣食，且為營娶完室，各給田十畝贍之。三子（人）率以文學顯，皆（吳昭）萱栽培力也。」〔註58〕私學承擔著基礎教育的使命，為府、縣儒學輸送優秀生員。不少雷州貧窮士人（包括著名的雷州籍清代封疆大吏陳瑸）正是通過私學而官學而科舉才得以成才的。

明清時期，雷州城鄉還存在許多「義學」。義學由士民捐資籌辦，不取或少取費用，亦使眾多雷州貧困子弟得以入學，接受初步教育。

士民義舉不僅使眾多貧寒士子得以接受教育，更在精神上激勵他們奮發向上。《萬曆雷州府志》卷十《學校志‧海康儒學》在記述邵兼捐銀五十兩為海康縣儒學置學田，「歲入其粒以業（資助）貧乏」時，謂：「不惟困窮者獲其所資藉，益奮於學；即縉紳黎庶莫不踊躍，蒙恩之士不忍泯泯無傳也」。

再次，義舉的盛行改善了雷州地區的交通條件。

《萬曆雷州府志》卷八《建置志》「論曰」云：「民不病涉（不為過河過海煩惱），橋渡急焉」。雷州濱海，多河溪，無橋渡，民寸步難行。明清時期，雷州地區大量橋渡是由民間義士捐資籌建並維持的：或獨力出資建造，或集體捐資營建、重修，為雷州人的生活生產創造了便利條件。

如海康縣有麻含橋，「（距縣城）西十五里，路通海康所，舊橋傾圮，行者病涉。永嘉（今浙江溫州市）商人陳世高捐財砌石橋二間（座），長二丈五尺，闊八尺，往來稱便」；又有芝林西橋（又稱「西山橋」），位於芝林村之西。明正德年間，「義民張鵬捐貲（資）伐石建橋二間（座），長三丈，闊一丈，東通錦囊，北通郡城」；另有芝林東橋，「亦張鵬所創，石橋三間，長五丈，闊一丈，路通錦囊所」；又如海康仙居橋，「北五十里，平岡中火鋪官路合流之衝，舊架棧道易壞。（明）萬曆三十年，指揮梁拱極捐俸不足，募緣鳩工，砌石橋三間（座），長五丈，闊一丈左右，石欄，行者便之」〔註59〕。

〔註57〕 《宣統徐聞縣志》卷13，《人物志》，第548頁。
〔註58〕 《宣統徐聞縣志》卷13，《人物志》，第549頁。
〔註59〕 《萬曆雷州府志》卷8，《建置志》，第254頁。

　　明清時期遂溪縣境內的許多橋梁亦爲民間義士興建或重修。方志記載中，頻頻出現的是「捐金」、「捐貲（資）」、「捐俸」、「捐造」、「倡捐」、「捐修」等用語。如：湖處橋，「國朝（清）乾隆六年貢生黃若璋重修」；橋西橋，「（乾隆）三十八年彭廷實、彭經建修」，「嘉慶九年，彭克正、彭國治重修」；「道光十年監生彭龍池、生員彭玉粲重修」；文章子橋，「職員陳允璠；乾隆二十年，（陳允）璠子、貢生（陳）廷敬重修」；後溪橋，「嘉慶十五年陳芳泉、朱雲裳募建」；僚客橋，「道光甲午年（1834）庠生李斐然建」〔註60〕，等等。這些橋梁，從承建（修）人僅爲紳士而非官員來看，其經費所出顯然爲私人捐資——或富有者個人捐資獨力所爲，或由其人出面倡捐，募集眾人捐資完成。

　　徐聞縣各地橋梁建設狀況亦大體如此。一些橋梁，最初雖爲官資興建，而其後損壞則由民間義士捐資重修。如徐聞大水上橋，位於縣東十里，元朝大德年間縣主簿吳均順主持興建，長十五丈，闊二丈；「乾隆六年，生員韓燕拔重修；光緒二十年龍屯（村）吳姓倡修」。這兩次重修都是依靠民間捐資。大水下橋與大水上橋相近，亦爲元大德年間官資興建，「明正德十年生員董朝綱捐資重造」。許多鄉村中（間）的橋梁更多的是民眾個人或集體捐資興建及維持的。如謝家橋，位於「縣西北一百二十里，明嘉靖間鄉人謝德等建；萬曆二十四年生員謝鴻恩捐貲（資）重造；乾隆間貢生謝書禮重修爲堰」；溫張橋，位於「縣東福田墟東北，乾隆二十年監生翁祥槐、鄒玉璧捐建」；邁探溪橋，「縣西北三十里，嘉慶十三年生員謝之實、監生駱良能等倡首捐建」。一些義士一人捐資建造或修葺了多座橋梁，如徐聞縣人林魁春，清康熙年間修葺英印橋；創建檳榔園橋和居梅橋（三橋均在縣東北十里）〔註61〕。徐聞武舉人何文振亦熱心公益事業，「又修廟宇，甃（用磚砌築）橋梁，莫不解囊佽助（襄助）」〔註62〕。徐聞監生鍾元瑄也「好義舉，嘗（曾）建灘頭、合溪二橋」〔註63〕。

　　古代雷州地區還有許多渡口。渡口要修築碼頭，要購置渡船，是雷州人不可缺少的重要交通設施之一。這些設施的興建及維護同樣得益於義士的義舉。茲僅以《道光遂溪縣志》卷四《津渡》所記爲例，即可管窺之。該篇共

〔註60〕《道光遂溪縣志》卷4，《橋梁志》，第563頁。
〔註61〕《宣統徐聞縣志》卷3，《建置志》，第467～468頁。
〔註62〕《宣統徐聞縣志》卷13，《人物志》，第548頁。
〔註63〕《嘉慶雷州府志》卷16，《人物志》，第432頁。

記遂溪縣古代津渡 31 處，極簡略，僅記所處位置；其中四處有略詳記注，均可見官紳士民的捐建（修）義舉。如，通明渡，原來「其渡頭淤潯，人多病涉」。明萬曆年間，把總續蒙勳出資，伐石砌築並修路，路抵調蠻村，計長四百餘丈，往來便之；曾家渡，原來也是「渡頭淤潯難行。乾隆五十四年，監生沈爾秀建土□數百丈，渡頭皆砌以石。五十九年又倡捐，伐石鋪路。歲久復圮。道光十三年，進士周植重修，往來便之」；麻參渡，「原東海司方載揚率士民築建」；桃花渡，「康熙間桃花村陳元光等募建，造渡船一隻，另創茅屋一間為渡夫居所」。

雷州其它兩縣此類事例亦多有之，不一一臚列。值得特別一提的是，雷州與瓊州（今海南島）的交通，因為瓊州海峽的阻隔，為兩地之民往來造成極大不便。清代徐聞監生鍾元瑄的義舉為兩地之人解決了此一大難題。據《嘉慶雷州府志・人物志》載，鍾元瑄「造海渡船一隻，置租十餘石為船夫工食」，「瓊海往來，有無力買舟者便之」。從鍾元瑄「好義舉」及置租為船夫工食看，此船渡客大約是免費的。

三、結語

明清時期，通過上述民間士民自發的義舉，雷州地區部分貧困者、災民得解燃眉之急。對於那些生活陷入了困境甚至絕境者或家庭來說，義舉給了他們援助，使他們有了戰勝困難的信心、勇氣和條件。

封建時代，統治者對於「義」在維持社會穩定，構建安定社會方面的重要意義已有深刻的認識，故對禮、義、廉、恥大力提倡之。清雍正五年（1727年），雍正帝曾頒佈「論禮義廉恥辯」，強調「士人貴有禮義廉恥」，「為人臣者行義達道，兼善天下」，「欲為臣，盡臣道，而其道曾不外禮義廉恥之四端。士人者……豈可徒知禮義廉恥之小節而不知禮義廉恥之大者乎！」「朕願與大小諸臣交相儆勉，詳思禮義廉恥之大者，身體力行，則人心風俗蒸蒸日上，而唐虞三代之治庶幾其可復見也。」〔註64〕

在雷州，明清時期重義而樂善好施者人數眾多，從義士身份而言，已不僅僅局限於受過良好教育的官宦，還包括眾多未入仕的在校士人、普通商賈、僧侶道士、平民百姓也加入了民間慈善事業的行列。這就使明清時期雷州地區民間社會的慈善義舉發生了顯著的變化：由個別官宦的善行義舉而趨向眾

〔註64〕《道光遂溪縣志》卷1，《典謨志》。

多士民的樂善好施，呈現出大眾化的傾向和特點。

在我國，目前還存在著大量的貧困者。這些貧困群體的存在是社會不穩定、不和諧的潛在因素，許多偷盜、搶劫、傷人等治安、刑事案件的發展都直接或間接與此相關。發展經濟當然是解決問題的關鍵；而義舉以濟貧救困、排解糾紛、助興公益為職志，對於緩和社會矛盾，穩持社會穩定，樹立良好文明風氣，同樣有著重要的意義。

有人說：「在中國募捐難，是一個不可迴避的問題」，「中國雖然有樂善好施的傳統美德，但是，自古及今，聚斂財富的觀念卻也是深入到中國人的文化骨髓。有錢大三輩，捨財如割肉。這是造成慈善機構募捐難的根本原因之一。」〔註65〕此言不謬。司馬遷在《史記‧貨殖列傳》中說：「天下熙熙，皆為利來；天下攘攘，皆為利往。夫千乘之王，萬家之侯，百室之君，尚猶患貧，而況匹夫編戶之民乎！」這樣一種趨利患貧的思想在古代雷州似乎並不盛行。明清時期，雷州地區之所以義舉盛行，募捐不難，一個重要原因是民風淳樸，士民貴德賤利，重義輕財。「擎雷（雷州）去上都（京師）幾萬里，海隅風氣與中華（原）迥異，然而田疇盈眺，綠陰蔽野，民居其間，鑿井耕田，以食以養，日晡為市，市間有廊，各貿有無，交易而退。所以泉貨少流於民間，民亦少貯於財貨，故其俗得乎真淳之性也。」〔註66〕說的是宋代雷州的民風淳樸。「徐聞逖（遠離）京師，民重耕牧，薄聲利，有太古風」。〔註67〕說的是明代徐聞一地的淳樸民風。其實，這種「重耕牧，薄聲利」的良好社會風氣在明清時期雷州社會中是普遍存在的。封建統治者也重視「精神文明」的建設，如前述皇帝對禮義廉恥的極力倡揚，官員義舉的示範，官府對於士民義舉的表彰，等等。這就造成了明清時期雷州地區士民義舉的盛行，似乎「散發文化」比「聚斂文化」的影響更大一些。

然而，「在改革開放和社會主義現代化進程中，由於一段時間只注重抓經濟建設而忽視思想教育，忽視精神文明建設，以致出現不少問題，有的問題還相當嚴重。諸如拜金主義、享樂主義、個人主義在許多領域不斷滋長蔓延，導致了道德嚴重失衡。人們的仁義、誠信等道德意識在逐漸弱化，而對利益則趨之若鶩，甚至為達到目的不擇手段，從而形成『道德滑坡』現象。」

〔註65〕 楊淦，傅缺編著：《漫話慈善》，北京：新華出版社，2006年，第43頁。
〔註66〕 《嘉慶雷州府志》卷18，《藝文志》，第487頁。
〔註67〕 《宣統徐聞縣志》卷15，《藝文志》，第587頁。

〔註68〕因此，筆者認爲，在這樣的時勢之下，對明清時期雷州地區社會重義輕利、士民熱衷種種義舉的歷史現象進行考察研究，探討其成因，總結其經驗，仍然是有現實意義的。

〔註68〕周秋光、曾桂林：《中國慈善簡史》，第 15 頁。